Otto Hense

Heliodoreische Untersuchungen

Otto Hense

Heliodoreische Untersuchungen

ISBN/EAN: 9783744628211

Hergestellt in Europa, USA, Kanada, Australien, Japan

Cover: Foto ©Thomas Meinert / pixelio.de

Weitere Bücher finden Sie auf **www.hansebooks.com**

HELIODOREISCHE UNTERSUCHUNGEN

VON

OTTO HENSE

LEIPZIG
DRUCK UND VERLAG VON B. G. TEUBNER
1870

FRIEDRICH RITSCHL

IN

DANKBARER VEREHRUNG

GEWIDMET.

VORWORT.

Der Entwicklungsprocess, in dem sich die metrische Wissenschaft jetzt befindet, macht eine strenge Scheidung auch der antiken Systeme doppelt wünschenswerth. Mag man über den wissenschaftlichen Werth jener Theorien so verschieden urtheilen, wie es etwa Gottfried Hermann und Rudolf Westphal thaten, so wird doch diese oder jene Ansicht ein dauerndes Bürgerrecht erst erlangen können, wenn wir die historische Entwicklung im Detail überschauen und zumal das Eigenthumsrecht des Einzelnen möglichst klar gestellt ist. Der Kundige weiss aber, wie weit wir noch von diesem Ziele sind.

Hatte also die vorliegende Abhandlung im Wesentlichen den Zweck, für die Geschichte der metrischen Erudition und der einschlagenden grammatischen Technik einen Beitrag zu liefern, so suchte sie doch auch aus der freilich nicht geringen Menge des Unerfreulichen hie und da noch ein gutes Korn zu sichten. Wenn wir auf den folgenden Blättern unter Anderem erweisen, dass in dem Heliodoreischen Commentar zu Aristophanes mit klaren Worten die antistrophische Responsion auch dialogischer Partien bei den Scenikern überliefert ist, so wird man diese interessante Notiz in den mageren Excerpten, die unsere metrischen Scholien zu Aristophanes vorstellen, gewiss am wenigsten gesucht haben.

Schon dieser Punct kann darthun, dass wir auch hier wirkliche Verluste zu beklagen haben. Wäre uns die Aristophaneische Kolometrie des Heliodor nicht gar so kürglich von mancherlei Händen zugerichtet und beschnitten, so dürfte man dem heutigen Texte des Dichters eine ungleich correctere Gestalt versprechen. Wir haben auf S. 83 ff. die Recension zu beschreiben versucht, die der Metriker des ersten Jahrhunderts seiner Analyse noch zu Grunde legen konnte. Da unsere heutigen Aristophaneshandschriften, wie die Fragmente des Heliodor dies am augenscheinlichsten beweisen, auf ein durch die Byzantiner vielfach glossirtes und interpolirtes Exemplar zurückgehen, so bleibt für uns als Grundsatz bestehen, bei dem kritischen Geschäft zunächst weit eher an das Ausmerzen mannigfacher Interpretamente als an die Statuirung etwaiger Lücken zu denken, eine Norm, die ohnehin die stimmfähige Kritik der scenischen Dichter von Tage zu Tage mehr als die ihrige anerkennt.

Was die äussere Form dieser Abhandlung angeht, so schwankte der Verfasser eine Zeit lang, ob es nicht zweckdienlicher sei, die Fragmente des Heliodor in der Anzahl und Gestalt, die sich für ihn als sicher ergeben, darzubieten, statt, wie jetzt, die etwaigen Resultate in längeren Auseinandersetzungen vorzubringen. Da indessen die letzteren zum Theil auch nach vorausgeschickter Textesgestaltung kaum zu vermeiden gewesen wären, so liess er jenen Gedanken fallen und kam nun freilich in die Lage, die Erörterungen vielfach durch Textescorrecturen unterbrechen zu müssen. Unter diesen Umständen war es um so weniger geboten, die bereits früherhin, namentlich von H. Keil und R. Westphal festgestellten Fragmente hier nochmals wiederzugeben. Ohnehin wird man eine Heliodoreische Fragmentsammlung erst dann für abgeschlossen ansehen dürfen, sobald namentlich die Scholien zu Hephästion auf erweiterter handschriftlicher Grundlage einer kritischen Sichtung unterworfen sind. Der Verfasser hofft diese Themen an anderer Stelle wieder aufzunehmen. Hier tragen wir nur noch einige Fragmente des Metrikers nach, die besser schon in der Abhandlung als solche zu bezeichnen waren.

Aus dem Capitel περὶ ποcότητοc cυλλαβῶν, von dem auch sonst die Scholien zu Heph. Vieles erhalten haben (vgl. Heph. p. 100 sq. W.), ist aller Wahrscheinlichkeit nach auch folgende Stelle entlehnt schol. Heph. p. 107 W.:
ἔcτι δ' εὑρεῖν τὴν ου δίφθογγον ποιοῦcαν κοινήν, οἷον παρ' Ἀριcτοφάνει
ὥcπερ τεθνεῶτοc καταλούειν μου τὸ βιβλίον,
τὴν γὰρ λου cυλλαβὴν ἐν τετάρτῳ ποδὶ ἰάμβου (lib. ἰάμβῳ) cυνέcτειλεν· ὁμοίωc καὶ τὴν ευ εὑρίcκομεν ποιοῦcαν κοινήν, οἷον ἐν τῷ πρώτῳ ἰάμβῳ Ἱππώνακτοc, ἔνθα φηcὶ
μακάριοc ὅcτιc θηρεύει,
τὴν ρευ ἐν τετάρτῳ ποδὶ cυνέcτειλε· καὶ πάλιν ὁ αὐτὸc ἐν δευτέρῳ ποδὶ τὴν ευ
καίτοι γ' εὔωνον αὐτὸν εἰ θέλειc δώcω.
Dass diese Stelle auf Heliodor zurückgeht, zeigt vor allem der auf S. 83 ff. ausführlich behandelte Sprachgebrauch. Wie gerade Hipponax von Heliodor mit Vorliebe citirt wurde, beweisen die bekannten Excerpte bei Priscian. Auch der Anfang dieses in dem Saibantianus erhaltenen Scholions mag Heliodoreisch sein (schol. Heph. p. 106 sq. W. ἔτι δ' ἐcτὶν εὑρεῖν κτέ.). Die Beispiele sind sämmtlich aus den scenischen Dichtern entlehnt. Wie hier die Ἐπιτρέποντεc des Menandros citirt werden, so auch in einem Scholion derselben Handschrift schol. Heph. p. 187 W., das sich wiederum durch die erwähnte Terminologie als Eigenthum des Heliodor ankündigt: ἰcτέον οὖν ὅτι τινὲc εὕρημά φαcιν, ὅπερ οὐ δεῖ· εὕρηται μὲν γὰρ καὶ εὕρηcιc καὶ εὕρεcιc καὶ Ἀττικοί τινεc ἑκατέρωc φαcίν· ἔcτι γὰρ cύγγραμμα παρὰ Θεοφράcτῳ περὶ εὑρέcεωc· ἀλλὰ διὰ τοῦ ε ἐν ἰάμβῳ
οὐχ εὕρεcιc τοῦτ' ἔcτιν, ἀλλ' ἀφαίρεcιc
ἐν τοῖc Ἐπιτρέπουcι καὶ εὕρημα διὰ τοῦ η
εὕρημα δ' οὐκ οἶcθ' οἷον εὕρηκαc τόδε.
οὐ μὴν διὰ τοῦ ε εὕρεμα.
Schon das nicht ungelehrte Aussehen der jetzt verkürzt vorliegenden Bemerkung kann uns hier nicht ein Scholion gewöhnlichen Schlages erblicken lassen. Es steht der Vermuthung

Nichts im Wege, dass Hephästion p. 33 W. das Beispiel für das Pherekrateion aus dem Encheiridion des Heliodor übernommen hat
ἄνδρες πρόσχετε τὸν νοῦν
ἐξευρήματι καινῷ,
cυμπτύκτοιc ἀναπαίcτοιc.
Der letztere hatte daran jene lexikalische Bemerkung angeknüpft. Dass eine derartige sich bis auf die Beispiele erstreckende Uebereinstimmung der beiden Metriker Nichts auffallendes hat, zeigten wir auf S. 156; vgl. auch Rossb. u. Westph. II 2 S. 105.

Es bleibt mir nur die angenehme Pflicht, den Gelehrten, die mich bei dieser Abhandlung unterstützten, öffentlich meinen Dank auszusprechen.

Einige für unsern Zweck nicht unwichtige Notizen verdanke ich der Freundlichkeit des Herrn Professor W. Studemund in Greifswald, der mich schon früherhin durch sein förderndes Wohlwollen verpflichtete.

Herr Dr. A. v. Velsen hatte die Güte, auf unsere Bitte noch einmal den cod. Venetus speciell darauf anzusehen, ob sich nicht hier noch Spuren Heliodoreischer Semeiotik erhalten hätten. Das Resultat dieser freundlichen Bemühungen war ein negatives. Aber auch jetzt ist die Anwendungsweise der Semeia bei Heliodor nirgends einem Zweifel unterworfen. Wir haben diese Puncte einer ausführlichen, vielleicht zu ausführlichen Erörterung unterzogen.

Zu ganz besonderem Danke aber verpflichtete mich Herr Professor H. Keil in Halle. Nicht nur bei der Correctur sind die vorliegenden Blätter durch die kundige Hand dieses Gelehrten vielfach gesäubert worden, auch der Inhalt hat wesentliche Verbesserungen erfahren, zumal durch die öftere Mittheilung eines reineren Textes bei Marius Victorinus. Wie H. Keil die Untersuchung über Heliodor durch die Quaestiones Grammaticae zuerst geklärt hat, so wird zweifellos auch die durchgreifende Recension, welche die lateinischen Metriker durch diesen verdienstvollen Kritiker erfahren, den hier oft verwickelten Quellenuntersuchungen neue und sichere Handhaben bieten.

Wenn wir der von H. Keil aufgestellten Ansicht über das Seleukos-Citat bei Priscian widersprechen zu müssen glaubten, so haben wir den Grund hierfür auf S. 164 angeführt. Wir erwähnen indessen, dass Keil noch jetzt an seiner früheren Ansicht festhält, die sich auf die Art und Weise gründe, wie Priscian auch bei lateinischen Grammatikern verfährt, "wo sich nachweisen lässt, dass er die Angaben aus älteren Grammatikern den Schriften jüngerer entnommen hat." Diese Citirmethode zeigt sich am deutlichsten in Priscian's Verhältniss zu Probus und Caper. Wie wir auf S. 164 ff. berührten, ist die ganze Frage für die Zeitbestimmung des Heliodor jetzt von geringerer Bedeutung, als sie früher zumal vor den Westphal'schen Untersuchungen erscheinen musste. Wird aber einmal auf Beantwortung derselben gedrungen, so thut man wohl besser, sich dem durch die Analogie empfohlenen Urtheile des Herausgebers der lateinischen Grammatiker anzuschliessen.

Halle, im Mai 1870.

Dr. Otto Hense.

INHALT.

	Seite
Vorwort	V—IX
Ueberblick	1—11
1. Die kolometrische Ekdosis des Heliodor. Phaeinos. Handschriftliche Ueberlieferung	12—22
2. Die kolometrische Thesis	22—35
3. Die kolometrische Semeiotik	35—71
4. Heliodor ein Gewährsmann der antistrophischen Responsion dialogischer Partien bei Aristophanes	72—83
5. Aristophaneisches. Heliodor als Kritiker und die ihm vorliegende Recension des Aristophanes. Weitere Correctur der Kolometrie	83—100
6. Metrik des Heliodor. Vergleich mit Hephästion. Neue Fragmente	101—128
7. Die Composition der Metra bei Heliodor, Hephästion und den lateinischen Metrikern. Die grössere Hälfte der kürzeren Darstellung περὶ ποιήματος in unseren Hephästion-Handschriften — ein Capitel aus dem Encheiridion des Heliodor. Kritische Untersuchung über die Schlusspartien des Hephästioneischen Encheiridion. περὶ παραβάσεως	128—164
8. Feststellung des Zeitalters des Heliodor. Die Frage nach der weiteren Schriftstellerei des Metrikers	164—170

Verzeichniss verbesserter oder erklärter Stellen, abgesehen von der Correctur der kolometrischen Fragmente.

Aristoph.	Acharner	200 ff. Mein.	S. 99
„	„	284—304	S. 98 ff.
„	„	557	S. 99
„	„	569	S. 100
„	„	1143 ff.	S. 136
„	Fried.	204	S. 89
„	„	236	S. 89
„	„	462	S. 91
„	„	469	S. 90
„	„	486 ff.	S. 91
„	„	512—519	S. 91
„	„	590	S. 92
„	„	656—728	S. 79
„	„	785	S. 92
„	„	939	S. 93
„	„	946	S. 93
„	„	970 ff.	S. 76 ff.
„	„	989	S. 94
„	„	1127—1190	S. 141
„	„	1135	S. 95
„	Ritt.	304	S. 96
„	„	618	S. 96 ff.
„	„	1270	S. 97
Pseudo-Atilius		p. 353 G.	S. 135
Hephaest.		p. 48 W.	S: 112
„		p. 57	S. 125
„		p. 60	S. 152
„		p. 61—63	S. 142 ff.
„		p. 69	S. 152
„		p. 73 sq.	S. 162 ff.
„		p. 77	S. 131

Verzeichniss verbesserter oder erklärter Stellen u. s. w.

Mallius Theodorus	p. 527 G.	S. 121	
„ „	p. 535	S. 120	
Mar. Victorinus	p. 49 G.	S. 107	
„ „	p. 71	S. 115	
„ „	p. 73	S. 105	
„ „	p. 74	S. 128 ff.	
„ „	p. 75	S. 137	
„ „	p. 76	S. 135	
„ „	p. 77	S. 133	
„ „	p. 90	S. 103	
„ „	p. 101	S. 111 ff.	
„ „	p. 130	S. 120	
„ „	p. 140	S. 128	
„ „	p. 142	S. 127	
Schol. Heph.	p. 123 W.	S. 104	
„ „	p. 143	S. 105	
„ „	p. 147	S. 117	
„ „	p. 175	S. 106	
„ „	p. 182	S. 117	
„ „	p. 197	S. 107 und 111	
„ „	p. 162 sq.	S. 126 ff.	
„ „	p. 217 sq.	S. 156	

Seitdem Heliodor dem Scharfblicke Fr. Ritschl's seine Wiederbelebung dankt, hat man diesem Metriker ein rühriges Interesse zugewandt. Die im dritten Anhange zu dem Buche über die alexandrinischen Bibliotheken gegebenen Erörterungen Ritschl's wurden bald durch ihn selbst (ind. lect. Bonn. hib. 1840, p. IX) wesentlich modificirt, und nicht weniger gelang es andern Kritikern, manchen bisher unaufgeklärten Punct in ein helleres Licht zu setzen. Man findet die seit jener Zeit ziemlich zahlreiche Literatur jetzt zusammen bei Ritschl opusc. philol. vol. I p. 189. Dort heisst es: de Heliodoro autem rei metricae auctore, item de Juba metrico, cum nos stamina tantum quaedam tetendissemus curiosius quam ante factum erat quaerendo, mox intento subtemine et pleniora et ex parte rectiora multi docuerunt.

Zu der Zahl dieser pleniora et rectiora gehören vor allem die Untersuchungen neueren Datums über die Zeitbestimmung und die Schriftstellerei des Metrikers. Scheiden wir hier das Wesentliche von dem Unwesentlichen, so waren es hinsichtlich des ersten Punctes bekanntlich die Quaestiones grammaticae*) Heinrich Keil's, welche hier zuerst der Untersuchung einen sicheren Boden schufen. Das Resultat dieser Schrift hat dann R. Westphal Griech. Metr. II 2 (1865) S. 145 folg. noch durch andere nicht minder zutreffende Gründe zu stützen

---

*) Lipsiae, typis B. G. Teubneri. MDCCCLX.

gesucht. Die zweite Frage, die nach den Werken des Metrikers erhielt schon eine wenn auch meist nur negative Lösung durch A. Rossbach's Schrift de Hephaestionis Alexandrini libris (Vratislaviae a. 1857); einen positiven Zuwachs erhielten die Fragmente des Metrikers durch den Hinweis Westphal's auf die scholia Saibantiana zum Hephästion, während Otto Schneider de scholl. Aristoph. font. p. 119 und W. Dindorf praef. in schol. Aristoph. p. XVI ed. Ox., beide ziemlich gleichzeitig bereits im Jahre 1838 den älteren Grundstock der metrischen Scholien zum Aristophanes auf Heliodor zurückführten. — Werden sich die folgenden Blätter auch hauptsächlich mit der letzteren Schrift des Metrikers, nämlich mit den Fragmenten der Aristophaneischen Kolometrie beschäftigen, so dürfen wir uns doch schon wegen der Zusammengehörigkeit aller dieser Fragen einen wenn auch nur summarischen Ueberblick über die erwähnten Erörterungen nicht ersparen.

Die Zeitbestimmung des Heliodor fusste bekanntlich früherhin auf einer Stelle des Didymus bei Priscian p. 1350 f. P. 395 f. K., in der G. Hermann und Porson den dort überlieferten Namen Ἡρόδοτος in Ἡλιόδωρος verwandeln zu müssen glaubten, Didymus etiam ea confirmet: Καὶ Δίδυμος ἐν τῷ περὶ τῆς παρὰ Ῥωμαίοις ἀναλογίας Ἴωνες καὶ Ἀττικοὶ τὰ δύο ἥμισυ ἥμισυ τρίτον φασίν, καὶ τὰ ἓξ ἥμισυ τάλαντα ἕβδομον ἡμιτάλαντον, καὶ τοὺς τέσσαρας ἥμισυ πήχεις πέμπτην σπιθαμήν, καθάπερ φησὶν Ἡρόδοτος ∗ προθεὶς τὸ 'ἐν δὲ Βατουσιάδης' ἐν τῷ περὶ μουσικῆς ἐπιφέρει 'τρίτον ἡμιπόδιον' ἀντὶ τοῦ δύο ἥμισυ πόδες. Diese Annahme, in welcher der deutsche und englische Kritiker von einander unabhängig zusammengetroffen waren, hatte consequenter Weise zur Folge, dass man den Heliodor bereits vor Didymus in die ersten Zeiten des Kaiserthums hinaufrückte. Diese Ansicht schien festzustehen, und Bergk identificirte den Metriker mit dem rhetor Heliodorus Graecorum longe doctissimus, dem Reisebegleiter des Horaz (sat. 1, 5, 2).

Nun ist es aber ein sicheres Ergebniss der erwähnten Keil'schen Schrift, dass in der Stelle des Claudius Didymus der überlieferte Name Ἡρόδοτος durchaus unanfechtbar ist, die Worte καὶ τοὺς τέσσαρας ἥμισυ πήχεις πέμπτην σπιθαμὴν καθάπερ φησὶν Ἡρόδοτος beziehen sich auf Her. II 106, μέγαθος πέμπτης σπιθαμῆς, wie dies bereits Elmsley classic. journal V 334 gesehen hatte.

So war denn dieses Zeugniss für die Zeitbestimmung des Metrikers für immer gefallen. Wir sagen für immer, denn der Versuch Curt Wachsmuth's, den Namen des Metrikers auf andere Weise in jene Stelle wieder einzuführen (Philol. 16, S. 651 folg.), muss als verfehlt bezeichnet werden. Indem es allerdings einleuchtet, dass in der Stelle des Priscian vor προθεὶς τὸ 'ἐν δὲ Βατουσιάδης' ἐν τῷ περὶ μουσικῆς ἐπιφέρει 'τρίτον ἡμιπόδιον' der Name eines Grammatikers ausgefallen ist, glaubte Wachsmuth hier eben die Worte καὶ Ἡλιόδωρος ergänzen zu müssen. Schon aus rein äusserlichen Gründen, meint Wachsmuth a. a. O., dürfte keine leichtere Heilung der Corruptel gefunden werden.

Das ist aber auch das einzige, was sich für diese Herstellung sagen liesse. Man kennt die Schwierigkeiten, in die man sich schon früher durch die Annahme verwickelte, dass Heliodor als Verfasser eines Werkes περὶ μουσικῆς erschien — man denke hier nur an seine Ansicht über die hipponakteischen Verse und die antispastische Messung. Kaum ist man dieser Schwierigkeiten durch den Keil'schen Nachweis glücklich enthoben, so wollen wir uns durch dieselben von Neuem den Weg erschweren? Wollten wir diese Ansicht im Einzelnen zurückweisen, so brauchten wir hier nur vorweg an die Bezeichnungsweise der gleich näher zu betrachtenden Heliodoreischen Kolometrie zu erinnern. Auch in den uns erhaltenen Fragmenten hätte der Metriker öfters Gelegenheit gehabt, die 2½ Dactylen 'ἐν δὲ Βατουσιάδης' als τρίτον ἡμιπόδιον zu bezeichnen. Aber Aristoph. Ritt. v. 1266

μηδὲ Θούμαν- | τιν τὸν ἀνέστιον αὖ

und ebendas. 1269

καὶ γὰρ οὗτος | ὦ φίλ' Ἄπολλον, ἀεὶ

erklärt das auf die Kolometrie zurückgehende Scholion (in V u. Θ) zu 1263—1315 in folgender Weise: τὸ ε' ἐκ τροχαϊκῆς βάςεως καὶ δακτυλικοῦ πενθημιμεροῦς (so richtig Thiemann p. 13 statt des überlief. δακτυλικῆς πενθημιμερές), ... τὸ ζ' ὁμοίως τῷ ε'. Es ist also genau die hephaestioneische Bezeichnungsweise, die uns hier auch bei Heliodor entgegentritt: vgl. Heph. p. 23 Westph. τῶν δὲ εἰς ςυλλαβήν, τῷ μὲν πενθημιμερεῖ πρὸς δύο ποςὶν οὐςῶν τῶν ςυλλαβῶν 'Αρχίλοχος κέχρηται ἐν ἐπῳδῷ, 'οἷον ἐν δὲ Βατουςιάδης', ebenso der auf Hephaestion zurückgehende jüngere Scholiast zu Arist. Wolken 275, Mar. Vict. p. 86 G. und sonst.

So steht also durchaus fest, dass der Name 'Ηλιόδωρος in der erwähnten Stelle bei Priscian weder auf die eine noch auf die andere Weise zu halten ist. Wer der Verfasser jenes Buches περὶ μουςικῆς gewesen, aus dem Didymus die Bezeichnung τρίτον ἡμιπόδιον schöpfte, das zu ermitteln wird heute schwerlich gelingen.

War somit zunächst nur das vermeintliche Zeugniss für die Zeitbestimmung des Heliodor gefallen, so hat doch Keil auch eine Anzahl positiver Anhaltpuncte zu geben gesucht. Für einen solchen hält er zunächst die Erwähnung des Homerikers Seleukos bei Priscian p. 1328 P. 415 K. Neben zahlreichen Citaten aus Heliodor erwähnt Priscian auch den Seleukos: Aeschylus in ἑπτὰ ἐπὶ Θήβας 'Ιππομέδοντος ςῆμα καὶ μέγας τύπος. in principio enim trochaeum posuit, quem imitans Sophocles teste Seleuco profert quaedam contra legem metrorum, sicut in hoc, 'Αλφεςίβοιαν, ἥν ὁ γεννήςας πατήρ. Diese Stelle, führt nun Keil aus, habe Priscian ebenso wie ihre Umgebung aus einem Werke des Heliodor geschöpft, erst durch die Vermittlung dieses Metrikers habe die Erwähnung des Seleukos dort Eingang gefunden. War dies richtig, so stand zunächst fest, dass Heliodor nach Seleucus lebte. Die Lebenszeit des letzteren fällt aber, wie M. Schmidt Phil. III 437 nachweist, um das J. 100 v. Chr. Da nun der erste Schriftsteller, bei dem der Name des Heliodor erwähnt wird, Hephaestion ist, so ergiebt sich für die Lebenszeit des erstern die Zeit zwischen Seleukos und Hephaestion, d. h. zwischen 100 v. Chr. und dem Zeitalter der Antonine. Die Sicherheit des ersten Anhaltpunctes hat nun Westphal a. a. O. p. 142 wieder in Zweifel gezogen. Es sei kein zwingender Grund zu der Annahme vorhanden, dass das Citat aus Seleukos dem Priscian erst durch eine Schrift des Heliodor übermittelt sei. Es liesse sich sehr wohl denken, dass sich auch bis auf die Zeiten des Priscian ein Sophokles-Commentar des Seleukos erhalten habe, ausserdem sei die Stelle aus Seleukos gerade so citirt, wie die vorausgehenden und folgenden aus Heliodor: Sophocles teste Seleuco, vgl. Pindarus teste Heliodoro, Anacreon teste Heliodoro, Alcman teste Heliodoro.

Obwohl sich auch Ritschl (vgl. opusc. philol. 1 p. 363) neuerdings wiederum für die Keil'sche Annahme gegen Westphal aussprach, glauben wir doch unsererseits diese Bedenken für gegründet erachten zu müssen und werden wir an einer andern Stelle, wo wir die Frage nach der Zeit des Metrikers kurz wieder aufnehmen, noch darauf zurückkommen. Uebrigens setzt nun Keil gleich hinzu, dass Heliodor nach Allem was wir sonst über ihn wissen, offenbar dem Hephaestion ungleich näher in der Zeit gestanden habe als dem Seleukos, ja er kommt zu dem Endresultate: Heliodorum non ita multo antiquiorem fuisse quam Hephaestionem putaverim. Auf eine Identificirung des Metrikers mit dem zur Zeit des Hadrian lebenden Philosophen legt Keil selbst wenig Gewicht und ist dies von Wachsmuth a. a. O. S. 650 mit Recht zurückgewiesen. Als Grund für den erwähnten Ansatz wird zunächst angeführt, dass schon die Ansichten des Metrikers über die hipponakteischen und andere Metren viel eher auf einen späteren Grammatiker schliessen lassen; weiter aber, dass der als Schüler des Heliodor erwähnte Eirenaios oder Minucius Pacatus schwerlich älter als Herodian sein werde, denn erst in jener Zeit habe man die genaueren Gesetze des Atticismus zu erforschen begonnen. Letzteres Moment hatte übrigens bereits Ritschl, wenn auch in anderem Zusammenhange, hervorzuheben nicht unterlassen. Nachdem nun Westphal den Heliodor als den Vertreter der antispastischen Messung erkannt hatte, konnte er den obigen Ausführungen noch etwas Weiteres hinzufügen. Da das der antispastischen Messung vorausgehende metrische System in M. Terentius Varro und, wie Westphal wahrscheinlich macht, in dem zur Zeit des Nero lebenden Caesius Bassus seine Vertreter hat, so findet es Westphal gewiss mit Recht höchst unwahrscheinlich, dass Heliodor, der den Antispast unter die prototypa zählte, bereits im Anfange der Kaiserzeit gelebt haben sollte.

Was nun jenen zweiten Punct — die Schriftstellerei des Heliodor betrifft, so hat sich zunächst A. Rossbach ein Verdienst erworben, den Metriker von einer Reihe von Titeln zu befreien, die nur eine handschriftliche Corruptel an seinen Namen geheftet hatte.

Mit der Behandlung des Scholion Saibant. zu Hephaest. p. 88 Westph. ἰστέον δὲ ὅτι οὗτος ὁ Ἡλιόδωρος πρῶτον ἐποίησε περὶ μέτρων μή βιβλία· εἶθ' ὕστερον ἐπέτεμεν αὐτὰ εἰς ἕνδεκα· εἶτα πάλιν εἰς τρία, εἶτα πλέον εἰς ἓν τούτου τοῦ ἐγχειριδίου (so Westph. statt des überlieferten τοῦτο τὸ ἐγχειρίδιον) werden in der Hauptsache jetzt auch diejenigen einverstanden sein, die wie E. von Leutsch früher widersprechen zu dürfen glaubten.

Nach den Auseinandersetzungen Rossbach's und zuletzt Westphal's gr. M. II 2 S. 97 muss als sicher gelten, dass die in dem obigen Scholion angeführte Literatur den Hephaestion, nicht den Heliodor angeht. Ersterer verfasste zuerst ein grösseres Werk περὶ μέτρων in 48 Büchern. Dieses zog er später in 11, diese wieder in 3 Bücher zusammen, endlich verkürzte er auch diese wieder in das uns vorliegende Encheiridion: dieses Ergebniss haben die beiden genannten Gelehrten zumal aus den übrigen Scholien des cod. Saibantianus zur Evidenz gebracht.

War dies für Heliodor zunächst ein nur negatives Ergebniss, so lernen wir letzteren doch aus derselben Stelle als den Verfasser eines Encheiridion kennen, dessen Anfangsworte uns ebendaselbst bewahrt sind: "τοῖc βουλομένοιc ἐν χερcὶν ἔχειν τὰ κεφαλαιωδέcτατα τῆc μετρικῆc θεωρίαc"*).

Die Saibantianischen Scholien zu Heph. sind reich an Heliodoreischen Fragmenten, die bereits Westphal a. a. O. im Zusammenhange erörtert hat. Sie werden in öfteren Fällen auf das Encheiridion zurückgehen.

Interessiren muss uns hier besonders die Polemik des jüngeren gegen den älteren Metriker, von der die Scholien zum Heph. Spuren aus den umfangreicheren Büchern des Hephaestion bewahrt haben. Characteristisch ist es, dass gleich der erste Satz des Heliodoreischen Encheiridion durch den jüngeren Metriker eine Zurückweisung erfährt. Heliodor hatte sein Encheiridion mit einer Definition des Metron begonnen, Hephästion konnte nicht unterlassen, gleich dieses Verfahren zu tadeln: αὐτὸc γὰρ ὁ Ἡφαιcτίων αἰτιᾶται τὸν Ἡλιόδωρον, ὅτι τοῖc ἐπαρχομένοιc γράφει· τοῖc γὰρ ἀπείροιc καὶ τοῖc μήπω τῆc μετροποιίαc γεγευμένοιc ἀδύνατον νοῆcαι τὸν ὅρον, Heph. p. 88, Westph. eine Bemerkung Hephaestion's, die Westphal mit gutem Rechte auf das aus 3 Büchern bestehende Encheiridion bezieht. Indem Hephästion sein grosses metrisches Werk in der angegebenen Stufenfolge verschiedene Male selbst epitomirte, und seine Doctrin schliesslich in dem uns vorliegenden Handbuche in die knappste Form zwängte, erklärt sich von selbst der uns hier entgegentretende grosse Mangel an Definitionen und allgemeinen Kategorien: Definitionen der Termini πούc, ἄρcιc u. θέcιc, διποδία, cυζυγία u. βάcιc, μέτρον u. a. sucht man in dem Handbuche Hephästion's vergebens, u. Westphal a. a. O. S. 102 bezeichnete bereits c. 15 p. 87 als den ersten Fall, wo Hephästion in seinem Encheiridion eine Definition giebt. Schon die eben erwähnte

---

*) Gegen Ansichten, wie wir sie bei Fr. Osann anecd. Rom. p. 61 folg. lesen, bedarf es heute nach Rossbach's und Westphal's Darlegungen keiner Polemik; auch auf das, was Osann a. a. O. über die metrischen Semeia beibringt, brauchten wir nach Thiemann nicht mehr einzugehen.

gegen Heliodor gerichtete Bemerkung des Hephästion liess deutlich erkennen, dass sich das gleiche von dem Encheiridion des Heliodor keineswegs vermuthen liess. Wir werden kaum irre gehen, wenn wir auch eine der obigen ganz ähnliche Bemerkung in den schol. Saib. auf Heliodor beziehen, obwohl hier der Name des Metrikers nicht ausdrücklich erwähnt wird. Schol. Heph. p. 103 Westph. heisst es in Bezug auf die cυλλαβὴ κοινή: καλῶc οὐχ ὡρίcατο (scil. Ἡφαιcτίων) αὐτήν· οὐ γὰρ ἔcτιν, ἀλλὰ γίνεται. τῶν δὲ μὴ ὄντων, οὐ δεῖ παρέχειν ὅρουc ὡc ὄντων· ἐν μέcῳ δὲ ἀμφοῖν κειμένη κοινὴ προcαγορεύεται. τινὲc ὡρίcαντο τὴν κοινὴν οὕτωc· κοινή ἐcτι cυλλαβὴ ἀμφίδοξοc cυλλαβῆc δύναμιc, ἢ πρὸc ἀμφότερα δύναται λαμβάνεcθαι. τῷ δὲ Ἡφαιcτίωνι ὅρον οὐκ ἔδοξεν αὐτῇ δοῦναι κτέ. Unter der Zahl dieser τινέc, deren Definition hier angegeben wird, ist sehr wahrscheinlich Heliodor zu suchen, und mag die ganze Bemerkung wiederum aus einem der umfangreicheren Werke des Hephästion geflossen sein.

Schon die Bedeutung, die aus diesem Widerspruche seines Nachfolgers für Heliodor erhellt, weiterhin aber das Verhältniss der lateinischen Metriker und speciell des Juba und des Marius Victorinus zu ihm, der Umstand, dass Suidas unter den Grammatikern, die er als Metriker erwähnt, allein den Heliodor durch den Namen μετρικὸc auszeichnet, alles dies wies deutlich darauf hin, dass Heliodor keineswegs lediglich als Verfasser des Encheiridion, in dem ja nur die κεφαλαιωδέcτατα τῆc μετρικῆc behandelt wurden, gelten darf. Vielmehr muss gerade dieser Metriker (qui inter Graecos huiusce artis antistes aut primus aut solus est, Mar. Vict.) als der Verfasser einer weitschichtigen metrischen Literatur betrachtet werden. Auch Westphal (S. 139) bezeichnet es mit Recht als ungewiss, ja als unwahrscheinlich, dass selbst die uns überkommenen Fragmente des Heliodor alle aus seinem Encheiridion entlehnt seien. Wir dürfen von den grösseren Werken des Metrikers gewiss eine ähnliche Bücheranzahl voraussetzen, als sie uns von dem späteren Hephästion überliefert ist. Dieses ist schon deshalb wahrscheinlich, weil von Juba, dem er als Hauptquelle diente, ein achtes Buch citirt wird, eine Zahl, die Westphal gegen jeden Zweifel gesichert hat. Ueber Titel und genauen Umfang seiner Werke bleibt man im Ungewissen, zumal man auch bei Suidas einen Artikel Ἡλιόδωρος vergebens sucht. Auch diese Frage haben wir später wenn auch nur ganz kurz wieder aufzunehmen. — Ausser dem Encheiridion ist es nur noch ein Werk des Metrikers, von dem wir nähere Kunde, ja eine verhältnissmässig bedeutende Anzahl von Fragmenten besitzen — die Kolometrie zu Aristophanes. Schon W. Dindorf bemerkte a. a. O. hinsichtlich der von ihm für älter gehaltenen metrischen Scholien — non invenio cui maiore cum specie veri tribuam quam Heliodoro. Etwas später kam Otto Schneider bei seiner Untersuchung der den Scholien zu Grunde liegenden Quellen zu dem Resultate, Heliodor sei der Verfasser einer Schrift, wie sie uns von Eugenius durch Suidas bekannt ist: ἔγραψε κωλομετρίαν τῶν μελικῶν Αἰσχύλου, Σοφοκλέους καὶ Εὐριπίδου. Dass das Buch des Heliodor nicht lediglich eine κωλομετρία τῶν μελικῶν Ἀριστοφάνους war und also auch nicht diesen Titel führte, konnte jedoch schon ein flüchtiger Blick in die Scholien zeigen. — Die Frage nach dieser Schrift des Metrikers ruhte eine Zeit lang, bis Westphal darauf hinwies, dass noch die Mittel vorhanden seien, die kolometrischen Fragmente aus dem Scholienconglomerate zu sondern und ihrer ursprünglichen Form wieder nahe zu bringen. Dieser Aufgabe unterzog sich endlich Carl Thiemann in dem jüngst erschienenen Buche: Heliodri colometriae Aristophaneae quantum superest una cum reliquis scholiis in Aristophanem metricis edid. Carolus Thiemann. Hal. Orphanotr. 1869. Diese Ausgabe, deren Heliodoreischer Theil bereits ein Jahr zuvor als Hallenser Dissertation erschienen war, hat besonders den schon genannten Zweck verfolgt, die auf Heliodor zurückgehenden kolometrischen Fragmente von den späteren Scholien zu sondern und den schwer verdorbenen Text zu corrigiren. Ersteres musste gelingen, wenn der Zweck und das

Wesen der Kolometrie und ihre durchgreifenden Termini erkannt wurden. Thiemann hat nun wenigstens die Bedeutung der Termini εἴσθεσις, ἐπείσθεσις, ἔκθεσις, ἐπέκθεσις für die Heliodoreische Kolometrie im Gegensatze zu der völlig verschiedenen und verkehrten Bedeutung, die sie bei den byzantinischen Interpreten annahmen, richtig erkannt, und schon dies war ein sicherer Prüfstein, das Heliodoreische von den späteren Ueberarbeitungen zu scheiden. Es darf diese Scheidung bei Thiemann im wesentlichen als gelungen bezeichnet werden. Was die Correctur der kolometrischen Fragmente angeht, so wird sie erleichtert durch die durchgehende Consequenz der kolometrischen Terminologie, sowie durch die einfache Pünctlichkeit, die die kolometrischen Fragmente gegenüber der Geschwätzigkeit der Byzantiner kennzeichnet. Vergleicht man den Text der Kolometrie in der Thiemann'schen Ausgabe mit dem völlig unlesbaren Wuste, in dem uns gerade diese Scholien in den bisherigen Ausgaben entgegentreten, so wird man besonders in diesem Punkte der Mühe des Herausgebers sehr dankbar sein. Wenn wir uns dennoch, ganz abgesehen hier von mancherlei Flüchtigkeiten, denen die Ausgabe nicht entging, mit den hier befolgten Grundsätzen keineswegs überall einverstanden erklären können, und eine durchgreifendere Behandlung dieser werthvollen Fragmente für geboten achten, so hat dies im Wesentlichen folgende Gründe.

Die Frage, wer die Kolometrie des Heliodor zuerst in einen Auszug brachte, und auf welche Weise, wird nicht beantwortet. So bleiben auch die Grundsätze, nach denen der Verfasser der Subscriptionen des cod. Venetus die ihm vorliegenden Excerpte benutzte, und die sich daraus von selbst ergebenden methodischen Consequenzen im Dunkeln. Die Semeia der Kolometrie sind nur zum Theil richtig erkannt und gerade dieser Umstand musste auch die Herstellung des Textes wesentlich beeinträchtigen. Ebenso liess sich von hier aus ein nicht unwichtiger Beitrag für eine in neuerer Zeit mit Lebhaftigkeit geführte Streitfrage beibringen. Auch auf den Text des Aristophanes hat der

Herausgeber zu wenig Rücksicht genommen. Wie somit die kritische Bedeutung Heliodor's unerörtert bleibt, so kann endlich auch das, was der Herausgeber hinsichtlich der metrischen Doctrin Heliodor's beibringt, nicht genügen. — Damit sind auch die Themata der folgenden Blätter im wesentlichen vorgezeichnet.

1.

Dionys von Halikarnass (de comp. verb. 22 und 26) hat uns die werthvolle Notiz überliefert, dass Aristophanes von Byzanz und andere alexandrinische Grammatiker die Strophen des Simonides und Pindar in Kola abgetheilt hätten. Es ist dies die früheste Nachricht, die uns über Kolometrien überkommen ist. Die Rührigkeit jener Männer legte also auch zu dieser Sitte den ersten Grund. In ihren ἐκδόϲειϲ des Simonides, Pindar und anderer Lyriker verbanden sie mit dem kritischen Geschäft zugleich die Sorge, die Strophen in ihre Reihen zu zerlegen, und wie sie sich die kritische Thätigkeit durch die Anwendung der Semeia erleichterten, so ist uns das gleiche abgekürzte Verfahren auch für die Kolometrien überliefert. Hephästion in dem Abschnitt περὶ ποιήματοϲ hat uns in dieser Beziehung beachtenswerthe Notizen bewahrt. So brauchte Aristophanes in seiner ἔκδοϲιϲ des Alcäus den Asteriskos ἐπὶ ἑτερομετρίαϲ, Aristarch dasselbe Semeion "καὶ ἐπὶ ποιημάτων μεταβολῆϲ." Für eine Ausgabe des Alkman constatirt derselbe Metriker die Anwendung der Diple ebenfalls im Sinne der Heterometrie. Die kolometrische Thätigkeit dieser Alexandriner bestand also einmal darin, dass sie die Strophen nach ihren Kola abtheilten, und weiterhin, dass sie das metrische Verhältniss der grösseren Abschnitte zu einander durch die Semeia andeuteten, endlich sind sie ohne Zweifel in ihren umfangreichen ὑπομνήματα auch vielfach auf metrische Fragen eingegangen*). Ob indess bereits Aristopha-

---
*) Vgl. Westphal gr. M. II 2 S. 32, auch Osann Anecd. Rom. p. 89.

nes und Aristarch zusammenhängende metrische Commentare zu den Dichtern verfassten, dies muss als zweifelhaft, ja als unwahrscheinlich bezeichnet werden.

Eine andere die Literatur der Kolometrien berührende Ueberlieferung aus Suidas haben wir bereits oben erwähnt. Eugenios (gegen den Anfang des byzantinischen Kaiserthums unter Anastasius) war aber natürlich nicht der erste, der für einen der scenischen Dichter eine Kolometrie verfasste, er wird für seine κωλομετρία τῶν μελικῶν der tragischen Trias manchen Vorgänger vor Augen gehabt haben. Einer dieser Vorgänger war für Aristophanes nach der Vermuthung O. Schneider's Heliodor. — Als Grund für seine Vermuthung führt Schneider die beiden Subscriptionen des codex Venetus an, zu Frieden: κεκώλισται πρὸς τὰ Ἡλιοδώρου, und zu Wolken: κεκώλισται ἐκ τῶν Ἡλιοδώρου. Westphal a. a. O. p. 138 meint weiter, aus dieser Notiz gehe hervor, "dass die uns überkommenen metrischen Scholien zu Aristophanes auf die Grundlage des Heliodor zurückgehen". Geben wir hier das erste zu, dass nämlich Heliodor nach diesen Worten allerdings als Verfasser eines derartigen Werkes betrachtet werden darf — folgt aber aus den nämlichen Worten, dass die uns überlieferten metrischen Scholien gerade auf diese Schrift zurückgehen? Da wir diese Frage von vorn herein keineswegs mit Bestimmtheit bejahen können, so ist hier ein kurzes Eingehen auf die äusseren Stützpuncte der Schneider'schen Vermuthung schon deshalb geboten.

Die Subscriptionen des Venetus lauten vollständig wie folgt, zu Frieden: κεκώλισται πρὸς τὰ Ἡλιοδώρου, παραγέγραπται ἐκ Φαείνου καὶ Cυμμάχου, zu Wolken: κεκώλισται (so statt κεκόλλισται schon Schneider a. a. O. p. 119, Dindorf schol. Arist. vol. III p. 393) ἐκ τῶν Ἡλιοδώρου, παραγέγραπται ἐκ τῶν Φαείνου καὶ Cυμμάχου καὶ ἄλλων τινῶν, zu Vögel: παραγέγραπται ἐκ τῶν Cυμμάχου καὶ ἄλλων σχολίων (vgl. Dind. schol. III p. 486). Um zu einem sicheren Ergebnisse zu gelangen, hatte man zunächst von dem zweiten Theile der Subscriptionen auszugehen. Der Ausdruck παραγράφειν ist der aus anderen Subscriptionen genügend bekannte Terminus für die Thätigkeit des Scholiasten, der die ihm vorliegenden Commentare oder Excerpte an den Rand seiner Handschrift beischrieb. Die Quellen unseres Anonymus — so nennen wir den Verfasser der Subscriptionen — waren die Excerpte, welche Symmachus, Phaeinos und einige andere, namentlich nicht erwähnte Grammatiker aus den früheren ὑπομνήματα älterer Aristophanescommentatoren angefertigt hatten. Dass nun unter den ὑπομνήματα, welche die genannten Grammatiker excerpirten, sich auch eine Schrift des Heliodor befand, dies geht zweifellos aus dem Umstande hervor, dass der Name des Metrikers an zwei Stellen der uns erhaltenen Scholien als Quelle genannt wird. Zunächst am Schluss des Friedens Schol. 1353 ὑφ' ἃ κορωνὶc (ἡ) τοῦ δράματος, [ὑμὴν ὑμέναι' ὦ,*)] οὕτως Ἡλιόδωρος. Die zweite Stelle ist das von Bergk emendirte Scholion Wespen 1272, als dessen Verfasser Ἡλιόδωρος ebenfalls namentlich bezeichnet wird. So ist zunächst sicher gestellt, dass in den uns überlieferten metrischen Scholien zum Aristophanes Bruchstücke eines Commentars von Heliodor enthalten sind. Dass nun dieses Werk des Metrikers eine Kolometrie war, dies hat Schneider aus den übrigen Worten der Subscriptionen mit Recht geschlossen.

Was bedeuten nun aber die Worte κεκώλιcται πρὸc τὰ Ἡλιοδώρου und κεκώλιcται ἐκ τῶν Ἡλιοδώρου? Dass unter τὰ Ἡλιοδώρου nicht der metrische Commentar des Heliodor zu verstehen ist, zeigt deutlich der weitere Zusatz: παραγέγραπται ἐκ τῶν Φαείνου καὶ Σ. κ. ἄλλ. τ. Hätte nämlich der Anonymus den ursprünglichen Commentar des Metrikers noch vor sich gehabt, so wäre nicht einzusehen, warum er bei dem παραγράφειν aus zweiter Hand, nämlich aus den Excerpten jener Grammatiker entnommen hätte, was ihm Heliodor selbst weit besser bieten konnte. Offenbar haben wir also unter τὰ

---

*) Diese Worte sind hier offenbar an falscher Stelle; ἡ fehlt in den Handschriften.

Ἡλιοδώρου nicht den metrischen Commentar, sondern Handschriften (ἀντίγραφα) zu verstehen, nach denen der Anonymus sich bei der Diairesis in die κῶλα (dem κωλίζειν oder διακοcμεῖν κώλοιc [Dionys. Halic.]) richtete. Bedürfte es weiterer Belege für diese allein richtige Auffassung, so brauchte man nur an andere derartige Subscriptionen zu erinnern. Man sehe z. B. die Subscription einiger Handschriften am Schlusse des Euripideischen Orestes: πρὸc διάφορα ἀντίγραφα. παραγέγραπται ἐκ τοῦ Διονυcίου ὑπομνήματοc ὁλοcχερῶc καὶ τῶν μικτῶν. In ähnlicher Weise werden also auch hier zwei Thätigkeiten des Anonymus unterschieden: einmal eine neue Recension des Dichters — πρὸc διάφ. ἀντίγρ., zweitens das παραγράφειν aus dem vorliegenden exegetischen Material.

Haben wir die Subscriptionen des Venetus richtig verstanden, so ergiebt sich daraus für unsere Frage Folgendes: Heliodor veranstaltete eine ἔκδοcιc des Aristophanes, welche sich zur besonderen Aufgabe machte, die Eintheilung in die cτίχοι und κῶλα zu geben, auch war diese ἔκδοcιc analog wie die erwähnten der Alexandriner mit den kolometrischen Semeia versehen. Zweitens im engsten Anschluss an diese ἔκδοcιc verfasste Heliodor einen fortlaufenden metrischen Commentar. Wie wir schon aus der Bedeutung, die dem Heliodor alle uns bekannten Urtheile der Alten vindiciren, schliessen dürfen, so erlangte diese vorwiegend metrische Recension des Aristophanes eine Berühmtheit, und die auf diese ἔκδοcιc zurückgehenden Exemplare mögen lange unter dem Namen τὰ Ἡλιοδώρου cursirt haben. Solchen Antigrapha folgte nun der Anonymus in seiner Abtheilung der cτίχοι und κῶλα, aus ihnen übertrug er die Kolometrie praktisch d. h. die Semeia in seine Handschriften, während er sie theoretisch d. h. den metrischen Commentar aus den Excerpten der erwähnten Grammatiker schöpfte. Dem offenbar sehr umfangreichen metrischen Commentar des Heliodor gegenüber hatte man schon früh das Bedürfniss gefühlt, ihn in einen kürzeren Auszug zu bringen, aber jene auf die Heliodoreische Recension zurückgehenden ἀντίγραφα mit ihren Semeia hatten sich länger genuin erhalten. Allein nicht lange nach der Zeit, in der die erwähnten Subscriptionen entstanden, wurde dieses Verhältniss gerade umgekehrt: die nicht mehr verstandenen kolometrischen Semeia in den Handschriften, deren Anwendung sich schon in der Hephästioneischen Zeit vielfach modificirt hatte, gingen verloren, ebenso auch sehr oft die Heliodoreische Diairesis in die Kola, während die παραγεγραμμένα ἐκ τῶν Φαείνου καὶ Cυμμ. κ. ἄλλ. τ. sich erhielten, wenn auch nicht ohne mancherlei Veränderungen. Mit obiger Auffassung der Subscriptionen des Venetus stimmt nun auch völlig die Art und Weise, wie sich der ältere Stock der metrischen Scholien erhalten hat. Nur durch den Umstand, dass der Anonymus — πρὸς τὰ Ἡλιοδώρου (scil. ἀντίγραφα) — die kolometrischen Semeia in seine Handschrift eintrug, erklärt sich, wie in den älteren metrischen Scholien die Semeia so ausserordentlich häufig verloren sind. Indem der Anonymus die noch zusammenhängenden Excerpte des Symmachus, Phaeinus und anderer in einzelne Scholien auflöste, war er natürlich bedacht, die letzteren mit den Semeia seiner Handschrift in genaue Responsion zu setzen. Da sich die Semeia in der Handschrift bereits praktisch vorfanden, so lag es nahe, in einem Scholion, das z. B. mit den Worten ὑφ' ὃ διπλῆ καὶ κορωνὶc begann, die Erwähnung der Semeia öfters ausser Acht zu lassen.

Die Frage, wer die Kolometrie des Heliodor zunächst in einen Auszug brachte, ob Symmachus oder Phaeinus oder einer der ἄλλοι τινές, wird sich noch beantworten lassen. Wir haben hierbei von der Subscription des Venetus am Ende der Vögel auszugehen. Hier heisst es: παραγέγραπται ἐκ τῶν Cυμμάχου καὶ ἄλλων cχολίων. Da uns nun zu den Vögeln im Venetus überhaupt keine metrischen Scholien erhalten sind[*]) oder doch nur ein paar völlig vereinzelte kurze Bemerkungen, so ist die Annahme mehr als wahrscheinlich, dass die Kolometrie dem Anonymus

---

[*]) Die ganz sporadischen und kurzen Bemerkungen im V. zu v. 209, 1058, 1188 und 1262 gehören wahrscheinlich dem Anonymus selbst an.

in den Excerpten des Symmachos und in den cχόλια jener ἄλλοι nicht vorlag. Hätten diese Excerpte auch die Kolometrie des Heliodor enthalten, so würde der auf die Handschrift des Anonymus zurückgehende Venetus gewiss auch zu den Vögeln gerade wie zu Frieden, Rittern und Wolken die kolometrischen Reste bewahrt haben. So aber sind die uns überkommenen metrischen Scholien zu den Vögeln nicht in V*), sondern lediglich durch andere Handschriften überliefert.

Dass es Symmachos nicht war, der die Heliodoreische Kolometrie in einen Auszug brachte, dies lässt sich auch noch aus einem anderen Umstande deutlich machen.

Symmachos war ein — wahrscheinlich sogar älterer — Zeitgenosse des Aelius Herodianus (vgl. περὶ μον. λέξ. p. 39, 26). Letzterer lebte unter Mark Aurel. Acceptiren wir nun die Keil'sche Ansicht von dem Zeitalter des Heliodor wenigstens insofern, dass wir den Metriker nicht mehr wie früher in die ersten Zeiten des Kaiserthums hinaufrücken, so erscheint es auch desshalb wenig glaublich, dass Symmachos, der aus den Commentaren der alexandrinischen und pergamenischen Grammatiker ἐκλογαί veranstaltete, in gleicher Weise die Kolometrie des ihm verhältnissmässig nur um kurze Zeit vorangegangenen Heliodor excerpirt hätte. — Was von Symmachos gilt, das muss nun auch von jenen ἄλλων cχόλια behauptet werden. Auch letztere haben aus dem oben angeführten Grunde die Excerpte der Kolometrie nicht enthalten. Da nun kaum ein Zweifel obwalten kann, dass diese ἄλλοι mit den in der Subscription zu den Wolken erwähnten ἄλλοι τινὲς identisch sind (παραγέγραπται ἐκ τῶν Φαείνου καὶ Cυμμάχου καὶ ἄλλων τινῶν), so bleibt nichts übrig, als dem Phaeinos diese Arbeit zuzuschreiben. Dieser Grammatiker brachte den umfassenden kritisch-metrischen Commentar des Heliodor in ein Excerpt,

---

*) Ebenso wenig in R und Θ. Es ist natürlich nicht ausgeschlossen, dass auch diese jüngeren überarbeiteten Scholien anderer Handschriften (Thiem. p. 73—86) manches Heliodoreische bewahrt haben, ja in letzter Linie ebenfalls auf die Kolometrie zurückgehen, vgl. Thiem. p. 73, 74, 76, 80.

auf das die uns erhaltenen kolometrischen Reste zurückgehen. Steht diese Thatsache fest, so erscheint schon desshalb die Vermuthung W. Dindorfs schol. Aristoph. III p. 391, dass Phaeinos ein Zeitgenosse des Symmachos gewesen sei, wenig glaublich. Wir werden seine Zeit frühestens in den Anfang des dritten Jahrhunderts verlegen dürfen. Etwa um die Mitte des dritten Jahrhunderts ist es ja auch, wo Juba — "insistens Heliodori vestigiis" — bei seinem metrischen Werke den Heliodor als Hauptquelle zu Grunde legte. — Die obige Erörterung lässt sich also schliesslich durch folgendes Stemma veranschaulichen:

τὰ Ἡλιοδώρου (sc. ἀντίγρ.)   τὰ Φαείνου

Anonymus.

Dem Berichte, welchen W. Dindorf vor seiner Ausgabe der Aristophanes-Scholien über die Art ihrer handschriftlichen Ueberlieferung gab, und den Fr. Dübner der Pariser Ausgabe (a. 1842) wieder beifügte, fehlten uns die Mittel, etwas Neues hinzuzufügen. Wir müssen uns hier also begnügen, auf jene Mittheilungen zurückzuweisen.

Die Art und Weise, wie Thiemann's Arbeit in der Angabe der Codices verführt, ja die ganze Einrichtung des kritischen Apparates kann, gelinde gesagt, heutigen Ansprüchen nicht Genüge thun. Die bisherigen, oft so wenig übersichtlichen Gesammtausgaben sind leider auch für die metrischen Scholien keineswegs überflüssig gemacht.

Wir werden im Folgenden öfters die Angaben Thiemann's

zu corrigiren haben, hier nur eine Probe. Bei der Erklärung der im Texte der Kolometrie von ihm angewandten signa bemerkt Thiemann unter anderem: * * his signis quae circumdedimus etsi in cod. Veneto, Ravennate et Laurentiano non tradita veteris sunt scholiastae. Der Herausgeber meint die bekannten, von W. Dindorf mit den sigla V R und Θ bezeichneten Handschriften. Nun finden sich die zahlreichen auf die Kolometrie zurückgehenden Scholien zu den Acharnern (Thiem. p. 17—21) überhaupt in keiner dieser für die Reste der Kolometrie sonst wichtigsten Handschriften: R bietet keine metrischen Scholien zu den Acharnern, in V und Θ ist bekanntlich dieses Stück überhaupt nicht erhalten. Man erwartet also consequenter Weise, dass Th. jene freilich an sich sehr unbequeme Bezeichnungsweise für eben diese Scholien angewandt habe. Nichtsdestoweniger begegnet uns dieselbe statt in den sämmtlichen Schol. zu Ach., nur in Schol. 358 —365, und zwar hier, wie man leicht sieht, in einem anderen als dem oben angegebenen Sinne. — Aus solchen Beispielen, die wir aus der Behandlung auch der jüngeren Scholienmasse vermehren könnten, mag man kurz ersehen, wie unsere obige Ansicht gerechtfertigt ist.

Sind also, wie gesagt, die bisherigen Gesammtausgaben auch für die metrischen Scholien nicht entbehrlich geworden, so haben wir um so weniger Grund, hier zu wiederholen, was wir aus der Dindorf'schen praefatio über die Ueberlieferung auch der metrischen Scholien lernen. Das dort über die Handschriften R V und Θ Bemerkte ist festzuhalten, nur bilden natürlich erst die inneren Gründe die wahrhaft entscheidende Probe, um ein in jenen Handschriften überkommenes Scholion als Heliodoreisches Eigenthum zu sichern. Diese inneren Gründe sind andererseits stark genug, die kolometrische Fragmentsammlung auch aus dem Scholien-Materiale der jüngeren Quellen hie und da zu bereichern. — Auch die Angaben über die varietas lectionum im Einzelnen entbehren leider bei Th. der gerade in diesem Puncte so nöthigen Consequenz und Durchsichtigkeit, und vermisst man bisweilen die nöthige Präcision. Es liegt natürlich ausser unserer Absicht, solche Dinge hier im Einzelnen corrigiren zu wollen*). Was die Stellung Th.'s zu den früheren Gesammtausgaben betrifft, so genügt es hier ebenfalls, nur auf einen Punct hinzuweisen. An einer verhältnissmässig grossen Anzahl von Stellen cursiren auffallender Weise Correcturen, die bereits von Dindorf ausgegangen waren, unter Dübner's Namen, Versehen, die auch an den wenigen Stellen, wo bereits Dübner's Angabe flüchtig war, durch ein sorgfältiges zu Rathe ziehen der Dindorf'schen Ausgabe leicht zu vermeiden waren. Solche Correcturen finden sich z. B. Schol. Fried. 154—172, 346—360, 459—472, 775—818, 939—955; Schol. Ritt. 616—623, 624 —682, 911—940, 997—1110 und sonst.

Trotz dieser Mängel der Th.'schen Ausgabe, bei denen wir ungern verweilen, muss die dort gegebene Ausscheidung der auf Heliodor zurückgehenden Scholien, wie bereits oben bemerkt, als in der Hauptsache gelungen bezeichnet werden. Th. hat sich dadurch um die metrische Tradition ein nicht zu bestreitendes Verdienst erworben, und wir stimmen durchaus in die anerkennenden Urtheile ein, welche uns über diese Leistung bekannt geworden: vgl. R. Westphal, gr. M. II Vorw. S. XXVI 2. Aufl., W. Studemund, zur Kritik des Plautus S. 49 (Festgruss der phil. Gesellschaft zu Würzburg an die XXVI Versammlung deutscher Philologen und Schulm. Würzburg 1868), M. Schmidt, Pind. Olymp. Siegesges. Vorw. S. XV, L. Kayser, Heidelb. Jahrb. der Literat. Jahrg. LXII Heft 9 S. 641 fol., literar. Centralbl. 1869 nr. 50.

Es ist nicht ausgeschlossen, dass hier und da aus dem Zusammenhange der überarbeiteten Scholien noch weitere

---

*) Hier nur noch ein Beispiel einer ungenauen Angabe der Ueberlieferung: Schol. Wolk. 1131—1153 auf Seite 15 werden die Worte κορωνίς, εἰςιόντων — τρίμετροι κγ' mit R V signirt, während Dindorf Schol. vol. I p. 549 ausdrücklich angiebt, dass sie in V nicht vorhanden. Ausserdem befindet sich aber der Herausgeber mit sich selbst im Widerspruche: p. 45, wo er dasselbe Scholion noch einmal unter den recentiora abdrucken lässt (wozu?), bezeichnet er es durch die Klammer [ ] selbst als in V fehlend!

Bruchstücke Heliodoreischer Ueberlieferung losgelöst werden und in den Resten der Kolometrie einen Platz finden konnten, aber wir brauchen das um so weniger zu betonen, als der Herausgeber selbst solche Stellen meist in der Anmerkung als Heliodoreisch bezeichnet hat.

Fragen wir nun nach dem Wege, auf dem Thiemann zu diesem Resultate gelangte, so kommen wir dadurch von selbst jetzt auf die in dem betreffenden Theile der Scholien liegenden inneren Stützpuncte der Schneider'schen Vermuthung. Abgesehen von der Uebereinstimmung der metrischen Terminologie war die von Thiemann erkannte Bedeutung der εἴϲθεϲιϲ und ἔκθεϲιϲ, zweitens aber die Semeiologie eine sichere Führerin, an deren Hand man zu dem älteren Kerne der metrischen Scholien gelangen musste. Beide gleich durchgreifende Momente lassen zunächst den letzten Zweifel schwinden, dass uns in dem von Thiemann ausgeschiedenen Theile zusammenhängende Fragmente eines metrischen Commentars vorliegen.

. Dass dieser Commentar eben die Kolometrie des Heliodor war, musste nun schon ein Blick auf den übrigen, an äusserem Umfange weit bedeutenderen Theil der metrischen Scholien zeigen. Der letztere unterscheidet sich in jeder Hinsicht von den kürzeren Resten der Kolometrie; es herrscht hier gegenüber der Heliodoreischen Ausdrucksweise die oft durch mehrere Hände gegangene Terminologie des Hephaestion. Will man so entscheidenden Momenten noch Neues hinzufügen, so vergleiche man das von Bergk emendirte ausdrücklich als Heliodoreisch bezeugte Scholion zu den Wespen 1272 ... τὰ δὲ τοιαῦτα πολλάκις εἶπον, ὅτι ὑπολαμβάνω ἐν τοῖς πρώτοις ἀντιγράφοις φθαρέντα κτέ. mit Schol. Fried. 939—955 διπλῆ· ἔπεται γὰρ μέλος, ὃ ὑπονοῶ μὲν ἔχειν τὸ ἀντίϲτροφον ἐν διεχείᾳ, φέρεται (so Schneider statt φέροντι) δὲ ὡϲ διάφορον κτέ. Der Verfasser der Kolometrie spricht hier ausdrücklich in der ersten Person. Auf beide Stellen haben schon Schneider (a. a. O. p. 120 folg.) und nach ihm Thiemann (a. a. O. p. 122) mit Recht Gewicht gelegt. Letzterer macht noch ein anderes nicht zu übersehendes Moment geltend, indem er ebendas. p. 123 auf die hie und da erhaltenen Formen der Anknüpfung (ὑφ' ὅ, ὑφ' οὕc, ὑφ' ἃ u. ähnl.) hinwies. Wir haben zu sagen: Indem der Verfasser der Subscription die noch zusammenhängenden Excerpte des Phaeinos in seine Handschrift übertrug, lag es für ihn nahe, jene Uebergangsformen fallen·zu lassen. So sind diese Zeugen des ursprünglichen Zusammenhangs nur an verhältnissmässig wenigen Stellen erhalten: Schol. Fried. 301, 384, 729—764; Ritt. 756 —823; Ach. 346, 564. An den meisten Stellen ist die Verbindung von Th. richtig wieder hergestellt. — Wollte man noch eine Probe von der Richtigkeit des obigen Beweises machen, so könnte sie in dem Hinweis auf die Uebereinstimmung bestehen, die in der metrischen Terminologie und Anschauungsweise zwischen den von Th. als Heliodoreisch erkannten Scholien und den anderweitigen Bruchstücken Heliodoreischer Doctrin herrscht, die uns zumal aus der Ueberlieferung der lateinischen Metriker bekannt geworden. Manches ist auch in dieser Hinsicht von dem Herausgeber bereits beigebracht. Wir werden im Folgenden noch Gelegenheit haben, auf solche Uebereinstimmungen hie und da aufmerksam zu · machen.

2.

Die Stichometrie, in deren Wesen uns die bekannte Abhandlung Ritschl's zuerst eine Einsicht verschaffte, konnte bei der antiken Ueberlieferungsweise genügen in allen prosaischen Schriftwerken, sowie in dem auch metrisch κατὰ cτίχον geschriebenen Epos und einigen anderen wenigen Gattungen, nicht so in den Schriftwerken der übrigen poetischen Literatur. Sobald man das Bedürfniss fühlte, in den ἐκδόcειc der lyrischen wie der scenischen Dichter auch dem Verständniss der Metra praktisch zu Hülfe zu kommen, musste man der Diairesis in die Kola besondere Aufmerksamkeit zuwenden, und darauf bezieht sich denn die bereits oben erwähnte Notiz bei Dionys von Halikarnass: an die Stelle der Stichometrie musste bei den Lyrikern und Dramatikern die Kolometrie treten. Dass übrigens das κωλίζειν von den Dichtern selbst wahrscheinlich ausser Acht gelassen wurde, ist die Ansicht W. Christ's, die metr. Ueberl. der Pind. Od. p. 27 folg. Um nun bei der kolometrischen Abtheilung die grössere oder geringere Ausdehnung der Kola kenntlich zu machen, wurde die sonst übliche scriptio continua aufgegeben: das grössere oder geringere metrische Megethos konnte man am besten durch Einrücken des kleineren und Herausrücken des grösseren anschaulich machen. Damit sind denn die für die Heliodoreische Kolometrie wichtigen Termini εἴcθεcιc und ἔκθεcιc in der Hauptsache bezeichnet. Was den Sprachgebrauch dieser Wörter angeht, so kommen neben den Substantiven εἴcθεcιc und ἔκθεcιc zwar die activen Verba εἰcτιθέναι und ἐκτιθέναι nicht vor, wohl aber in gleichem Sinne das passivische ἐκκεῖcθαι: Schol. Fried. 337—345, 346—360; Ach. 1214—1221.

Folgte auf ein oder mehrere bereits in der ἔκθεcιc befindliche cτίχοι oder κῶλα ein noch ausgedehnterer cτίχοc, so musste die Kolometrie auch dafür einen Ausdruck haben: dies ist die ἐπέκθεcιc, d. h. also eine abermalige ἔκθεcιc, eine Ekthesis im wiederholten Falle. Dasselbe Verhältniss findet natürlich bei der εἴcθεcιc statt, und der Ausdruck ἐπείcθεcιc muss in ganz analoger Weise erklärt werden. Minder nahe liegend ist der Ausdruck παρέκθεcιc Schol. Fried. 459—472 und Ach. 1008—1017. Thiemann p. 104 wird das richtige getroffen haben, wenn er ihn als "verhältnissmässige ἔκθεcιc" fasst. So stehen die anapästischen Dimeter Frieden 464—466 im Verhältniss zu den vorhergehenden κῶλα ε' in der ἔκθεcιc, aber sie erreichen nicht die Ausdehung des diesen κῶλα vorhergehenden jambischen Trimeter (458): dies Verhältniss wird durch den Ausdruck παρέκθεcιc bezeichnet. Die Bezeichnung παρείcθεcιc ist zwar nicht ausdrücklich überliefert, aber schon Thiemann und W. Studemund zur Krit. des Plautus S. 48 setzen ihn wohl mit Recht für die Kolometrie voraus:

die Ausdrücke Schol. Fried. 426 ἐν εἰcθέcει παρὰ τοὺc τετραμέτρουc (so Thiem. richtig statt des überlieferten ἐν ἐκθέcει παρὰ τοῖc τετραμέτροιc), Fried. 656—728 εἴcθεcιc παρὰ τὸν (so Th. richtig statt τὸ) τετράμετρον, Wolken 1131 εἴcθεcιc (so richtig Th. st. ἔκθεcιc) παρὰ τοὺc τετραμέτρουc, εἰcὶ γὰρ οἱ ἑξῆc ἴαμβοι τρίμετροι κγ' (so Th. st. ἰαμβικὰ τρίμετρα κγ') weisen deutlich darauf hin und machen zugleich die Entstehung dieser Zusammensetzungen klar.

Natürlich waren gerade diese Termini schon wegen ihrer grossen Buchstabenähnlichkeit der Verderbniss sehr ausgesetzt, ja wenn wir nach dem Eindrucke wiederholter Lectüre schliessen dürfen, sind bei weitem mehr verderbte als richtige Beispiele handschriftlich überliefert. Es kann dies umsoweniger auffallen, als diese Ausdrücke, wie schon oben erwähnt ist, bei den Byzantinern eine völlig verschiedene Bedeutung annahmen, εἴcθεcιc ward hier im Sinne von "Anfang", ἔκθεcιc in der Bedeutung "Ende" gebraucht. Vgl. darüber Thiemann p. 99. Ueberhaupt verweisen wir über diese Puncte auf die dort gegebenen Erörterungen und die am Schlusse des Buches p. 135 und 136 beigefügten Tabellen. Wenn wir dennoch bei diesem Capitel noch einen Augenblick verweilen zu müssen glauben, so geschieht es einmal, weil sich gerade von hier aus eine genauere Einsicht in das Wesen der Kolometrie eröffnet, andererseits bedürfen die Erörterungen Thiemann's in dem minder Naheliegenden noch einiger Berichtigungen. — Zunächst folge hier ein kurzes Wort über das graphische Aeussere dieser kolometrischen Hülfsmittel. Es fällt in die Augen, dass das Einrücken und Ausrücken sich lediglich auf den Anfang der Verse bezieht. Denn da die Buchstabenzahl auch völlig gleicher Metren oft erheblich schwankt, so konnte die graphische Gleichmässigkeit am Ende kaum je völlig erreicht werden. Auf diesen Punct wies bereits W. Studemund hin zur Krit. d. Plaut. p. 47. Interessant sind auch die Mittheilungen, die dieser hervorragende Kenner der Paläographie a. a. O. über die Schreibweise des Mailänder Plautus-Palimpsestes macht. Während unsere Aristophaneischen Handschriften von dem artistischen Verfahren des Heliodor fast Nichts erhalten haben, können wir uns durch den Plautinischen Palimpsest noch eine verhältnissmässig gute Anschauung zumal von dem graphischen Hülfsmittel der εἴσθεσις und ἔκθεσις machen. W. Studemund bemerkt a. a. O. S. 48: "im Ganzen giebt uns der Plautinische Palimpsest mit seinen verschiedenen Abstufungen im weiteren oder geringeren Einrücken metrisch kürzerer oder längerer Verse ein in seiner Art einziges, obwohl etwas verblasstes Bild von dem etwaigen Aussehen einer nach Heliodoreischem Princip geschriebenen Aristophanes-Handschrift."

Wo ein einzelnes Kolon dem vorhergehenden gegenüber als in der εἴσθεσις oder ἔκθεσις befindlich bezeichnet wird, ist das Verhältniss so klar, dass hier kaum irgend wo ein Zweifel entstehen kann. Das ausgedehntere befindet sich in der ἔκθεσις, d. h. wird herausgerückt, das kleinere in der εἴσθεσις, es wird eingerückt. Den Massstab für die Bestimmung bildet stets der vorhergehende Vers, und schon daran kann man erkennen, wie sehr die ursprünglich Heliodoreische Bedeutung missverstanden war, wenn die Byzantiner ihre Commentare mit den Worten begannen: ἡ εἴσθεσις τοῦ δράματος ἄρχεται κτέ., vgl. Schol. Plut. 1, Wolken, 1. Die Bezeichnung εἴσθεσις im Heliodoreischen Sinne hatte beim Beginne des Dramas überhaupt keine Stelle, weil ja für den ersten Vers eines Dramas jeder Massstab fehlte.

Wie wir gleich sehen werden, fasste der Metriker für die Angabe des thetischen Verhältnisses oft ein ganzes Melos, eine ganze Gruppe von Versen zusammen. Wir haben zunächst die Frage zu beantworten, welches der Gruppe vorhergehende Megethos in solchen Fällen als das normirende angesehen wurde.

Ging der in der εἴσθεσις oder ἔκθεσις befindlichen melischen Partie eine stichische Gruppe des Dialogs voraus, so konnte man jeden beliebigen Vers aus der stichischen Gruppe, also den zunächstliegenden letzten als den normirenden ansehen. Anders war es da, wo die εἴσθεσις oder ἔκθεσις einer Partie gegenüber einer vorhergehenden melischen Gruppe ungleicher Megethe zu bestimmen war. Denken wir uns, um ein beliebiges Beispiel zu wählen, eine melische Partie, deren Schluss durch ein Dimetron gebildet wird, vorher aber auch ein Tetrametron aufweist, so wird das thetische Verhältniss einer darauf folgenden Gruppe von Trimetern offenbar ganz verschieden ausfallen, je nachdem das Dimetron oder das Tetrametron als normirend angesehen wird: dem Dimetron gegenüber befinden sich die Trimeter in der ἔκθεcιc, dem Tetrametron gegenüber in der εἴcθεcιc. Welches Megethos soll nun in solchen Fällen auf das thetische Verhältniss der folgenden Gruppe einwirken?

Hier war zu sagen, dass das thetische Verhältniss stets durch das einer Partie letztvorhergehende Megethos bestimmt wurde. Gegen dieses Gesetz spricht die Ueberlieferung nur in einigen ganz vereinzelten Fällen: Schol. Fried. 383—384 ἐν ἐκθέcει, Schol. Fried. 426—434 διπλῆ καὶ ἐν ἐκθέcει cτίχοι τροχαϊκοὶ τετράμετροι καταληκτικοί, endlich Ritt. 691—755 διπλῆ καὶ εἴcθεcιc εἰc ἰάμβουc κτέ Diese Stellen könnten die Annahme nahe legen, dass der Metriker bei der Angabe des erwähnten Verhältnisses etwa das ausgedehnteste Megethos der vorhergehenden Partie zum Massstab genommen habe, aber durch die sonstige Uebereinstimmung der Ueberlieferung wird ein solches schon an sich wenig natürliches Verfahren ausgeschlossen, und mit Recht hat bereits Thiemann obige Stellen einfach corrigirt. Ist also festzuhalten, dass sich die Bestimmung des thetischen Verhältnisses einer Partie stets auf das dieser Partie letztvorhergehende Megethos bezieht, so ist doch damit nicht ausgeschlossen, dass hie und da eine solche Bestimmung *zugleich* das Verhältniss zu einem entfernteren, von dem der Partie letztvorhergehenden verschiedenen Megethos in sich schliesst: eine solche Doppelbeziehung bezeichnet der Metriker durch die mit παρά componirten Ausdrücke. So stehen z. B. Trimeter gegenüber einer Gruppe von Dimetern in der ἔκθεcιc, nicht aber gegenüber den der Gruppe von Dimetern vorausgehenden Tetrametern. Will der

Metriker dieses doppelte Verhältniss andeuten, so sagt er: die Trimeter befinden sich in einer verhältnissmässigen Ekthesis, d. h. in der παρέκθεcιc.

Hätte der Metriker das thetische Verhältniss jedes einzelnen Kolon oder Stichos zu dem ihm vorhergehenden angeben wollen, wie er dies in der That öfters gethan hat, so sieht man leicht, wie bei einem solchen Verfahren eine kaum erträgliche Breite nicht zu vermeiden gewesen wäre. Aus diesem Grunde schlug also der Metriker nicht selten ein summarisches Verfahren ein, er beschränkte sich oft darauf, bei der Bezeichnung der εἴcθεcιc und ἔκθεcιc eine ganze Gruppe von Versen zusammenzufassen. Darauf beziehen sich die oft vorkommenden Bezeichnungen εἴcθεcιc, ἔκθεcιc εἰc περίοδον oder μέλοc u. ähnl., oder ἐν εἰcθέcει περίοδοc u. s. w. Was zunächst den Unterschied dieser beiden Ausdrucksweisen angeht, so konnte die letztere ἐν εἰcθέcει u. ähnl. stets auch gewählt werden, wo die erstere (εἴcθεcιc εἰc —) sich fand, aber nicht umgekehrt. Mit andern Worten εἴcθεcιc εἰc — findet sich lediglich da, wo die Stellung mehrerer cτίχοι oder κῶλα zugleich angedeutet werden soll, ἐν εἰcθέcει u. ähnl. dient sowohl zur Bezeichnung eines einzelnen cτίχοc oder κῶλον, als auch zur Zusammenfassung einer ganzen Gruppe. Es entsteht nun die Frage, in welchem Falle konnte eine Bezeichnung wie ἐν εἰcθέcει in Bezug auf mehrere cτίχοι oder κῶλα oder εἴcθεcιc εἰc .... Statt haben? Thiem. a. a. O. p. 104 giebt darauf die Antwort: verba "εἴcθεcιc εἰc", quia ad totam periodum metricam referenda sunt, non nisi in initiis eorum scholiorum reperiuntur ubi carmina eorundem aut colorum aut versuum explicantur.

Diese Antwort ist in mehr als einer Hinsicht verfehlt. Zunächst kann es nach diesen Worten den Anschein haben, als fände sich der bezeichnete Ausdruck lediglich vor einer melischen Partie, während er gerade vor einer stichischen Partie des Dialogs ausserordentlich häufig ist. Andererseits ist der Terminus aber nur zum kleineren Theile vor Partien eorundem colorum überliefert. Genau genommen lässt sich schon da, wo sich der Ausdruck vor einer anapästischen Periodos, in der ein Monometron vorkommt, findet, die obige Regel nicht mehr anwenden: das Monometron befindet sich doch dem vorhergehenden Dimetron gegenüber eigentlich in einer abermaligen εἴcθεcιc, d. h. in der ἐπείcθεcιc. Dennoch lesen wir Schol. Fried. 82 — 101 διπλῆ καὶ εἴcθεcιc εἰc περίοδον ἀναπαιcτικὴν*) τῶν ὑποκριτῶν, Τρυγαίου καὶ τοῦ οἰκέτου, ἐννεακαιτριακοντάμετρον εἴκοcι κώλων (, ὅτι) ἔχει μονόμετρον τὸ δέκατον. Ebenso Schol. Fried. 974—1015 u. öfter. Die Haltlosigkeit der obigen Regel tritt aber erst völlig hervor in folgenden Beispielen: Schol. Ritt. 911 — 940 διπλῆ καὶ εἴcθεcιc εἰc ἀμοιβαῖον μέλος τῶν ὑποκριτῶν κώλων τριάκοντα πάντων ἰάμβων (so Thiem. richtig st. ἰάμβου), ὧν τὰ πρῶτα δύο μονόμετρα, τὰ ἑξῆc (so Thiem. richtig st. τὰ ς´) δίμετρα ἀκατάληκτα, τὸ δὲ τελευταῖον τὸ λ´ (so Thiem. richtig statt θ´) τρίμετρον καταληκτικόν. Oder Schol. z. Ach. 358—365 διπλῆ καὶ εἴcθεcιc εἰc περίοδον τοῦ χοροῦ (so Thiem. richtig st. χορικοῦ) πεντάκωλον δοχμίαν, (ὄντ)ων διπλῶν μὲν τῶν δύο πρώτων, ἁπλῶν δὲ τριῶν τῶν λοιπῶν (vor Thiemann: ὧν διπλῶν μὲν τῶν δύο πρῶτον, ἁπλῶν δὲ τριῶν τὸ λοιπόν). Sehr vermehren liesse sich die Zahl dieser Beispiele, wenn wir die Scholien hinzunähmen, wo die Worte ἐν εἰcθέcει, resp. ἐν ἐπειcθέcει auf eine ganze περίοδος angewandt werden, Fälle, die ja, wie wir bereits oben hervorhoben, mit der Ausdrucksweise εἴcθεcιc εἰc — ganz auf dasselbe hinauslaufen.

Man wird nun einwenden, vielleicht beruhen die vorgeführten Beispiele, die sich jener Regel nicht fügen wollen, wie so vieles in diesen Scholien auf späterer Ueberarbeitung, zumal ja die byzantinischen Grammatiker den wahren Sinn dieser Termini nicht mehr verstanden. Einer solchen An-

---

*) So schon Dindorf st. des in V überl. ἀναπαιcτική, nicht erst Dübner, wie bei Thiem. angegeben; ebenso schon Dindorf im Folgenden ἐννεακαιτριακοντάμετρον satt ἐννέα καὶ τριάκοντα μέτρον; das eingeschaltete ὅτι haben wir ergänzt.

sicht, welche in der That auf einige der überlieferten Scholien Anwendung findet, würden auch wir unbedenklich hier Raum geben, wenn sich nicht an Stelle der obigen Regel eine andere setzen liesse, der sich wenigstens die grosse Mehrzahl der erhaltenen Beispiele unterordnet.

Der Fehler der obigen Regel liegt darin, dass sie viel zu eng gefasst ist. Indem der Metriker darauf ausging, bei der Notificirung der εἴσθεσις u. s. w. ein abgekürztes Verfahren einzuschlagen, lagen allerdings die Ausdrücke εἴσθεσις εἰς — und ähnliche am nächsten in den κατὰ στίχον geschriebenen Dialog-Partien. Die Stellung einer Partie. jambischer Trimeter z. B., die sich einem Tetrameter gegenüber in der εἴσθεσις befanden, konnte nicht kürzer bezeichnet werden, als durch die Worte, die wir z. B. Schol. Fried. 656—728 lesen: διπλῆ καὶ εἴσθεσις εἰς ἰάμβους τριμέτρους κτέ. Aber der Metriker ging, wie die obigen Beispiele zeigen, noch einen Schritt weiter: auch auf melische Partien ganz verschiedener Megethe wandte er jene Bezeichnungsweise an, sobald das ausgedehnteste Kolon derselben die Ausdehnung des dem Melos letztvorhergehenden Verses nicht erreichte. Unter diese Regel lässt sich die grössere Mehrzahl der überlieferten Beispiele unterbringen. Man vgl. z. B. das oben angeführte Schol. Ritt. 911—940. Die dem Melos vorhergehenden Verse sind jambische Tetrameter. Das Melos umfasst folgende unter sich in Bezug auf das Megethos verschiedene Kola: τὰ πρῶτα δύο μονόμετρα, τὰ ἑξῆς δίμετρα ἀκατάληκτα, τὸ δὲ τελευταῖον τὸ λ' τρίμετρον καταληκτικόν —; aber das Melos als Ganzes befindet sich den Tetrametern gegenüber in der εἴσθεσις, da das ausgedehnteste Kolon, das katalektische Trimetron der Ausdehnung des Tetrameter nicht gleich kommt. Ebenso Schol. Ach. 358—365, 659—664; Fried. 82—101, 512—519, 974—1015; Ritt. 284—302. Mit dem Gesagten stimmt auch Schol. Ach. 565—571 überein, sofern man nur am Schluss die überlieferte Lesart δίμετρον ἀκατάληκτον festhält und nicht mit Thiemann ein τρίμετρον ἀκατάληκτον einsetzt. Wir werden später sehen, dass die Lesart auch kritisch nicht ohne Interesse ist. Schol. Ritter 1111—1150 giebt V: διπλῆ καὶ εἴcθεcιc μέλοc μονοcτροφικὸν κτέ. Dieser Lesart der älteren Handschrift hätte Thiemann folgen, d. h. διπλῆ καὶ εἴcθεcιc (εἰc) μέλοc κτέ. herstellen müssen, und nicht mit Θ: καὶ ἐν εἰcθέcει μέλοc. Dem Sinne nach kommt freilich beides auf dasselbe hinaus. — Andererseits giebt es nun einige Stellen, die sich der aufgestellten Regel in keiner Weise fügen wollen, wo also die nicht mehr verstandenen Termini in der That interpolirt sind. Hierher gehört Schol. Frieden 651—655. Die Worte εἴcθεcιc εἰc sind zu streichen und das Scholion in folgender Weise zu vervollständigen: διπλῆ καὶ [εἴcθεcιc εἰc] μέλοc τροχαϊκόν, οὗ δ' μὲν (ἐν εἰcθέcει) εἰcὶ κῶλα δίμετρα ἀκατάληκτα, τελευταῖον δέ ἐcτιν ἐν ἐκθέcει cτίχοc τετράμετροc καταληκτικὸc τροχαϊκόc. Ebenso Ritter 616—623, wo V hat: διπλῆ καὶ εἴcθεcιc εἰc περίοδον τοῦ χοροῦ ἐπτάκωλοc (ὀκτὼ κώλων Θ) κτέ*). Richtig schrieb schon Thiemann διπλῆ καὶ περίοδοc τοῦ χοροῦ ὀκτάκωλοc κτέ. Falsch ist auch überliefert das in R und V fehlende Scholion zu Wolk. 1154 διπλῆ εἴcθεcιc εἰc μέλοc ἀμοιβαῖον τῶν ὑποκριτῶν εἰκοcάκωλοc (sic) κτέ. Thiemann schreibt zum Theil mit Dindorf διπλῆ (καὶ) εἴcθεcιc εἰc μέλοc ἀμοιβαῖον τῶν ὑποκριτῶν εἰκοcάκωλον κτέ. Vielmehr war herzustellen: διπλῆ (καὶ) [εἴcθεcιc εἰc] μέλοc ἀμοιβαῖον τῶν ὑποκριτῶν εἰκοcάκωλον κτέ. Endlich ist auch das zu Ach. 1143—1173 überlieferte Scholion zu corrigiren. Schon wegen des jambischen Trimeters 1158 und 1170 ist hier die Bezeichnung εἴcθεcιc εἰc unpassend. Wir haben zu schreiben: κορωνὶc καὶ [εἴcθεcιc εἰc] μέλοc τοῦ χοροῦ προῳδικὸν κτέ. Die sonstigen Verbesserungen, deren dies Scholion bedarf, berühren wir später.

Die aufgestellte Regel findet nun ihre volle Anwendung auch auf die Fälle, wo der Ausdruck ἐν εἰcθέcει oder ἐν ἐπειcθέcει auf eine Gruppe von κῶλα bezogen wird: vgl. Schol. Ach. 204—231 εἶτα ἐν εἰcθέcει κῶλα παιωνικὰ ἔνδεκα κρητικοῖc ἐπιμεμιγμένα, καὶ τὸ ς' καὶ τὸ ὄγδοον καὶ δέκατον τρίρρυθμα,

---

*) Bei Thiemann die Angabe ungenau.

τὰ δ' ἄλλα δίρρυθμα (so nach Bentley's Correctur). 274 ἐν
εἰςθέςει κῶλα [τρία] ἰςάριθμα, ὧν τὰ δύο ἰαμβικὰ δίμετρα, τὸ δὲ
ἓν μονόμετρον .... 665 ἐν εἰςθέςει (so Thiem. richtig statt
ἐκθέςει) τρία μὲν δίρρυθμα, ἓν δὲ τρίρρυθμον. Vgl. die hierher gehörenden Bemerkungen der Schol. Ritt. 616—623; Fried.
346—360, 582—602; auch Fried. 939—955, wo überliefert
ist: καὶ ἐν εἰςθέςει τοῦ χοροῦ οὗ τὸ πρῶτον προςοδιακὸν ἐνδεκάςημον κτέ. Thiemann streicht οὗ, vielmehr war zu ergänzen: καὶ ἐν εἰςθέςει (τὸ) τοῦ χοροῦ, οὗ τὸ πρῶτον προςοδιακὸν ἐνδεκάςημον κτέ. Ebenfalls gehört hierher die Bemerkung desselben Scholion gegen Ende: καὶ ἐν εἰςθέςει τοῦ χοροῦ
ἓξ κῶλα, ὧν τὸ α' ἰαμβικὸν δίμετρον κτέ. Falsch hat daher
Thiemann das in V und Θ (sic!) erhaltene Schol. zu Ritt.
303—313 hergestellt. Die Ueberlieferung ist: διπλῆ περίοδος
καὶ εἴςθεςις κώλων θ', ἧς τὸ πρῶτον παιωνικὸν κτέ. Die Byzantiner brauchten εἴςθεςις wie oben bemerkt im Sinne von
"Anfang" — so sind die Worte καὶ εἴςθεςις hier als späterer
Zusatz zu streichen und zu schreiben: διπλῆ (καὶ) περίοδος
κώλων θ' κτέ. Thiemann corrigirte: διπλῆ καὶ περίοδος
ἐν ἐπειςθέςει κώλων θ' κτέ., was schon die folgenden
Worte τὸ δεύτερον ἐκ κρητικοῦ καὶ δοχμίου bedenklich machen
mussten.

Zu Ritt. 328, heisst es in V: ἐν ἐπειςθέςει κῶλα β'
δακτυλικὰ κτέ. Man hat zu corrigiren ἐν [ἐπ] εἰςθέςει. Vorher gehen zwei trochäische Tetrameter, die in der ἔκθεςις
standen. Ebenso falsch ist Schol. Ritt. 382—390 διπλῆ καὶ ἐν
ἐπειςθέςει περίοδος κτέ. Der Ausdruck ἐν ἐπειςθέςει ist als
späterer Zusatz zu tilgen wegen der τρίρρυθμα, deren Megethos das der vorhergehenden jambischen Dimeter überragt.

Dasselbe abgekürzte Verfahren, das wir eben in Bezug
auf die εἴςθεςις beleuchtet haben, gilt selbstverständlich auch
hinsichtlich der ἔκθεςις. Die Bezeichnungen ἔκθεςις εἰς —,
ἐπέκθεςις εἰς —, oder ἐν ἐκθέςει in Bezug auf mehrere ςτίχοι oder
κῶλα hat der Metriker meist nur bei stichischen Dialog-Partien angewandt, vgl. Schol. Fried. 173, 299, 383, 426, 435,
856—864, 922, 939, 956, 1016, 1191—1269, 1316; Ritt. 507;

Wolk. 476, 518; Ach. 407, 952. Dass diese Ausdrücke aber auch auf eine Gruppe von ungleichen Kola übertragen wurden, lehren die Worte des Schol. zu Fried. 459—472 . . . τὰ (δὲ) ἑξῆc τρία ἐν παρεκθέcει, ἀναπαιcτικὸν δίμετρον καταληκτικὸν ἓν καὶ ἀκατάληκτα β′ (so Thiem. richtig st. ἀκατάληκτον ἓν καὶ κατάληκτα [ἀκατάληκτα G.] β′; derselbe ergänzte oben δέ). Das diesen τρία vorhergehende Kolon ist ein "διπλοῦc παλιμβάκχειοc." Sie stehen sämmtlich in der ἔκθεcιc, weil, wie wir sagen müssen, auch das kleinste Megethos derselben den διπλοῦc παλιμβάκχειοc überragt, und zwar befinden sie sich in der παρέκθεcιc, weil ihre Ausdehnung die des jambischen Trimeters (v. 458) nicht erreicht. Auch hier sind natürlich noch einige Fehler der Ueberlieferung zu corrigiren. So heisst es Schol. Fried. 729—764 οὗ τετράμετροι καταληκτικοὶ δ′ μὲν (ἐν ἐκθέcει), ἐν δὲ εἰcθέcει παρὰ τούτουc, ὅτι εἰcὶν ἀναπαιcτικοί, τελευταῖοc τροχαϊκὸc*) (οὐ) κατ' ἴcον (so Thiem. st. κάτιcοι) τοῖc ἄλλοιc ἀναπαιcτικ(όc), ἐφ' ᾧ διπλῆ καὶ ἐπέκθεcιc εἰc τὴν παράβαcιν κτέ. Vielmehr ist zu schreiben: ἐφ' ᾧ διπλῆ καὶ [ἐπ]έκθεcιc εἰc (αὐτὴν) τὴν παράβαcιν κτέ. — Anderes wird sich besser später anknüpfen lassen.

Sollen wir noch einige allgemeinere Bemerkungen über diese Punkte hinzufügen, so ist hervorzuheben, dass sich der Metriker öfters damit begnügt hat, die kolometrischen Semeia, deren Bedeutung wir bald kennen lernen, und die metrische Erklärung zu geben. Die Angaben über die εἴcθεcιc und ἔκθεcιc sind in den uns erhaltenen Scholien öfters sehr ungleich vertheilt, und es wird dies zwar häufig, aber doch nicht lediglich auf Rechnung der üblen Ueberlieferung kommen. Man vergleiche in dieser Beziehung etwa Schol. Fried. 775—818 mit Schol. Fried. 346—360 oder 459—472; vgl. Schol. Ritt. 1263—1315, Wolk. 457—466, desgl. 467—475, ebendas. 804—814, ebendas. 1303—1320.

---

*) So Thiem. statt der Ueberlieferung ὧν τετράμετρα καταληκτικὰ τέccαρα μὲν ἐν ἐκθέcει παρὰ ταύταc, ὅτι εἰcὶν ἀναπαιcτικοὶ τελευταῖοι τροχαϊκοί; im folgenden Thiem. auch ἐφ' ᾧ διπλῆ st. des überl. ἐφ' ἣ ἁπλῆ, vielleicht ist doch ὑφ' ὃν διπλῆ zu corrigiren.

An den Stellen, wo eine neue metrische Partie in derselben Thesis wie das ihr vorhergehende Megethos bleibt, ist dies vom Metriker ausdrücklich bemerkt, z. B. Schol. Fried. 301—336 κορωνίς, τοῦ χοροῦ εἰςελθόντος, καὶ ςτίχοι ὁμοίως τροχαϊκοὶ τετράμετροι καταληκτικοὶ λς', ὧν τελευταῖος κτέ. Ebenso im folgenden Scholion 337—345, das Thiemann gut so herstellte: διπλῆ, ἕπεται γὰρ μέλος, οὗ ἡ μὲν προῳδός ἐςτιν ἐκ διςτίχου ὁμοίως ἐκκειμένου κτέ. Schol. Ritt. 736—823. Dasselbe sagt Schol. Wolken 1353—1385. Wir werden daher diese Angaben auch sonst voraussetzen müssen. Schol. Ritt. 409—440 mag also der Metriker geschrieben haben: διπλῆ καὶ ςτίχοι (ὁμοίως ἐκκείμενοι) ἴαμβοι λβ', ὧν τελευταῖος κτέ.

Nicht ohne Belehrung ist das Verfahren in den Scholien zu Ritt. 691 folg. Die jambischen Trimeter 691—755 stehen dem τροχαϊκὸν ἐφθημιμερὲς (690) gegenüber in der ἔκθεςις: vgl. Schol. 616—623. Daher schreibt Thiemann Schol. 691—755 richtig: διπλῆ καὶ ἔκθεςις (statt εἴςθεςις) εἰς ἰάμβους τριμέτρους ἀκαταλήκτους ξε'. Darauf folgen 756—759 fünf jambische katalektische, theilweise (2 und 3) synkopirte Tetrameter. Nach dem bisher Gesagten wird Jeder erwarten, dass die Tetrameter den Trimetern gegenüber als in der Epekthesis bezeichnet würden, dennoch lesen wir Schol. 756—823 nur: διπλῆ καὶ ςτίχοι ε', ὧν ὁ μὲν α' καὶ δ' καὶ ε' ἴαμβοι τετράμετροι καταληκτικοί, ὁ δὲ β' καὶ ὁ γ' (so V) ἐξ ἰάμβων διμέτρων (καὶ τροχαϊκῶν ἰθυφαλλικῶν)*).

Fragen wir nach dem Grunde dieses Verfahrens, so werden wir kaum irre gehen, wenn wir ihn in dem Umstande suchen, dass auf die jambischen Tetrameter ein noch ausgedehnteres Mass, die anapästischen Tetrameter (von 761 an) folgten. Wären die jambischen Tetrameter als in der Epekthesis bezeichnet, so hätte sich der Metriker bei den Anapästen eines über die Epekthesis noch hinausgehenden Terminus bedienen

---

*) Diese Worte sind von Thiemann richtig ergänzt.

müssen. Wahrscheinlich also um einen solchen nicht üblichen Ausdruck zu vermeiden, verzichtete er überhaupt darauf, das thetische Verhältniss der Verse 756 — 760 anzugeben. Muss allerdings als Grundsatz festgehalten werden, dass die Bezeichnungen der εἴcθεcιc und ἔκθεcιc an sehr zahlreichen Stellen der uns überlieferten Scholien wiederherzustellen sind — schon Phaeinos mag bei seinen Excerpten darauf weniger Rücksicht genommen haben — so ist doch andererseits wahrscheinlich, dass auch der Metriker selbst hie und da in seinen Commentaren diese Angaben nicht allzu peinlich im Auge behielt. Bedenkt man, dass ja im Grunde schon mit der metrischen Erklärung eines Stichos oder Kolon sein thetisches Verhältniss zu dem vorhergehenden gegeben war, dass weiterhin die Commentare des Metrikers eine ἔκδοcιc betrafen, in der die Kolometrie bereits praktisch ausgeführt war, so wird man darin kaum noch eine Inconsequenz sehen können.

Es kommt aber noch ein wichtigeres Moment hinzu. Mit der metrischen Erklärung und der Angabe des thetischen Verhältnisses waren die Hülfsmittel der kolometrischen Technik nicht erschöpft. Dem Metriker stand noch ein anderes Mittel zu Gebote — die Semeiotik. Dieselben besonders in R V und Θ überlieferten Scholien, deren Sprachgebrauch in den Termini der εἴcθεcιc, ἔκθεcιc u. s. w. völlig übereinstimmt, zeigen eine nicht minder durchgehende Consequenz in der Anwendung der Semeia, nämlich der κορωνίc, ἁπλῆ, διπλῆ, διπλῆ καὶ κορωνίc, und δύο διπλαῖ. Diese Consequenz wird freilich erst völlig sichtbar, wenn wir die Ueberlieferung von einigen Fehlern gereinigt, oder besser, die Lücken ausgefüllt haben, die uns gerade bei den Semeia aus dem bereits angeführten Grunde vielfach begegnen.

Konnten wir hinsichtlich des ersten Punctes, der εἴcθεcιc, ἔκθεcιc u. s. w. mit dem bei Thiemann Gegebenen wenigstens in der Hauptsache übereinstimmen, wenn auch im Einzelnen manches zu berichtigen war, so ist dies nicht so der Fall in der Semeiologie. Bei der Wichtigkeit, welche die Semeia für die Kolometrie behaupten, haben wir ihre Anwendungsweise im Folgenden einer genaueren Controlle zu unterziehen.

3.

1) κορωνίς ⸴. Bei C. Thiemann lesen wir über die Anwendung der Koronis in den älteren Scholien folgende Bemerkung p. 106: "signum coronidis adhibetur a scholiasta, ubi novae personae aut intrant aut relinquunt scenam aut redeunt in eandem."

Sehen wir hier auch von der etwas schiefen Ausdrucksweise dieser Worte ab, so kann doch auch das, was der Verf. damit sagen will, leicht zu irrigen Vorstellungen über den Gebrauch dieses Semeion leiten. Wir haben gleich hier nachzuweisen, dass es ein Verkennen der Anwendungsweise der Koronis wäre, wenn man etwa meinte, dass Heliodor jedes neue Auf- oder Abtreten eines oder mehrerer ὑποκριταί durch die Koronis angedeutet habe. Nehmen wir einige beliebige Beispiele, und schliessen dabei nur solche aus, wo die älteren Scholien überhaupt verloren sind. Fried. 113 erscheinen die Töchter des Trygaios, die von der Luftfahrt des Vaters vernommen haben. Nach obiger Regel musste man erwarten, dass dies sogenannte παραχορήγημα durch die Koronis angedeutet wäre. In den älteren Scholien findet sich davon keine Spur. — Bald darauf ist Trygaios vor der Götterburg angelangt, er ruft nach dem Portier: mit 180 erscheint Hermes. Aber sowohl hier als V. 236, wo Polemos auftritt, wird man das Zeichen in den älteren Scholien vergebens suchen. Um so weniger ist im Folgenden das wechselnde Gehen und Kommen des Kydoimos, der die Mörserkeule holen soll, durch die Koronis bezeichnet. — Mit V. 288 verlassen beide, Polemos und Kydoimos, die Bühne, ohne dass die älteren Scholien der Koronis Erwähnung thäten.

1052 tritt der Seher Hierokles auf, der den Opferbraten gerochen hat: auch hier lässt das zu 1039—1062 erhaltene ältere Scholion die Koronis unerwähnt. — Nehmen wir noch die Ritter hinzu, so spricht V. 69 der Allantopoles selbst das Nahen des Paphlagoniers aus — καὶ μὴν ὁ Παφλαγὼν οὑτοcὶ προcέρχεται. Das Schol. zu 691—755 constatirt aber nur das Vorhandensein der Diple. Ebenso wenig findet sich die Koronis zu V. 727 erwähnt, wo auf den Ruf Kleons und des Wursthändlers der Demos aus dem Hause tritt. — Nachdem der Paphlagonier durch die Orakelsprüche des Wursthändlers besiegt ist, schlägt er eine andere Probe des Wettkampfes vor: sie wollen sehen, wer den Demos am besten zu füttern vermag. Beide verlassen also die Bühne, um die Leckerbissen zu holen. Nach 1110 würde man daher nach obiger Theorie die Koronis erwarten. Aber das wohl erhaltene Scholion zu 1111—1150 bietet nur die Diple. — Nach 1389, wo auf das Geheiss des Agorakritos die Friedensnymphen aus dem Wohnhause des Demos herauskommen, findet sich die Koronis ebenso wenig.

Die vorgeführten Beispiele, die man aus den übrigen erhaltenen Resten der Kolometrie beliebig vermehren könnte (man vergleiche die Zusammenstellungen bei Ernst Droysen, Quaestiones de Aristophanis re scaenica p. 38 sq.), liefern hinlänglich den Beweis, dass von der Anwendung der Koronis da, 'ubi novae personae intrant', in dieser Allgemeinheit nicht die Rede sein kann. Dasselbe gilt von den übrigen Behauptungen Thiemann's hinsichtlich dieses Semeion. — Suchen wir also im Folgenden den Heliodorischen Gebrauch ins Klare zu bringen.

Zunächst fällt die Thatsache ins Auge, das Heliodor mit diesem Semeion den Abschluss einer Komödie bezeichnete. Am Ende des Friedens und der Ritter ist die Koronis in den älteren Scholien übereinstimmend bewahrt: Ritt. κορωνὶc ἡ τοῦ δράματοc, Fried. ὑφ' ἃ κορωνὶc (ἡ) τοῦ δράματοc, [ὑμὴν ὑμέναι' ὦ,] οὕτωc 'Ηλιόδωροc. Thiemann, der diese Anwendungsweise p. 107 bereits richtig bemerkte, ergänzt daher am Schlusse der Acharner mit Recht die gleichen Worte ὑφ' οὐc κορωνὶc τοῦ δράματοc; vielmehr: ὑφ' οὓc κορ. ἡ τοῦ δράματοc. Wir können über diese zweifellose Bedeutung des Zeichens hiermit hinweggehen, und bemerken nur noch, dass sich diese Anwendung auch in den jüngeren, nicht Heliodoreischen Scholien bewahrt hat: vgl. Ende Wolken, Vögel, Frösche, Plutos. — Um nun den weiteren Gebrauch dieses Semeion ins Licht zu setzen, kommt uns der Umstand zu statten, dass Heliodor gerade hier sich nicht begnügt hat, lediglich das Zeichen selbst in der Kolometrie an den betreffenden Stellen anzuführen, sondern durchgehends auch die Erklärung und Motivirung desselben hinzugefügt hat. Wir haben also nur die oft wiederholten Begründungen auf ihre kürzeste Summe zu bringen. Diese reduziren sich in den älteren Scholien auf folgende Sätze:

1. ὅτι εἰcέρχεται ὁ χορόc.
2. ἐξελθόντων τῶν ὑποκριτῶν (ὁ χορὸc λέγει) oder ἐξίαcιν οἱ ὑποκριταί.
3. εἰcίαcιν oder ἐπειcίαcιν οἱ ὑποκριταί.

Auf diesen Sätzen, die mit einigen auf dasselbe hinauslaufenden Modificationen des Ausdrucks constant wiederholt werden, beruht der Heliodoreische Gebrauch der Koronis in seinem ganzen Umfange. Er setzt sie erstens, wo der Chor zuerst auftritt d. h. vor der Parodos am Ende des Prologos, zweitens an allen Stellen, wo die ὑποκριταί die Bühne verlassen und der Chor allein zurückbleibt, drittens überall da, wo die ὑποκριταί auf die Bühne zurückkehren. Zu bemerken war eben, dass das Semeion das εἰcιέναι und ἐξιέναι der ὑποκριταί nur in generellem Sinne gegenüber dem χορὸc bezeichnet, nicht aber etwa das wechselnde Gehen und Kommen der verschiedenen Agonisten. Selbstverständlich ist, dass in dem Falle, wo am Anfange eines Epeisodion oder der Exodos zunächst nur ein Hypokrit auf die Bühne zurückkehrt, auch in der Erklärung des Semeion eine entsprechende Modification des Ausdruckes eintritt: εἰcέρχεται ὁ ὑποκριτής Ach. 1174. Wir heben diesen Fall hervor, weil er, freilich nur bei flüchtiger Betrachtung, zu dem Missverständniss führen könnte, als habe Heliodor etwa jedes Auftreten eines einzelnen Hypokriten mit dem Semeion bezeichnen wollen. Der Singular (ὁ ὑποκριτής) hat hier lediglich darin seinen Grund, dass nach dem Stasimon Ach. 1143—1173 beim Beginne der Exodos die ὑποκριταί nicht zugleich auf die Bühne zurückkehren, sondern zunächst nur der θεράπων auftritt. — Wenn man Hephaestion p. 76 Westph. richtig auffasst, so ist mit den dort angeführten beiden ersten Fällen auch die Heliodoreische Anwendungsweise bezeichnet: ἤτοι ὅταν τῶν ὑποκριτῶν εἰπόντων τινὰ καὶ ἀπαλλαγέντων καταλείπηται ὁ χορός, ἢ ἔμπαλιν.

Es wird hier offenbar der nämliche Gebrauch statuirt, nur ist die Ausdrucksweise des Hephästion eine etwas ungenaue. Denn die Anwendung bei der Parodos des Chors lässt sich unter die Hephästioneischen Fälle nicht unterbringen, weiterhin bedarf das kurze ἢ ἔμπαλιν für uns einer näheren Erklärung. Wir wenden die Koronis an, sagt Hephästion, entweder da, wo der Chor zurückbleibt, nachdem die Hypokriten eine Partie vorgetragen und die Bühne verlassen haben, oder im umgekehrten Falle, d. h. genauer ausgedrückt, an den Stellen, wo die Schauspieler auf die Bühne zurückkehren (ἐπεισίασιν), nachdem der Chor eine Partie vorgetragen. Dass sich die Anwendung des Semeion am Schlusse des Prologos bei Hephästion nicht zu finden scheint, mag lediglich auf Rechnung der hier etwas knappen Ausdrucksweise zu setzen sein. So weit trifft also auch Hephästion, sofern wir ihn richtig verstehen, in der Anwendungsweise des Semeion mit seinem Vorgänger zusammen. Aber Hephästion fügt noch einen weiteren Fall hinzu, und darin unterscheidet er sich von Heliodor: ἢ ὅταν μετάβασις ἀπὸ τόπου εἰς τόπον γίνεσθαι δοκῇ τῆς σκηνῆς. Von dieser Anwendung des Semeion beim Scenenwechsel findet sich in den auf Heliodor zurückgehenden Scholien keine Spur.

Nach dem Vorherbemerkten ergeben sich von selbst alle einzelnen Fälle, in denen sich Heliodor der Koronis bediente. Erstens wird sich das Semeion stets vor der Parodos des

Chors d. h. am Schlusse des Prologos finden, zweitens an allen Stellen, wo die Hypokriten die Bühne verlassen, und an allen, wo sie auf dieselbe zurückkehren. Und in der That, dieser Gebrauchsweise widerspricht keines der in den kolometrischen Resten erhaltenen Beispiele. Wenn wir in dieser Uebereinstimmung eine Bestätigung von der Richtigkeit der aufgestellten Regel sehen, so bewegt sich unser Schluss dabei nicht im Cirkel: denn es giebt auch Fälle, in denen uns lediglich das Semeion, nicht aber die sonst gewöhnlich beigefügte Erklärung erhalten ist. Da sich auch diese Scholien (Ach. 1143, Wolk. 1303) mit den übrigen in voller Uebereinstimmung befinden, so werden wir an der Richtigkeit der als Heliodoreisch bezeichneten Anwendung des Semeion um so weniger zweifeln dürfen. — Selbstverständlich ist, dass sich die Koronis in den Fällen, wo wie im Frieden und in den Rittern die Parodos mit dem ersten Epeisodion verbunden ist, nur am Anfange der Parodos und die nächste sich erst am Schlusse des ersten Epeisodion finden wird, weil ja in diesem Falle nach der Parodos kein ἐπεισιέναι der Hypokriten stattfinden kann.

Fassen wir die Ueberlieferung der auf die Kolometrie zurückgehenden Scholien hinsichtlich der Koronis jezt kurz im Einzelnen ins Auge, so beginnen wir naturgemäss mit dem Stücke, zu dem sich das Semeion abgesehen von dem Schlusse des Dramas ausnahmslos erhalten hat — mit den Acharnern. Dabei verschlägt es natürlich nichts, dass Schol. 1143—1173 die Erklärung des Zeichens, die Heliodor stets hinzufügt, ausgefallen ist. Wir können mit Sicherheit ergänzen κορωνίς (, ὅτι ἐξίασιν οἱ ὑποκριταί,) καὶ εἴσθεςις εἰς μέλος τοῦ χοροῦ προῳδικὸν κτέ. Die Hypokriten sind Diküopolis und Lamachos, die hier die Bühne verlassen. Andererseits haben sich aus einem bereits oben erwähnten Grunde hie und da nur die Erklärungen der Koronis erhalten, während das Semeion selbst übergangen ist: Schol. 626, 836, 1000 — alles Stellen, wo die Koronis bereits von Thiemann richtig wieder eingeführt ist. Wir geben im Folgenden die schematische Uebersicht der Stellen, an denen die Koronis in diesem Stücke überliefert ist. In runde Klammern schliessen wir dabei wie gewöhnlich die nöthigen Ergänzungen ein.

V. 1—203 ⇒ εἰcέρχεται γὰρ ὁ χορόc
204—241 ⇒ ὅτι εἰcίαcιν οἱ ὑποκριταί
242—625 ⇒*) ἐξιόντων τῶν ὑποκριτῶν ὁ χορὸc λέγει τὴν τελείαν παράβαcιν
626—718 ⇒ ὅτι ἐπεικίαcιν οἱ ὑποκριταί*)
719—835 ⇒*) ἐξελθόντων τῶν ὑποκριτῶν καὶ μένοντοc τοῦ χοροῦ
836—859 ⇒ εἰcίαcι γὰρ οἱ ὑποκριταί
860—970 ⇒ (ὅτι) ὁ χορὸc (λέγει) ὑποχωρηcάντων τῶν ὑποκριτῶν
971—999 ⇒ ὅτι*) εἰcίαcιν οἱ ὑποκριταί
1000—1142 ⇒ (ὅτι ἐξίαcιν οἱ ὑποκριταί)
1143—1173 ⇒ εἰcέρχεται γὰρ ὁ ὑποκριτήc
1174—1234 ⇒ ἡ τοῦ δράματοc.*)

Die Koronis ist also hier vor dem Beginne und am Schlusse der Parodos (204—241), der ersten (626—718) und zweiten (971—999) Parabase, des ersten (836—859) und zweiten (1143—1173) Stasimon überliefert. Zu bemerken ist noch, dass Heliodor hier (im Gegensatz zu anderen Dramen) die Koronis am Ende der Parodos setzt, nicht erst am Schlusse des ersten Epeisodion, aus dem einfachen Grunde, weil hier die Parodos nicht wie z. B. in den Rittern mit dem Epeisodion verbunden ist. Man übersehe dabei nicht die eigenthümliche Stellung des Semeion. Da die Parodos als Chorikon bereits mit V. 233 (τὰc ἐμὰc ἀμπέλουc) geschlossen ist, so würden wir die Koronis bereits nach diesem Kolon erwarten. Dennoch ist sie erst nach V. 241 überliefert. Der Grund liegt darin, dass erst hier das εἰcιέναι der Hypokriten stattfindet: erst hier werden Dikäopolis, sein Weib, seine Toch-

---

*) Von Thiemann ergänzt.

ter u. s. w. wirklich sichtbar. Schon 237 und 241 hört der Chor das εὐφημεῖτε εὐφημεῖτε des Nahenden, aber erst nach dem letzteren Verse betrat Dikäopolis die Bühne, und das Epeisodion beginnt. Die Erklärung der Verse 234—241 (XOP. γ' ΔΙΚ. ά XOP. γ' ΔΙΚ. ά) ist in den Scholien leider nicht bewahrt.

Im Frieden ist das Semeion, wie wir gleich sehen werden, an einer Stelle ausgefallen. Die erste Koronis findet sich 300 am Schlusse des Prologos: ὑφ' οὓς κορωνίς, τοῦ χοροῦ εἰσελθόντος κτέ. Da die Parodos hier wie auch in den Rittern mit dem ersten Epeisodion verbunden ist, tritt die nächste Koronis erst vor dem Beginne der ersten Parabase ein 728. Das Semeion sowohl wie auch ein Theil der Erklärung desselben ist ausgefallen. Dass die Koronis sich hier fand, zeigt schon der Ausdruck des Schol. ὁ χορὸς μένων κτέ. Das Semeion ist bereits von Thiemann richtig supplirt, wir haben aber weiterhin zu ergänzen: (κορωνίς· ἐξελθόντων γὰρ τῶν ὑποκριτῶν) ὁ χορὸς μένων κτέ. Die nächste findet sich natürlich 818 am Schluss der Parabase. Weiterhin ist das Semeion und seine Erklärung auch vor dem Beginne und am Schlusse der zweiten Parabase vgl. Schol. 1127—1190 und 1191 folg., sehen wir hier von kleinen Schreibfehlern ab, richtig erhalten. — Schol. 1316—1319 heisst es κορωνίς, ἐξίασι (so richtig Thiem. statt εἰσίασι) γὰρ οἱ ὑποκριταί — Trygaios verlässt mit dem Knaben des Kleonymos die Bühne. Am Schlusse der anapästischen Partie, in der der Chor auf das das ganze Drama beschliessende ἀφοδικὸν μέλος, den Hymenäus, vorbereitet, muss natürlich der ὑποκριτής d. h. Trygaios (mit der Opora) zurückkehren. In dem Scholion 1329 bis zu Ende wird weder das Semeion noch die Erklärung gelesen. Heliodor schrieb aller Wahrscheinlichkeit nach διπλῇ (καὶ κορωνίς, ὅτι εἰσέρχεται ὁ ὑποκριτής,) καὶ ἐν ἐπεισθέσει (so Thiem. statt ἐπὶ τέλει) κτέ. Haben wir damit die Semeiose Heliodors getroffen, so kann dieselbe freilich an dieser Stelle nicht den Anspruch machen, die richtige, vom

Dichter ausgegangene Personenvertheilung anzugeben. Schon dem Metriker lag hier wie sonst sehr häufig eine handschriftliche Verderbniss vor. Wie die Koronis nach V. 1315 zeigt, waren in den Handschriften des Metrikers die Verse 1316—1328 dem Chore zugetheilt, Vers 1305—1310 und 1312—1315 wahrscheinlich dem Trygaios. Robert Enger hat aber sehr wahrscheinlich gemacht (vgl. Fleckeis. Jahrbb. 1865 Bd. 91 S. 111 folg.), dass die Verse 1305—1310, und, nach der Bemerkung des Chors, 1312—1315 von dem Diener gesprochen sind. "Hierauf tritt Trygaios mit den Gästen aus dem Hause und spricht das folgende 1316—1332, nicht, wie jetzt allgemein angenommen wird, der Chor." Uebrigens sind die Verse 1316—1332 auch in der Aldina und von Th. Bergk dem Trygaios zuertheilt. — Die Gesammtzahl der mit dem Semeion versehenen Stellen im Frieden ist also folgende:

1—300 ⇁ τοῦ χοροῦ εἰςελθόντος
300—728 (⇁ ἐξελθόντων γὰρ τῶν ὑποκριτῶν) ὁ χορὸς μένων κτέ.
729—818 ⇁ προΐαςι γὰρ οἱ ὑποκριταί
819—1126 ⇁ ἐξελθόντων τῶν ὑποκριτῶν ὁ χορὸς μόνος καταλιπείς
1127—1190 ⇁ εἰςίαςι γὰρ οἱ ὑποκριταί
1191—1315 ⇁ ἐξίαςι γὰρ οἱ ὑποκριταί
1316—1328 (⇁ ὅτι εἰςέρχεται ὁ ὑποκριτής?)
1329—1357 ⇁ κορωνὶς (ἡ) τοῦ δράματος.

In den Rittern ist an zwei Stellen das Semeion sammt der Erklärung ausgefallen, und zwar in zwei Scholien, die sich auch sonst sogleich als lückenhaft erweisen. Während wir nämlich nach den obigen Regeln die Koronis stets sowohl vor dem Beginne als am Schlusse der Parabasen erwarten müssen, finden wir das Semeion hier nur am Anfange der beiden Parabasen, oder, was dasselbe sagt, nur am Schlusse der der ersten und zweiten Parabase vorausgehenden Epeisodien. Die epirrhematische Syzygie der ersten Parabase schliesst mit 610. Das Semeion müsste sich also, da nach der Parabase die ὑποκριταί auf die Bühne zurückkehren, in dem Scholion 611—615 finden. Wir lesen hier nur: ἔτι τοῦ χοροῦ ἴαμβοι τρίμετροι ἀκατάληκτοι ε, τοῦ ὑποκριτοῦ παρερχομένου. Dass indess dieses Scholion auch sonst namentlich im Anfang lückenhaft überliefert ist, das beweist schon der Umstand, dass es ohne jedes Zeichen, auch ohne die Diple überliefert ist: denn dass auch dieses Semeion hier erforderlich ist, wird sich später herausstellen. Wir haben das auch sonst verderbte Scholion mit folgenden sicheren Ergänzungen zu schreiben: (ὑφ' οὓς διπλῆ καὶ κορωνίς, ὅτι εἰσέρχεται ὁ ὑποκριτής, καὶ ἐν εἰσθέσει) ἔτι τοῦ χοροῦ ἴαμβοι τρίμετροι ἀκατάληκτοι (δ', ὁ δὲ) ε' τοῦ ὑποκριτοῦ παρερχομένου, (ὑφ' ὅν . . .) Die Worte ἐν εἰσθέσει ergänzte schon Thiemann richtig. Dass hier die Koronis wieder einzuführen war, mussten übrigens, abgesehen von allem anderen, schon die letzten Worte τοῦ ὑποκριτοῦ παρερχομένου zeigen. — Die nämliche Ergänzung ist nun auch in dem Schol. 1316 vorzunehmen. Auch hier ist das Semeion gegen die sonstige Analogie nach dem Antepirrhema der zweiten Parabase ausgefallen; auch dieses Scholion ist überhaupt ohne Zeichen auf uns gekommen: στίχοι ἐν ἐπεκθέσει (Thiem. richtig st. ἐν ἐκθέσει) ἀναπαιστικοὶ τετράμετροι καταληκτικοὶ ιθ'. Der Grund, wesshalb dieses Scholion in so lückenhafter Gestalt überliefert ist (auch die folgenden Worte sind unvollständig, was sich jedoch erst später zeigen wird), der Grund davon liegt weniger darin, dass es gerade das letzte Scholion zu den Rittern bildete, als vielleicht in dem Umstande, dass die dialogische Partie der Exodos dem excerpirenden Scholiasten kein metrisches Interesse darbieten mochte. — Wir haben herzustellen: (ὑφ' οὓς διπλῆ καὶ κορωνίς, ὅτι ἐπεισίασιν οἱ ὑποκριταί,) καὶ στίχοι ἐν ἐπεκθέσει κτέ. Die Worte ὑφ' οὓς διπλῆ καὶ fügte schon Thiemann richtig ein. Wesshalb hier und in dem Scholion 611—615 auch die Diple herzustellen war, kann wie gesagt erst später klar werden.

Nachdem wir diese beiden Stellen mit der sonstigen Anwendungweise des Semeion in Einklang gesetzt haben, überschauen wir kurz die Gesammtheit der Stellen, an denen uns die Koronis überliefert ist oder hergestellt wurde.

Zunächst fand sich das Semeion nach v. 246 vor der Parodos, die mit 247 παῖε παῖε τὸν πανοῦργον beginnt: vgl. Schol. 247—283. Da hier die Parodos in das erste Epeisodion verflochten ist, so kann die nächste natürlich erst nach v. 497 vor dem Beginne der ersten Parabase eintreten: vgl. Schol. 498. Die nächste Koronis stellten wir am Schlusse dieser Parabase, als nach dem letzten Verse der epirrhematischen Syzygie vor dem zweiten Epeisodion her: Schol. 611—615. Am Schlusse der Parabase betreten die Schauspieler, oder in den Rittern zunächst nur ein Hypokrit die Bühne: nämlich der Allantopoles kehrt von dem hinter der Bühne befindlichen Buleuterion als Sieger zurück. Wir ergänzten daher: κορωνίς, ὅτι εἰςέρχεται ὁ ὑποκριτής, κτέ. — Weiter unten ist das Semeion vor dem Beginne des Stasimon 973 richtig überliefert: vgl. Schol. 973; nur war zu schreiben: κορωνίς, ἐξίαςι γὰρ (οἱ) ὑποκριταί, κτέ. Ebenso am Schlusse dieser monostrophischen Hexas: vgl. Schol. 973—996 am Ende, und Schol. 997—1110 am Anfang: παράγραφοι δὲ ἁπλαῖ (so Dübner richtig st. ἁπλοῖ) μὲν πέντε, ἡ δὲ ς' καὶ μετὰ κορωνίδος, διπλῆ ὅτι εἰςίαςιν (so Dindorf st. εἰώθαςιν) οἱ ὑποκριταί, κτέ. Die Begründung ὅτι εἰςίαςιν οἱ ὑποκριταί gehört offenbar zu dem Worte κορωνίδος und es erhellt zunächst, dass die Stellung der Worte, wie sie überliefert ist, nicht die richtige sein kann. Wie das Scholion herzustellen ist, werden die späteren Bemerkungen über die Diple lehren.

Die nächste Koronis begegnet uns 1262 vor dem Beginne der zweiten Parabase. Das Schol. 1263 heisst (ὑφ' οὓς Thiem.) κορωνίς [δέ], ἐξίαςι γὰρ οἱ ὑποκριταὶ κτέ. Die Partikel δὲ war zu streichen. — Endlich stellten wir das Semeion am Schlusse der zweiten Parabase vor dem Beginne der Exodos her, Schol. 1316—1335. — Am Schluss des Dramas findet sich die κορωνὶς ἡ τοῦ δράματος. — Uebersehen wir noch die sämmtlichen Stellen mit einem Blicke:

1—246 ⁓ ὅτι εἰcέρχεται ὁ χορὸc τῶν ἱππέων
247—497 ⁓ ἐξελθόντων γὰρ τῶν ὑποκριτῶν εἶτα καταλειφθεὶc ὁ χορὸc λέγει...
498—610 (⁓ ὅτι εἰcέρχεται ὁ ὑποκριτήc)
611—972 ⁓ ἐξίαcι γὰρ (οἱ) ὑποκριταί
973—996 ⁓ ὅτι ἐπειcίαcιν οἱ ὑποκριταί
997—1262 ⁓ ἐξίαcι γὰρ οἱ ὑποκριταί
1263—1315 (⁓ ὅτι ἐπειcίαcιν οἱ ὑποκριταί)
1316—1408 ⁓ ἡ τοῦ δράματοc.

Zu den Wolken ist uns nur ein ganz geringer Theil der Kolometrie und auch dieser nur sehr verkürzt erhalten. Die Koronis hat sich daher nur an drei Stellen bewahrt, an allen übrigen ist sie meist mit den Scholien selbst verloren. — Zunächst fand sich das Semeion wie gewöhnlich am Schlusse des Prologos nach v. 274. Das bezügliche Scholion hat sich nicht erhalten. Die nächste Koronis trat wie im Frieden und in den Rittern am Schlusse des ersten Epeisodion vor dem Beginne der ersten Parabase ein nach v. 509. Ebenso fand sie sich natürlich am Schlusse der Parabase vor dem Beginne des zweiten Epeisodion. Beide Scholien liegen uns ebenso wenig vor. Das nächste Semeion hat sich nach v. 888 vor dem Beginne des allerdings schon für Heliodor verlorenen Chorikon erhalten: vgl. Schol. 889 flg. διπλῆ καὶ κορωνίc, ἀποχωρηcάντων τῶν ὑποκριτῶν, μέλοc δὲ τοῦ χοροῦ οὐ κεῖται, ἀλλὰ γέγραπται μὲν ἐν μέcῳ "χοροῦ" κτέ. Nach diesem Chorikon trat ein neues εἰcιέναι der Hypokriten ein. Dies konnte natürlich durch ein Semeion nicht angedeutet werden, da ja das ganze Chorikon, mithin auch sein Schluss verloren war. — Die nächste Koronis musste sich nach v. 1112 vor der zweiten Parabase finden. Das bezügliche Scholion ist verloren. Am Schlusse der zweiten Parabase v. 1130 ist das Semeion richtig erhalten: Schol. 1131—1153 κορωνίc, εἰcιόντων τῶν ὑποκριτῶν, καὶ εἴcθεcιc παρὰ τοὺc τετραμέτρουc κτέ. Auch die folgende Koronis vor dem Beginne des Stasimon (1303—1320) finden wir erwähnt: nur die Erklärung des Semeion ist ausgefallen. Wir haben Schol. 1303—1320 zu ergänzen: κορωνίς [δὲ von Thiem. richtig ausgeschieden] (, ὅτι ἐξίασιν οἱ ὑποκριταί,) καὶ μέλος τοῦ χοροῦ κτἑ. Amynias und Strepsiades sind es, die hier die Bühne verlassen. — Nach diesem Chorikon kehren v. 1321 die ὑποκριταί zurück und es beginnt die Exodos. Nach v. 1320 musste sich daher die Koronis finden. Auch diese Bemerkung ist ausgefallen. Wir haben Schol. 1321—1344 so auszufüllen: διπλῆ (καὶ κορωνίς, ὅτι εἰσίασιν οἱ ὑποκριταί,) καὶ εἴσθεσις εἰς ἰάμβους τριμέτρους ἀκαταλήκτους εἴκοσι τρεῖς.

Am Schlusse dieses Ueberblicks sei es noch gestattet kurz einem Irrthume vorzubeugen, der sich wenn auch nur bei flüchtiger Betrachtung hier einschleichen könnte. Erinnert man sich nämlich hier der Stelle im 12. Capitel der Aristotelischen Poetik über die μέρη τραγῳδίας und des damit parallel laufenden Excerptes bei Cram. Anecd. Paris. 1 p. 403, das über die μέρη κωμῳδίας handelt*), so könnte es den Anschein gewinnen, als laufe die Heliodoreische Anwendungsweise der Koronis in der That darauf hinaus, die μέρη κωμῳδίας im Aristotelischen Sinne abzusondern.

Wenden wir dem die μέρη κομῳδίας betreffenden Excerpte einen Augenblick unsere Aufmerksamkeit zu, so werden hier vier eigentliche μέρη unterschieden und definirt: der Prologos, das Chorikon, das Epeisodion und die Exodos. πρόλογός ἐστι μόριον (ὅλον)**) κωμῳδίας τὸ μέχρι τῆς εἰσόδου τοῦ χοροῦ. Χορικόν ἐστι τὸ ὑπὸ τοῦ χοροῦ μέλος ᾀδόμενον, ὅταν ἔχῃ μέγεθος ἱκανόν. Ἐπεισόδιόν ἐστι (μόριον ὅλον κωμῳδίας)**) τὸ μεταξὺ δύο χορικῶν μελῶν. Ἔξοδός ἐστι τὸ ἐπὶ τέλος λεγόμενον τοῦ χοροῦ (?)***).

---

*) Die beiden bisher öfters unterschätzten und missverstandenen Traktate hat R. Westphal "Prolegom. z. Aesch. Trag." Lpzg. 1869 neulich zum Ausgangspuncte einer sorgfältigen Scheidung der einzelnen Theile des antiken Dramas genommen.
**) Von Westphal ergänzt.
***) Es fehlt uns augenblicklich eine probable Herstellung dieser noch verdorbenen Worte. H. Keil ist geneigt hier eine Namenserklärung vorauszusetzen, wie etwa μέχρι τῆς ἐξόδου τοῦ χοροῦ.

Das sind die vier μέρη κωμῳδίας, die wir auch in der Tragödie wiederfinden, nur dass in der letzteren noch der κομμὸς und die sogenannten ἀπὸ ϲκηνῆϲ als selbständige (keineswegs dem χορικὸν untergeordnete) μέρη hinzukommen. Von dem χορικὸν wird verlangt, dass es ein μέγεθοϲ ἱκανόν — die gehörige Ausdehnung aufweise; ausserdem erfahren wir aus der Definition des Epeisodion, dass die χορικὰ die Grenze der Epeisodien bilden. Also die übrigen melischen Partien, denen das μέγεθοϲ ἱκανὸν fehlt, sind in die Epeisodien verflochten und bilden keine selbständigen μέρη. Westphal bezeichnet (a. a. O. S. 9) das ein besonderes μέροϲ bildende χορικὸν zum Unterschiede von den übrigen passend mit dem Namen "Hauptchorlied". Diese zerfallen nun in die komischen Parodoi, Parabasen und Stasima. Was die Anordnung dieser Chorika betrifft, so giebt sie Westphal a. a. O. S. 39 in folgender Weise an: "Zuerst die Parodos, dann die erste Parabase, dann zwei andere Chorlieder, von denen entweder das erste oder das zweite die zweite Parabase ist." S. 32: "Ein jedes Chorikon der Komödie, welches weder Parodos noch erste noch zweite Parabase ist, muss nothwendig ein komisches Stasimon sein." Was die von Westphal hier statuirte Anzahl der Chorika betrifft, so hat er dabei die regelmässige Gestalt einer Aristophaneischen Komödie im Auge, die analog der (ebenfalls von Westphal beobachteten) Aeschyleischen Compositionsweise auf einer Tetras von Hauptchorliedern aufgebaut ist. In den Acharnern findet sich noch ein Chorlied mehr, im Frieden eins weniger.

Vergleicht man nun ein derartiges Schema der μέρη κωμῳδίας im besagten Sinne mit den Theilen, die wir oben an der Hand der Heliodoreischen Ueberlieferung durch die Koronis absonderten z. B. in den Rittern und in den Acharnern, so nimmt man eine so völlige Uebereinstimmung wahr, dass man leicht auf die obige Vermuthung geführt wird. — Dennoch wäre aber eine solche Ansicht, dass das Semeion bei Heliodor die Eintheilung in die obigen μέρη κωμῳδίας zum Zweck habe oder doch darauf hinauslaufe, eine verfehlte. Einmal wäre es schon auffallend, dass bei Gelegenheit der Koronis, die doch stets von einer ausdrücklichen Motivirung begleitet ist, sich nicht einmal die Termini der Aristotelischen Dramaturgik πρόλογος, χορικόν, ἐπεισόδιον, ἔξοδος erwähnt finden, vielmehr lesen wir durchgehend, wo sich die Koronis findet, die bereits oft erwähnten Begründungen — ὅτι εἰσέρχεται ὁ χορός und die übrigen. Weiterhin lässt sich aber auch ein bestimmterer Grund gegen obige Annahme vorbringen.

Jedes Stasimon ist ein Hauptchorlied im Aristotelischen Sinne, ein besonderes μέρος κωμῳδίας. Aber nicht vor dem Beginne jedes Stasimon findet ein ἐξιέναι der ὑποκριταί statt. Allerdings trägt der Chor die Stasima meistens vor, das Gesicht den Zuschauern zugekehrt, während die Bühne von den Schauspielern verlassen ist, aber bekanntlich ist dies keineswegs immer der Fall. So ermahnt z. B. der Chor in dem Stasimon Frösche 1099 μέγα τὸ πρᾶγμα κτέ. die beiden Kämpfer (Aeschylos und Euripides) in ihrem Wettstreite nunmehr auf die einzelnen Theile der Tragödie näher einzugehen. Man vergleiche weiter das Stasimon Vögel 1313 ταχὺ δ' ἂν πολυάνορα κτέ.

Schon dieser Umstand muss uns bewahren, dieser Semeiose ein Princip unterzulegen, das ihr fremd war. Wenn dabei die von Heliodor durch die Koronis abgesonderten Theile dennoch nicht selten mit den μέρη bei Aristoteles zusammenfallen, so wird man sich den Grund aus dem Gesagten selbst erklären. Ebenso wenig ist ausgeschlossen, dass jene Bezeichnungen der Mere — πάροδος, ἐπεισόδιον, ἔξοδος in der That ursprünglich ihren Namen von dem Herbeikommen (εἰσέρχεσθαι, εἰσιέναι, ἐπεισιέναι) oder Fortgehen (ἀπέρχεσθαι, ἐξιέναι) des Chores oder der Agonisten erhalten haben.

2) παράγραφος ἁπλῆ —. Auch wenn in den auf die Kolometrie zurückgehenden Scholien Nichts über die Heliodoreische Anwendungsweise der ἁπλῆ erhalten wäre, so müssten wir

schon desshalb bei Heliodor den Gebrauch dieses Semeion vorauszusetzen, weil es an sich wenig glaublich erscheint, dass ein Metriker, der, wie wir bald sehen werden, der διπλῆ παράγραφος eine so umfassende Bedeutung eingeräumt, die ἁπλῆ ignorirt haben sollte. In der That finden wir aber die ἁπλῆ zunächst an einer Stelle erwähnt, die jeden Zweifel, dass wir es hier mit einem Fragmente der Kolometrie zu thun haben, von sich abweist.

Das alte Scholion Ven. zu Ritt. 973 — 1110 lautet jetzt: παράγραφοι δὲ ἁπλαῖ μὲν πέντε, ἡ δὲ ς' καὶ μετὰ κορωνίδος, (997—1110) διπλῆ, ὅτι εἰςίαςιν (siehe oben S. 44) οἱ ὑποκριταί, κτέ. Die fünf παράγραφοι ἁπλαῖ sind völlig richtig überliefert. Dass indess noch eine kleine Aenderung dieses Scholions geboten ist, das wird das Capitel über den Gebrauch der Diple zur Evidenz bringen. Da durch die in Rede stehende Correctur die Frage über die παράγραφος ἁπλῆ nicht berührt wird, so dürfen wir sie hier ausser Acht lassen. Wir bemerken nur noch, dass dieses Scholion auch besonders geeignet sein wird, uns den fortlaufenden Gang der Kolometrie zu verdeutlichen. Dass wir hier ein Fragment der Kolometrie vor uns haben, dies musste schon die Anwendungsweise der Koronis lehren, und auch Thiemann konnte gegen die Echtheit desselben keine Zweifel erheben.

Was bedeutet nun aber das Semeion der παράγραφος ἁπλῆ? Darauf giebt uns ein anderes Scholion Ven. Antwort zu Fried. 1333: ἐν τούτοις φέρονται κατά τινας παράγραφοι (so Thiem. richtig statt παράγραφαι), ἵνα ὁ χορὸς ἀνὰ μέρος αὐτὰ λέγῃ, (1335) ἕν τισιν (sic) οὐ φέρεται κτέ. Thiemann scheidet diese Bemerkung (ἐν τούτοις — ἐνταῦθά ἐςτι) als nicht Heliodoreisch aus: wir können uns diesem Verfahren nicht anschliessen. Man kann zugeben, dass hier vielleicht nicht der volle Wortlaut der Kolometrie wiedergegeben wird, aber die Anwendungsweise des Semeion ist durchaus Heliodoreisch. Wie Ritter 973 folg. so liegt uns auch hier ein monostrophisches Melos vor, dessen erste und letzte Periode nach der sehr wahrscheinlichen Herstellung Westphal's (Proleg. zu Aesch. Trag. S. 20 folg.) von Trygaios, dessen sieben mittlere vom Chore ἀνὰ μέροc vorgetragen wurden. Um also diesen Wechsel der Hemichoria anzudeuten, dazu dient dem Verfasser der Kolometrie das Semeion der παράγραφοc ἁπλῆ. Ganz der nämliche Gebrauch findet sich Schol. zu Ach. 836 folg.: ἐξελθόντων τῶν ὑποκριτῶν καὶ μένοντοc τοῦ χοροῦ μονοcτροφικὴ περιόδων ἐξακώλων τετράc (so richtig Thiem.), ὧν ἡγοῦνται cτίχοι ἰαμβικοὶ τετράμετροι καταληκτικοὶ δύο, μεθ' οὓc (ἐν εἰcθέcει)*) κῶλα δίμετρα ἀκατάληκτα, τὸ δ' αὐτὸ καὶ ἐπὶ τῶν ἑξῆc τριῶν περιόδων, καὶ αἱ μὲν πρῶται παραγράφῳ, ἡ δὲ τελευταία κορωνίδι cημειοῦται. Also auch hier ein monostrophisches Chorlied, und zwar eine Tetras, deren drei erste περίοδοι mit der παράγραφοc (sc. ἁπλῆ), deren letzte mit der Koronis und, wie das Capitel über die Diple zeigen wird, zugleich mit der Diple versehen war. Thiemann scheidet auch hier die Worte (τὸ δ' αὐτὸ — cημειοῦται) aus. Wir können nur für die ersten Worte τὸ δ' αὐτὸ καὶ ἐπὶ τῶν ἑξῆc τριῶν περιόδων beistimmen. Diese nach der Bezeichnung des Chorliedes als μονοcτροφικὴ τετράc völlig überflüssige Bemerkung mag auf Rechnung eines späteren Scholiasten kommen. Dagegen die Worte καὶ αἱ μὲν πρῶται παραγράφῳ, ἡ δὲ τελευταία (διπλῇ καὶ) κορωνίδι cημειοῦται stimmen genau mit der Bemerkung zu Ritt. 973 überein und sind als Heliodoreisch festzuhalten. Wollen wir den Zusammenhang der ursprünglichen Kolometrie wiederherstellen, so haben wir natürlich in dem folgenden Scholion Ach. 860—928 das Wort "κορωνίc" zu tilgen. Indem das noch zusammenhängende Excerpt des Phaeinos in die einzelnen Scholien zerlegt, und diese an den Rand des Codex beigeschrieben wurden, musste am Anfange des Schol. (860—928) das Wort "κορωνίc" schon wegen der folgenden Erklärung des Semeion wiederholt werden. Will man sich also der ursprünglichen Kolometrie wieder annähern, so haben wir die beiden jetzt getrennten

---

*) Von Thiemann ergänzt.

Scholien in folgender Weise zusammenzuziehen: καὶ αἱ μὲν πρῶται παραγράφῳ (ἁπλῇ), ἡ δὲ τελευταία (διπλῇ καὶ) κορωνίδι cημειοῦται, [κορωνίc] εἰcίαcι γὰρ οἱ ὑποκριταί, καὶ εἰcὶν (sic) ἴαμβοι ξε' κτέ.

Wenn wir an diesen Stellen die Ueberlieferung der παράγραφοc ἁπλῆ in Schutz nehmen mussten, so können wir dagegen einer anderen Athetese Thiemann's nur beistimmen. Schol. zu Ach. 659—664 sind die Worte (ὥcπερ — πνίγουc) in der That als jüngerer Zusatz auszuscheiden: am Schlusse der αὐτὴ ἡ παράβαcιc und des πνῖγοc hat nur die διπλῆ eine Stelle, wie das unsere späteren Bemerkungen über die Diple noch deutlicher machen werden. Ebenso unrichtig ist die Haple überliefert in dem Schol. z. Fried. 729—764: ἐφ' ᾧ ἁπλῆ καὶ ἐπέκθεcιc εἰc (αὐτὴν) τὴν παράβαcιν: bereits Thiemann hat hier richtig die Diple eingeführt. Man vergleiche auch hier das folgende Capitel über die Diple.

So ist also die Thatsache nicht zu bezweifeln, dass Heliodor die Haple in den monostrophischen Chorika zur Bezeichnung der Hemichoria anwandte. Obwohl uns die weiteren Bemerkungen der Kolometrie über dieses Semeion verloren sind, so dürfen wir diesen Gebrauch doch für alle monostrophischen Chorlieder voraussetzen, wo ein solcher Wechsel der Hemichoria angedeutet werden sollte. Man erinnere sich, dass Hephaest. p. 74 Westph. den Gebrauch der παράγραφοc (scil. ἁπλῆ) bei den monostrophischen Bildungen auch bereits für die alten Alexandrischen Ekdoseis der Lyriker constatirt. Andererseits ist zu beachten, dass dem Heliodor die weitere Anwendung des Semeion zur Bezeichnung der πρόcωπα ἀμοιβαῖα fremd war. Bei Hephaestion p. 76 Westph. lesen wir, die παράγραφοc habe ihre Stelle "κατὰ πρόcωπα ἀμοιβαῖα, ἔν τε τοῖc ἰαμβικοῖc καὶ τοῖc χορικοῖc." Dieser Hephästioneische Gebrauch, der übrigens mehr der Bequemlichkeit des librarius als der grösseren Deutlichkeit diente, fand in die nachhephästioneischen Handschriften allgemeinen Eingang. Wie im Mediceus des Aeschylus so finden sich auch im Ambrosianus des Aristophanes (M) sehr häufig jene lineolae — zur Bezeichnuug des Personenwechsels, sowohl in den dialogischen Partien als in den μέλη ἀμοιβαῖα. In den auf die Kolometrie zurückgehenden Scholien findet diese Anwendung nirgend Erwähnung. — Eine weitere dem oben erwähnten Zwecke dienende Anwendung der παράγραφος ἁπλῆ bei Heliodor ist zwar nicht ausdrücklich überliefert, muss aber, wie sich gleich zeigen wird, mit Nothwendigkeit hergestellt werden. Das alte Scholion zu Ritt. 498—506 lautet folgendermassen: κορωνίς, ἐξελθόντων (so Thiem. richtig st. εἰcελθόντων) γὰρ τῶν ὑποκριτῶν εἶτα καταλειφθεὶς ὁ χορὸς λέγει περιόδους (δύο) ἀναπαίστων [η']*), τὴν μὲν προπεμπτικὴν τοῦ ἑτέρου τῶν ὑποκριτῶν οὖσαν, δεκάμετρον πεντάκωλον, ὑφ' ὃ διπλῆ κατὰ τὴν δευτερεύουσαν κτέ.

Die Worte ὑφ' ὃ διπλῆ sind offenbar verdorben. Da die zweite περίοδος in demselben Metrum gehalten ist, die Diple dagegen, wie dies später bewiesen werden wird, lediglich zur Bezeichnug der Heterometrie dient, so kann man hier nur an eine Corruptel denken. Dem analog sind auch sonst mehrere aufeinander folgende anapästische Periodoi keineswegs durch die Diple abgesondert: vgl. Schol. Fried. 974—1015. — Dass an unserer Stelle ὑφ' ὃ ἁπλῆ herzustellen ist, konnten schon die vorhergehenden Worte τὴν μὲν προπεμπτικὴν τοῦ ἑτέρου τῶν ὑποκριτῶν (χορευτῶν?) οὖσαν zeigen: also auch hier will Heliodor die erste und zweite Periode von dem Chore ἀνὰ μέρος vorgetragen wissen. Nicht zu übersehen ist schliesslich, dass auch Hephästion die Anwendung der Haple nach anapästischen Perioden überkommen hat. Heph. p. 76 Westph. lesen wir: εἰπόντων δὲ ἡμῶν (vgl. Hephaest. p. 71), ὅτι ἐστί τινα κατὰ περιορισμοὺς ἀνίσους ἀναπαιστικὰ γεγραμμένα, ἃ δὴ ἐν παρόδῳ ὁ χορὸς λέγει, ἐφ' ἑκάστου περιορισμοῦ τίθεται ἡ παράγραφος.

Wie die hier von Hephästion gemeinten Grammatiker die einzelnen anapästischen περίοδοι der tragischen Parodos durch die παράγραφος absonderten, dem analog setzte

---

*) So Thiemann richtig statt περίοδον ἀναπαίςτων η'.

Heliodor dasselbe Semeion in den κατὰ περιορισμοὺς ἀνίσους ἀναπαιστικὰ γεγραμμένα des komischen Kommation. Danach ist die Bemerkung bei Thiemann a. a. O. p. 131 zu corrigiren.

3) παράγραφος·διπλῆ >. Während bei den jüngeren byzantinischen Scholiasten das Wort διπλῆ, wie wir dies auch bei der κορωνὶς und anderen Termini der Kolometrie beobachten können, ganz gegen den alten Sprachgebrauch den Sinn einer metrischen Partie annahm, ist in den älteren Scholien d. h. bei Heliodor stets das Semeion selbst darunter verstanden. Welchen Zweck hatte dieses Zeichen? Wir konnten schon in den voraufgehenden Bemerkungen über die παράγραφος ἁπλῆ nicht umhin, auch die Bedeutung der Diple wenigstens vorübergehend zu erwähnen. Diese haben wir im Folgenden näher zu begründen.

Die Diple diente Heliodor dazu, eine von der vorhergehenden metrisch verschiedene Partie anzukündigen, sie hat bei ihm dieselbe Bedeutung wie der Asteriskos ※ in der ἔκδοσις Ἀριστοφάνειος des Alkaios: ἐπὶ ἑτερομετρίας ἐτίθετο μόνης (Hephaest. p. 75 Westph.). Auf diese Bedeutung des Semeion führt sofort die grosse Summe der erhaltenen Beispiele. Man nehme beliebige von den älteren Scholien, wie z. B. gleich den Anfang des Friedens. Man liest hier zunächst 80 ἴαμβοι τρίμετροι, danach heisst es διπλῆ καὶ εἴσθεσις εἰς περίοδον ἀναπαιστικήν (vergl. oben S. 28) τῶν ὑποκριτῶν, Τρυγαίου καὶ τοῦ οἰκέτου, κτέ. Die anapästische περίοδος wird von den voraufgehenden jambischen Trimetern durch die Diple geschieden. Ebenso Frieden 154—172, 173—298, 299—300, 336—345, 346—360 u. s. w. Ueberall herrscht der nämliche constante Gebrauch, und von den so zahlreich erhaltenen Beispielen ist nur eine Stelle wirklich widersprechend: Schol. zu Ritt. 498—506. Wir haben indessen bereits oben nachgewiesen, dass die Worte ὑφ' ὃ διπλῆ nur aus ὑφ' ὃ ἁπλῆ verschrieben sind.

C. Thiemann fasst seine Ansicht über den Gebrauch der Diple in folgenden Worten a. a. O. p. 105 zusammen: ... adhibetur signum diples in veteribus scholiis ad distinguendas singulas totius dramatis partes metricas et metrorum et versuum genere inter se dispares. itaque et (?) singula carmina sive chori sive histrionum, iis exceptis, ubi histriones de scena decedunt aut novi (?) intrant, ab ea, quae praecedit periodo plerumque (!) versuum genere diversa, diples signo disiuncta videmus. — Die Widersprüche dieser Bemerkungen liegen zu Tage.

Während der erste Satz so ziemlich das Richtige trifft, können wir dem zweiten umsoweniger unsere Zustimmung geben, als er den Sinn des ersten geradezu wieder aufhebt. Thiemann statuirt zwei Ausnahmen. Einmal sieht er solche in den Stellen, wo ein ἐξιέναι oder εἰσιέναι der Hypokriten stattfinde, zweitens seien die durch die Diple abgesonderten Partien nur meistentheils "versuum genere" verschieden gewesen.

Untersuchen wir kurz die Berechtigung der ersten. Schon von vorneherein müsste es Wunder nehmen, wenn der Verfasser einer Kolometrie die Anwendung eines Semeion durch eine so durchgreifende Ausnahme beschränkt und so die erstrebte Uebersichtlichkeit selbst vernichtet hätte. Soll die Kolometrie überhaupt einen Sinn haben, so muss die durchgehendste Consequenz in dem Gebrauche der Semeia die erste Regel sein. Aber gehen wir einmal darauf ein und nehmen wir an, Heliodor habe diese Ausnahme wirklich selbst statuirt, oder mit anderen Worten, die Koronis habe bei ihm in den beiden von Thiemann angegebenen Fällen zugleich die Heterometrie des nun folgenden Abschnittes andeuten sollen, so werden sich daraus Consequenzen ergeben, welche sogleich die Unmöglichkeit der Annahme selbst darthun.

Zunächst liegt der Thiemann'schen Ansicht die Thatsache zu Grunde, dass natürlich jedes Chorikon, vor dessen Beginne ein ἐξιέναι der Hypokriten stattfindet, in einem von der vorhergehenden Dialogpartie verschiedenen Metrum gehalten ist. Diese selbstverständliche Thatsache und die zweite, dass sich die Diple an solchen Stellen in den meisten Fällen in der That nicht bewährt hat, führte Thiemann zu der Annahme, als habe die Koronis in den beiden berührten Fällen, zugleich den Beginn der Heterometrie bezeichnet, oder mit anderen Worten dort die Functionen der Diple mit übernommen. Sehen wir davon ab, wie schon an sich eine solche doppelte Bedeutung eines Semeion in einer Kolometrie höchst unwahrscheinlich ist, so wäre doch diese Annahme nur möglich, wenn in den beiden angeführten Fällen die Anwendung der Koronis erschöpft wäre. Aber wie verhält es sich in den Fällen, wo die Koronis die Parodos des Chors ankündigt — ὅτι εἰcέρχεται ὁ χορός?

Es ist bekannt, dass in der Komödie die Parodos des Chors bald in einem von dem Schlusse des Prologos verschiedenen Metrum gehalten ist, in anderen Stücken aber (z. B. in den Rittern, Frieden, Plutos) der Hypokrit bereits mit einer Anzahl von Versen desselben Metrums (trochäischen Tetrametern) auf die nun folgende, aus den gleichen Versen bestehende Parodos im engeren Sinne vorbereitet. In diesem zweiten Falle fährt also der eintretende Chor in demselben Metrum fort, mit dem der Hypokrit geschlossen, und die Heterometrie beginnt nicht erst mit der Parodos des Chors, sondern bereits mit den zunächst vorhergehenden Versen des ὑποκριτής: so Ritt. 242, Fried. 299, Plut. 253.

Ziehen wir nun aus der Ansicht Thiemann's die Consequenzen, so würde natürlich in dem ersten Falle, d. h. kurz gesagt vor einer heterometrischen Parodos, die Koronis wiederum zugleich die Functionen der Diple mit zu übernehmen haben; in dem zweiten Falle dagegen, wo die Heterometrie bereits vor der eigentlichen Parodos eintritt, würde sie lediglich das εἰcέρχεcθαι des Chors bezeichnen.

Dass aber eine so schwankende Bedeutung der Koronis unmöglich Statt haben konnte, wenn der Metriker nicht selbst alle Klarheit vernichten wollte, leuchtet von selbst ein. Hätte die Koronis wirklich in der Kolometrie die fehlende Diple ersetzen können, so musste wenigstens in diesem Puncte die vollste Consequenz herrschen, d. h. die Koronis musste dann in allen Fällen zugleich die Heterometrie andeuten.

Da letzteres, wie wir nachwiesen, schon die Composition der Komödie selbst nicht zuliess, so haben wir nur zu wiederholen, was wir in einem früheren Abschnitte bewiesen: Die Koronis bedeutet bei Heliodor lediglich das εἰcέρχεcθαι des χορὸc sowie das εἰcιέναι und ἐξιέναι der ὑποκριταί, also niemals zugleich die Heterometrie der folgenden Partie.

Um letztere kenntlich zu machen, bediente sich die Kolometrie regelmässig der Diple, also auch an den Stellen, wo zugleich die Koronis erforderlich war. Consequenter Weise gebrauchte also Heliodor da, wo wie in den meisten Fällen mit der Parodos des Chors oder mit dem εἰcιέναι oder ἐξιέναι der Hypokriten zugleich ein Heterometron eintrat, die διπλῆ καὶ κορωνίc oder, was dasselbe sagt, die διπλῆ μετὰ κορωνίδοc > ⸗; in den seltenen Fällen, wo dies nicht geschah, die blosse κορωνίc.

Bei dem Zustande, in dem uns die Fragmente der Heliodoreischen Schrift überkommen sind, dürften wir kein Bedenken tragen, diesen allein consequenten Gebrauch dem Heliodor zu vindiciren und in den Scholien herzustellen, auch wenn alle Beispiele der Verbindung dieser beiden Semeia verloren wären: was sollte auch den Metriker abgehalten haben, diese Zeichen an den Stellen, wo sie beide erforderlich waren, zugleich anzuwenden? Glücklicherweise haben sich aber sogar drei richtige Beispiele dieser Verbindung in den älteren Scholien bewahrt.

Um von dem einfachsten auszugehen: in dem ersten Epeisodion der Acharner nach der Parodos des Chors tritt, wie schon S. 41 erwähnt, Dikäopolis auf, sein Weib, seine Tochter und Sclaven, um dem Bakchos zu opfern. V. 241 lesen wir die Worte εὐφημεῖτε, εὐφημεῖτε, d. i. um mit Heliodor zu reden ein δεύτεροc τροχαῖοc διπλοῦc. Diese Erklärung und die der vorhergehenden trochäischen Tetrameter haben sich zufällig nicht bewahrt. Das nun folgende Scholion, worauf es uns allein ankommt, lautet: διπλῆ δὲ μετὰ κορωνίδοc, ὅτι εἰcίαcιν οἱ ὑποκριταί, καὶ εἰcίν (so die Ueberlieferung; Thiem. falsch εἴcιν) ἴαμβοι κα' (so richtig Thiem. für ἰαμβεῖα). Hier findet sich also die Diple, weil ein neues Metrum (die jambischen Trimeter gegenüber den trochäischen Tretrametern) eingeführt wird; die Koronis, weil die ὑποκριταί die Bühne betreten. Warum Heliodor die Koronis gerade nach v. 241 setzte, darüber haben wir bereits oben gesprochen. Thiemann schreibt [διπλῆ δὲ μετὰ] κορωνί[δο]ς natürlich nur seiner Theorie zu Liebe. Lediglich die Partikel δὲ wurde von einem späteren Scholiasten hinzugefügt, während Heliodor schrieb: (ὑφ' ὃν ⟨scil. δεύτερον τροχαῖον διπλοῦν⟩) διπλῆ μετὰ κορωνίδος κτέ.

Das zweite nicht weniger sichere Beispiel findet sich Wolken Schol. 889—948. Vorher geht der Dialog in jambischen Trimetern zwischen Pheidippides, Strepsiades und Sokrates bis v. 888. Zu dem folgenden Verse lautet nun das Scholion der Kolometrie: διπλῆ καὶ κορωνίς, ἀποχωρησάντων τῶν ὑποκριτῶν (Strepsiades, Pheidippides und Sokrates), μέλος δὲ τοῦ χοροῦ οὐ κεῖται, ἀλλὰ γέγραπται μὲν ἐν μέσῳ "χοροῦ" κτέ. Mag hier Heliodor mit der Diple die Heterometrie des folgenden im Text schon damals verlorenen Chorikon angedeutet haben, oder sie mit Rücksicht auf die darauf folgende anapästische Periode gesetzt haben — dies ist für uns gleichgültig —, jedenfalls ist die Stelle ein neuer Beleg für unsere Ansicht.

Die dritte Stelle ist zwar in minder gutem Zustande auf uns gekommen, lässt aber bei näherem Einblick ebenso wenig einen Zweifel zu. Ritter v. 973—996 lesen wir ein Chorikon und zwar eine monostrophische Hexas, jede Periode zu vier Kola. Das zu dieser Hexas erhaltene Scholion haben wir schon in den obigen Bemerkungen über die Koronis und παράγραφος ἁπλῆ erwähnen müssen und schon dort bemerkt, dass hier noch ein Fehler zu heben sei. Die Worte lauten jetzt: παράγραφοι δὲ ἁπλαῖ μὲν πέντε, ἡ δὲ ς' καὶ μετὰ κορωνίδος, (997—1014) διπλῆ ὅτι εἰσίασιν οἱ ὑποκριταί, καὶ κτέ. Mit v. 996 kehren die Hypokriten auf die Bühne zurück, desshalb finden wir den Schluss der monostrophischen Hexas zugleich mit der Koronis versehen: ἡ δὲ ς' (scil. παράγραφος) καὶ μετὰ κορωνίδος. Dem Chorikon folgt natürlich ein Heterometron, desshalb muss sich nach dem letzten Kolon der Hexas zugleich die Diple finden. Von dem Vorhandensein dieser Diple zeugen noch die Worte (997) διπλῆ, ὅτι εἰcίαcιν οἱ ὑποκριταί. Der unwissende Scholiast hat nur hier, wo er mehrere Semeia nebeneinander vorfand, gerade das unrichtige an die Spitze des Scholion 997 gestellt, denn nichts ist klarer, als dass die Worte ὅτι εἰcίαcιν οἱ ὑποκριταί vielmehr die Begründung zu der Koronis bilden. Die ganze Stelle ist mit Sicherheit so herzustellen:

παράγραφοι δὲ ἁπλαῖ μὲν πέντε, διπλῆ (δὲ μία,) ἡ δὲ ς΄ (scil. παράγραφος) καὶ μετὰ κορωνίδος, ὅτι εἰcίαcιν οἱ ὑποκριταί, καὶ εἰcὶν (überl. καί εἰcιν) ἴαμβοι τρίμετροι ἀκατάληκτοι ιή. Oder um die Kolometrie dem Auge anschaulich zu machen

ἑξὰς μονοστροφική

u. s. w.

Das μὲν hinter ἁπλαῖ weist deutlich auf den folgenden Gegensatz διπλῆ δὲ μία. Dass man dem μὲν nicht etwa ἡ δὲ ς΄ entsprechen lassen kann, wie es Thjemann that (a. a. O. p. 129 und p. 98), dies zeigt ja schon der Umstand, dass nur von fünf παράγραφοι ἁπλαῖ die Rede ist und die Rede sein kann. Die sechs περίοδοι τετράκωλοι der monostrophischen Hexas sollen von dem Chore ἀνὰ μέρος vorgetragen werden, dazu dienen die fünf παράγραφοι ἁπλαῖ, und zwar steht die erste ἁπλῆ am Schlusse der ersten Periode, die zweite am Schlusse der zweiten u. s. w. Nach dem Pherekrateion der letzten Periode findet sich die παράγραφος διπλῆ μετὰ κορωνίδος.

An den genannten drei Stellen ist also die Verbindung der Diple und Koronis gegen jedes Bedenken sicher gestellt: die von Thiemann statuirte Ausnahme in Bezug auf die Anwendung der Diple wird auch durch die Ueberlieferung zurückgewiesen. — Wir haben absichtlich zunächst nur die Stellen vorgeführt, wo wir ausdrücklich beide Semeia zugleich überliefert finden. Will man weitere Beispiele, so nehme man die kaum minder beweiskräftigen Stellen hinzu, wo wenigstens die Diple ausdrücklich überliefert ist, und die Koronis, wie wir an anderer Stelle nachwiesen, ausgefallen: Schol. Fried. 1329; Wolken 1321. —

Wollen wir nun die überlieferten Scholien der ursprünglichen Gestalt der Kolometrie näher bringen, so haben wir an allen den Stellen, wo die durch die Koronis eingeführten Partien zugleich Heterometra sind, die Diple wieder einzuführen. Die blosse Koronis konnte sich, wie wir nachwiesen, in den überlieferten Resten der Kolometrie nur an zwei Stellen finden, Ritter 247 und Frieden 301, weil hier die Heterometrie nicht erst mit der eigentlichen Parodos des Chors, sondern bereits in den zunächst vorhergehenden Versen des ὑποκριτής begann.

Wer mit der Art und Weise der Ueberlieferung der älteren Scholien vertraut ist, wird sich nicht wundern, dass diese Herstellung der Diple in einer nicht unbedeutenden Anzahl von Scholien geboten ist. Dass aber gerade dieses Semeion, wo es sich neben der Koronis fand, so häufig verloren ging, das erklärt sich auf eine sehr einfache Weise. Indem der Scholiast die noch zusammenhängenden Excerpte des Phaeinos in die einzelnen Scholien auseinanderlegte und als Einzelbemerkungen am Rande seiner Handschrift beischrieb, war die Diple in ihrer Verbindung mit der Koronis in der That leicht in Gefahr übergangen zu werden. Hatte z. B. der Scholiast in den Excerpten des Phaeinos die Worte διπλῆ καὶ κορωνίς, ὅτι εἰcίαcιν οἱ ὑποκριταί vor sich, so war doch für das begründende ὅτι zunächst nur das Vorhandensein der Koronis geboten. Und so begnügte er sich in den meisten Fällen damit, nur das letztere Semeion zu excerpiren.

Die Stellen, an denen wir die Diple neben der Koronis wieder einzuführen haben (διπλῆ καὶ), sind nun folgende vierundzwanzig: Schol. z. Acharner 204, 242 (schon richtig erhalten), 626, 719, 836, 860, 971, 1000, 1143, 1174; Ritter 498, 611, 973, 997 (theilweise richtig erhalten), 1263, 1316; Frieden 729, 819, 1127, 1191, 1316; Wolken 889 (schon richtig erhalten), 1131, 1303. Bei dieser Aufzählung haben wir zugleich die Scholien mitgerechnet, in denen die Semeia überhaupt ausgefallen sind. —

Wir kommen zu der zweiten Ausnahme, die Thiemann für die Anwendung der Diple statuiren wollte. Wir hörten, die von dem Metriker durch die Diple abgesonderten Partien seien nur "plerumque" in ihrem Versmasse verschieden.

Wer sich den Zweck einer Kolometrie klar macht, sieht wiederum, dass dies unmöglich war, wenn der Metriker nicht selbst der Unklarheit Thor und Thür öffnen wollte. In der That herrscht aber in den überaus zahlreichen Stellen, an denen die Diple durch die älteren Scholien überliefert ist, eine solche Uebereinstimmung, dass hier gar kein Zweifel hätte aufkommen sollen. Das Semeion bedeutet lediglich den Beginn einer Heterometrie. Jeder Widerspruch wird sich sogleich als nur scheinbar erweisen.

Unter den durch die Diple abgesonderten Partien giebt es solche, welche allerdings in demselben Metrum beginnen, mit dem die vorhergehende geschlossen hatte z. B. mit trochäischen Tetrametern: aber in diesem Falle bildeten diese mit dem Schluss der vorhergehenden Partie gleichartigen Verse nur die kurze προῳδός eines nun folgenden Melos. Andererseits kommt es vor, dass ein neuer Abschnitt durchgehends in denselben Versen gehalten ist, wie die letzten beiden cτίχοι der vorhergehenden Partie — aber dann bildete dieser Distichos nur die kurze ἐπῳδός des vorhergehenden Melos.

Nehmen wir ein Beispiel des ersten Falles. Frieden 337 —345 findet sich ein Melos des Trygaios, welches, wie zu erwarten ist, von dem vorhergehenden Dialog, der sich in trochäischen Tetrametern bewegte, durch die Diple abgesondert wird. Nun wird diese melische Partie aber ebenfalls durch zwei trochäische Tetrameter eröffnet, dann erst folgt ein trochäisches Hypermetron. Der Metriker sagt also Schol. 337 διπλῆ, ἕπεται γὰρ μέλος, οὖ ἡ μὲν προῳδός ἐστιν (so richtig Dindorf) ἐκ διςτίχου ὁμοίως ἐκκειμένου (siehe oben S. 33) κτέ. Heliodor sah, eine wie unnatürliche Abtheilung es gewesen wäre, wenn er die προῳδός von dem eigentlichen System durch das Semeion getrennt hätte. Er nahm das Melos als Ganzes und sonderte es als solches von dem vorhergehenden Dialog ab. Zu diesem Verfahren musste den Metriker schon der Umstand führen, dass hier (wie auch Vögel 387) das System mit den Tetrametern ohne Satzende verbunden ist.*)

Mit diesem Verfahren des Metrikers vergleiche man einen ganz ähnlichen hypermetrischen Abschluss einer trochäischen Partie desselben Stückes v. 571. Hier ist das System von

---

*) In dem schwer verdorbenen Schol. Ven. zu Fried. 337 hat Thiemann καταληκτικὰ δὲ τὰ τελευταῖα richtig in καταληκτικὸν δὲ τὸ τελευταῖον verbessert. Man beachte, wie gesund hier die Erklärung des Metrikers verfährt. Das τελευταῖον "ἰοὺ ἰοὺ κεκραγέναι" las Heliodor ‿ ‿ ‿ ⏟ ‿ ⏟ ‿ ⏟, und nicht etwa als akatalektischen jambischen Dimeter.

den vorhergehenden Stichoi durch die Diple gesondert: Schol. Fried. 571 διπλῆ καὶ μέλος ἀμοιβαῖον κτέ. Es könnte auffallen, wesshalb der Metriker sich hier nicht derselben Semeiosis bedient, wie in dem vorher angeführten Falle. Der Hauptgrund, der ihn davon abhielt, war offenbar der Umstand, dass sich Trygaios mit den Worten ἀλλ' ἀναμνησθέντες ὦνδρες κτέ. an den Chor wendet, daher denn auch nach den Tetrametern volle Interpunction eintrat. Endlich war die Fünfzahl der vorausgehenden Tetrameter zu umfangreich, als dass sie der Metriker als προῳδός des folgenden kurzen Systems hätte betrachten können.

Ganz ähnliche Gründe lassen sich für das gleiche Verfahren zu Frieden 651 nachweisen. — Doch kehren wir zu dem ersteren Falle zurück (Fried. 337). Wir bemerkten, der Metriker sah mit Recht in dem vorangehenden Distichos nur eine kurze Proodos des folgenden Systems, daher die Semeiose. Unter demselben Gesichtspuncte ist Wolken 1303 zu beurtheilen. Dem melischen System geht ein proodischer jambischer Trimeter voran, ohne Satzende mit dem Folgenden verbunden: auch hier beobachtete Heliodor dasselbe Verfahren. Wir haben also hergestellt Schol. 1303—1320 (διπλῆ καὶ) κορωνίς [δὲ],*) (ὅτι ἐξίασιν οἱ ὑποκριταί,) καὶ μέλος τοῦ χοροῦ κώλων ιη', ὧν τὸ πρῶτον ἰαμβικὸν τρίμετρον ἀκατάληκτον κτέ. Ein ganz ähnlicher Fall begegnet uns in demselben Stücke v. 1345—1352. In dem von einem Späteren überarbeiteten jüngeren Scholion ist wenigstens die Diple richtig erhalten.

Ein zweiter ebenfalls nur scheinbarer Widerspruch mit der durchgehenden Bedeutung der Diple könnte darin gesehen werden, dass hie und da eine durch die Diple als Heterometron abgesonderte Partie dennoch in demselben Versmasse gehalten ist, mit dem die vorhergehende geschlossen hatte. Wir haben bereits erwähnt, dass auch hier das Verfahren des Metrikers durchaus verständig ist: er fasst das Ganze

---

*) δὲ von Thiemann richtig ausgeschieden.

ins Auge und sieht in den Schlussversen der ersten Partie nur eine kurze Epodos. Auch hierfür noch einige Beispiele: Ritter 756—760 lesen wir ein kurzes jambisches System aus katalektischen, theilweise syncopirten Tetrametern, darauf folgen (761—762) zum Schluss zwei katalektische anapästische Tetrameter, oder um die Worte der Kolometrie zu gebrauchen εἶτα ἐν ἐκθέcει ἐcτίν ὁ ἔθιμοc δίcτιχοc ἀνάπαιcτοc τετράμετροc καταληκτικόc (so richtig Thiem. statt der hdschrft. Lesart τὸ ἔθιμον διπλῆ ἀνάπαιcτοc τετράμετροc καταληκτική), ὑφ' ὃν (so richtig Thiem.) διπλῆ καὶ ἑξῆc cτίχοι ὁμοίωc ε' (so V). Der Metriker zog also die beiden anapästischen Tetrameter als ἐπῳδὸc zu dem vorhergehenden jambischen System und sonderte das Ganze durch die Diple ab, obwohl die folgende dialogische Partie in denselben anapästischen Tetrametern gehalten ist (763—823). Ein ganz adäquater Fall findet sich Ritter 409. Zwei jambische Tetrameter bilden die Epodos eines vorhergehenden Melos; auf die Epodos folgen 32 dialogische Verse in gleichem Metrum. Dennoch lesen wir Schol. 409—440 διπλῆ καὶ cτίχοι ἴαμβοι λβ' κτἑ. Dieses Scholion beweist zugleich, dass sich die Diple auch nach v. 334 fand, wo uns das Scholion verloren ist. — In einem anderen hierher gehörigen Falle ist die Diple nach dem epodischen Distichos nur durch die Lässigkeit des excerpirenden Scholiasten ausgefallen und bereits richtig von Thiemann ergänzt: Schol. Wolk. 1353 (διπλῆ καὶ) cτίχοι ὅμοιοι τῷ διcτίχῳ λγ' κτἑ. Acharn. 366, 393; Ritt. 391 sind die Scholien überhaupt verloren.

Wir sehen also, auch in den beiden vorgeführten Fällen, die Thiemann allein dazu führen konnten, die durchgreifende Bedeutung der Diple einer Beschränkung zu unterwerfen, wird diese in Wahrheit nicht modificirt.

Es mag fast überflüssig erscheinen, die Bedeutung der Diple schliesslich noch durch die eigenen Worte des Metrikers zu bestätigen. Schon solche Wendungen, wie Schol. Frieden 775 (ὑφ' ὃ Thiem.) διπλῆ καὶ μεταβολὴ εἰc μονοστροφικὴν δυάδα κτέ.*) sprechen diese Bedeutung aus: "am Schlusse des Makron findet sich die Diple, und zwar geht das Metrum in eine monostrophische Dyas über u. s. w." Nicht minder deutlich sind solche Motivirungen des Semeion, mit denen die kolometrischen Scholien oft beginnen: διπλῆ· ἕπεται γὰρ μέλος κτέ. Der Metriker setzt ein das Semeion begründendes γάρ hinzu, weil ein μέλος schon als solches von der vorhergehenden stichischen Partie metrisch verschieden ist. Endlich beachte man, wie Hephaestion diese Anwendungsweise der Diple auch für eine ἔκδοσις des Alkman constatirt. P. 75 Westph. heisst es: παρὰ Ἀλκμᾶνι τοῦν εὑρίσκεται (sc. ἡ διπλῆ ἡ ἔξω βλέπουσα)· ἔγραψε γὰρ ἐκεῖνος δεκατεσσάρων στροφῶν ᾄσματα, ὧν τὸ μὲν ἥμισυ τοῦ αὐτοῦ μέτρου ἐποίησεν ἑπτάστροφον, τὸ δὲ ἥμισυ ἑτέρου. Καὶ διὰ τοῦτο ἐπὶ ταῖς ἑπτὰ στροφαῖς ταῖς ἑτέραις τίθεται ἡ διπλῆ σημαίνουσα τὸ μεταβολικῶς τὸ ᾆσμα γεγράφθαι. Nur fand sich hier die Diple ἡ ἔξω βλέπουσα <. Da bei Heliodor dieser Unterschied zwischen der ἔξω und ἔσω βλέπουσα nicht erwähnt wird, so haben wir, wie dies auch Thiemann thut, hier stets an die zunächst liegende Form d. h. an die ἔσω βλέπουσα > zu denken. —

Es bleibt uns nur übrig noch im Einzelnen Einiges über die Heliodoreische Anwendung hinzuzufügen.

Während der Metriker die melischen Partien verständiger Weise in ihrer strophischen Einheit behandelte, und somit die Diple vor dem Beginne und am Schlusse eines Melos eintrat, zergliederte er andererseits die dialogischen Partien ohne alle Rücksicht auf Interpunction, Satzende und Personenwechsel. Indem die Kolometrie, von dem ersten Verse eines Dramas ausgehend, vor allem den Zweck verfolgte, dasselbe

---

*) Ausserhalb des Zusammenhanges der Kolometrie findet sich zu v. 775 noch die Bemerkung: "τὸ χ πρὸς τὴν ἀλλαγὴν τοῦ μέτρου", was auffallen könnte. Aber das Semeion der Diple > oder >< ist hier offenbar nur in X corrumpirt, wie dies schon Hermann Schrader bemerkte, de notatione critica a veteribus grammaticis in poet. scaen. adhibita p. 57.

in seine Heterometra zu zerlegen, war von selber die durchgehendste Consequenz geboten, wenn sie nicht ihren Zweck verfehlen wollte. Dabei beobachtete nun Heliodor im Einzelnen folgendes Verfahren.

Er sonderte jedes, auch das kleinste Heterometron durch das Semeion ab, nur ein einzelnes in ein stichisches Metrum eingeschaltetes Kolarion liess er bei der Semeiosis unberücksichtigt, oder mit anderen Worten: Die durch die Diple abgesonderte Partie musste mindestens den Umfang der περίοδος δίκωλος haben. Wir werden diesen Satz gleich durch die durchgehende Uebereinstimmung der Scholien erweisen, zunächst müssen wir aber den etwaigen Einwurf zurückweisen, als sei dies eine Einschränkung, durch welche der Zweck der Kolometrie überhaupt in Frage gestellt werde. Im Gegentheil, verfährt Heliodor auch hier nur consequent. Letzteres wäre natürlich nicht der Fall gewesen, wenn der Metriker solche in ein stichisches Metrum eingeschalteten kleineren Megethe wie z. B. Frieden 1104 (cπονδὴ cπονδή), welche das System der antiken Metrik unter die Kategorie der ἄcτροφα rechnete, in der Kolometrie überhaupt unberücksichtigt gelassen hätte — eine solche Annahme ist von vornherein auszuschliessen. Aber welches Mittel hatte der Metriker, um das geringere Megethos eines solchen einzelnen Kolon anschaulich zu machen? Es bestand in diesem Falle lediglich in der Stellung, und zwar in der εἴcθεcιc oder ἐπείcθεcιc. Eben die "Einrückung" reichte vollständig aus, solche einzelne Hemistichia oder sonstige Kola von dem stichischen Metrum abzusondern. Daher sagt die Kolometrie Schol. Frieden 1104 τὸ δὲ "cπονδὴ cπονδή" [παρεπιγραφὴ] ἐν εἰcθέcει κῶλον διcπονδει(ακ)ὸν καὶ ἐν ἐκθέcει οἱ ἐπικοὶ ἄλλοι.*) Das Einzelkolon steht den vorhergehenden Hexa-

---

*) So corrigirt Thiemann richtig die Lesart des Venetus ἐπεὶ κ' ἄλλοι (ohne οἱ). In dem Anfang des Scholion ist nur das Wort παρεπιγραφὴ auszuscheiden; statt des überlieferten κώλου διcπονδείου schreibt Thiemann κῶλον διcπονδεῖον, doch wohl διcπονδει(ακ)ὸν oder κῶλον δι(πλοῦ) cπονδείου?

metern gegenüber in der εἰcθεcιc, die folgenden Hexameter wieder in der ἔκθεcιc — durch dieses Einrücken wird das verschiedene Megethos des Kolons genügend gekennzeichnet. Wurde nun aber mit einem solchen Kolon noch ein zweites verbunden, so reichte die blosse Stellung nicht mehr aus und es trat die Semeiosis hinzu. Belehrend ist in dieser Beziehung Schol. Fried. 432. Hier lesen wir im Texte die Worte

cπονδὴ cπονδή·
εὐφημεῖτε, εὐφημεῖτε.

Dass diese κῶλα β' von dem Metriker durch die Diple abgesondert wurden, konnte schon das nach εὐφημεῖτε erhaltene Semeion beweisen. Wir haben daher das Scholion so zu ergänzen: .... ἰαμβικοὶ β', (ὑφ' οὓc διπλῆ) κἂν ἐπεις θέcει (so Dindorf) κῶλα β', ὧν τὸ μὲν ἐκ διπλοῦ cπονδείου, τὸ δὲ ἐκ τοῦ δευτέρου τροχαίου καὶ αὐτοῦ διπλοῦ, [.......] (ὑφ' ὃν) 435 διπλῆ [δὲ] καὶ ἐν ἐκθέcει κτέ. — Mit diesem Verfahren stimmen nun die in den übrigen Scholien erhaltenen Bemerkungen über derartige einzelne Kola völlig überein. Nirgends finden wir bei ihnen die Semeiosis angewandt.

Da uns gerade vorwiegend viele der dialogischen Partien aus der Kolometrie verloren sind, so sind damit auch nur wenige Bemerkungen über solche Hemistichia erhalten. Vollständig überliefert ist Schol. Acharn. 407, wenn auch mit den gewöhnlichen Schreibfehlern, die bereits Thiemann corrigirte: ἐν εἰcθέcει μονόμετρον ἰαμβικόν, μεθ' ὃ ἔκθεcιc εἰc cτίχουc ἰαμβικοὺc κτέ. — Lückenhaft excerpirt ist das Scholion Fried. 1305; Heliodor schrieb: (ὑφ' οὓc διπλῆ) καὶ (ἐν ἐκθέcει) cτίχοι ἰαμβικοὶ τετράμετροι β', (ἐν εἰcθέcει) ἴαμβοc δίμετροc ἀκατάληκτοc. Die Worte ἐν εἰcθέcει ergänzte bereits Thiemann richtig. — Verloren sind die Bemerkungen über Acharn. 237, 241, 735 und viele andere. Endlich stimmt auch die Bemerkung der Scholien über Acharn. 557, wie alle anderen erhaltenen, durchaus mit der ausgesprochenen Beobachtung überein; doch ist diese Stelle, wo Heliodor eine andere und zwar vorzüglichere Lesart als die unserer Handschriften vor sich hatte, noch an anderem Orte näher zu besprechen. — Nur in erhöhtem Masse wird das über die Kolaria bemerkte von den oft in den Dialog eingeschobenen Interjectionen, den sogenannten προαναφωνήceic und ἐπιφωνήματα gelten, die oft kaum das Monometron erreichen. Hier kann natürlich von einer Absonderung durch das Semeion um so weniger die Rede sein: vgl. Schol. Wolken 1170—1205; Ritt. 1078; Frieden 657, 1191, 1291. In dem Scholion Fried. 173 sind noch einige Fehler zu corrigiren. Da sich hier eine unseren Aristophanes-Handschriften fremde (wenn auch an sich werthlose) Lesart ergiebt, so gestatte man uns darüber später noch ein Wort an anderer Stelle. Aus dem kurz zuvor erwähnten Grunde sind uns natürlich auch die Bemerkungen des Metrikers über solche προαναφωνήματα oft aufgefallen. — Eine uns noch erhaltene Notiz zu Wolken 1258 möchte auf den ersten Blick mit der aufgestellten Ansicht in Widerspruch stehen. Hier ist nämlich in der That die Diple nach einem solchen Proanaphonema ausdrücklich überliefert. Das Scholion lautet: προαναφώνημα τὸ "ἰώ μοί μοι", καὶ τὸ "ἔα", διὸ διπλῆ (διπλῆ Ven.) καὶ cτίχοι κτέ. Da sich aber hier zwei auf verschiedene Personen vertheilte Interjectionen hintereinander fanden, so wird hier der Metriker dasselbe Verfahren beobachtet haben wie Frieden 434 (vgl. oben):

ὁτιὴ 'κάλεcαc εὐηθικῶc τὴν κάρδοπον. >
ΑΜ.
ἰώ μοί μοι.
CΤΡΕΨ.
ἔα. >
τίc οὑτοcί ποτ' ἔcθ' ὁ θρηνῶν; κτέ.

Wir haben somit das Scholion in folgender Weise zu ergänzen: (ὑφ' οὓc διπλῆ καὶ ἐν εἰcθέcει) προαναφώνημα τὸ "ἰώ μοί μοι", καὶ τὸ "ἔα", διὸ διπλῆ καὶ (ἐν ἐκθέcει) cτίχοι ἰαμβικοὶ τεccεράκοντα γ'.

Dabei ergänzte Thiemann bereits richtig die beiden Bezeichnungen des thetischen Verhältnisses.

Schliesslich noch einige Bemerkungen über die Parabase, oder besser über die Art und Weise, wie der Verfasser der Kolometrie in diesem der Komödie eigenthümlichen Chorikon hinsichtlich der Semeiosis verfuhr.

Jedes Melos bildet selbstverständlich seiner Umgebung gegenüber ein Heterometron. Daher setzt also Heliodor vor dem Beginne und am Schlusse jeder melischen Partie die Diple. Wie wir sahen, war dabei sein Blick auf das Ganze gerichtet, er hütete sich, wieder einzelne Gruppen daraus abzusondern und dadurch die strophische Einheit einer melischen Partie zu vernichten. Anders musste sich nun das Verfahren bei der Parabase gestatten. In der typisch ausgeprägten Kunstform dieses Chorikon unterschied man schon sehr früh die regelmässig wiederkehrenden Theile, und gab ihnen theilweise sehr significante Bezeichnungen. Zunächst zerfällt die vollständige Parabase (παράβαcιc τελεία) bekanntlich in zwei Haupttheile, in den nicht-antistrophischen und den antistrophischen Theil, die ἁπλᾶ und διπλᾶ. Letzteren Theil bezeichnet Heliodor durchweg als cυζυγία ἐπιρρηματική. Diese beiden Theile, die sich also in der Composition sehr wesentlich unterscheiden, sonderte daher Heliodor regelmässig durch die Diple ab. Nach dem letzten Kolon des Makron oder Pnigos, d. h. also des letzten Theiles in dem nicht-antistrophischen Haupttheile der vollständigen Parabase, setzte er das Semeion der Heterometrie: Schol. Ritt. 551 (ὑφ' δ Thiemann) διπλῆ, εἶτα ἐπάγεται ἐπιρρηματικὴ cυζυγία, κτέ., Acharn. 665 und sonst. Die epirrhematische Syzygie sah Heliodor als ein strophisch einheitliches Ganze an, wie dies schon aus seiner Bezeichnung dieses Haupttheiles hervorgeht. Daher findet sich denn auch nach den einzelnen Theilen der Syzygie niemals die Diple, gerade so wenig wie z. B. innerhalb eines Monostrophikon. Dagegen werden die Theile des nicht-antistrophischen Haupttheils, also das Kommation, die eigentliche Parabase (αὐτὴ ἡ παράβαcιc) und das Makron oder Pnigos regelmässig durch die Diple von einander abgesondert. Wo indess wie in den Acharnern und Thesmophoriazusen das

Kommation von der eigentlichen Parabase metrisch nicht verschieden ist, da findet sich selbstverständlich nach dem Kommation auch nicht das Semeion der Heterometrie: vgl. Schol. Acharn. 626. — Nach der αὐτὴ ἡ παράβαcιc vor dem Beginne des μακρὸν findet sich die Diple: Acharn. 659. — Schol. Fried. 764 ist daher das Semeion von Thiemann richtig ergänzt: ἐφ' ᾧ διπλῆ καὶ [ἐπ]έκθεcιc εἰc (αὐτὴν) τὴν παράβαcιν, ἀνάπαιcτοι τετράμετροι καταληκτικοὶ λα', ὧν τελευταῖοc "παῦρ' ἀνιάcαc", (ὑφ' ὃν διπλῆ . . . .). Ebenso war aber das Semeion auch Schol. Ritt. 546 herzustellen. Wir haben zu ergänzen: . . . . . (ὑφ' ὃν διπλῆ καὶ) ἐν εἰcθέcει*) [δὲ] κῶλα ἀναπαιcτικὰ τέccαρα, κτέ. —

Mit diesem Verfahren des Heliodor vergleiche man die durchaus verschiedene Semeiosis der Parabase bei Hephaestion p. 76 Westph., vgl. auch Thiemann a. a. O. p. 132. —

In dem Vorausgehenden zeigte sich also, wie dies zu erwarten war, eine durchgehende Consequenz in der Anwendungsweise der Diple. Die wenigen Widersprüche erwiesen sich uns sehr bald als haltlos. Selbstverständlich ist an einer noch weit grösseren Anzahl von Stellen als den von uns im Obigen bezeichneten das Semeion von dem flüchtig excerpirenden Scholiasten bei Seite gelassen. —

4) δύο διπλαῖ > >. Ueber das Semeion der δύο διπλαῖ können wir uns kürzer fassen. Ein Zweifel über seine Bedeutung bei Heliodor konnte gar nicht entstehen: es bezeichnet durchgehend den Beginn der Antistrophe. Schon Thiemann a. a. O. p. 106 hat diese Anwendung der δύο διπλαῖ durchaus richtig hervorgehoben. Vor jedem Heterometron, sahen wir, bediente sich der Metriker der Diple; entsprach dieses Heterometron zugleich einer früheren Partie als Antistrophon, so wurde die Diple, die ja nur eine Verdoppelung der Haple war, wiederum verdoppelt zu dem Semeion der δύο διπλαῖ.

---

*) ἐν ἐκθέcει ist die Ueberlieferung, ἐν εἰcθέcει tacite (!) Thiemann.

Uebrigens fügt der Metriker bei den melischen Antistrophen überall selbst die Erklärung des Semeion hinzu: Schol. Fried. 385—399 ὑφ' οὓς διπλαῖ β'· ἕπεται γὰρ ἡ ἀντιστρέφουσα τῇ ἑκκαιδεκακώλῳ κτέ. Ebendas. 485 — 499 δύο διπλαῖ· ἕπεται γὰρ ἡ ἀντίστροφος τῇ προτέρᾳ (Thiemann richtig st. προτερᾷ) περικοπῇ κτέ., und sonst. Demnach corrigirte schon Thiemann richtig einige Schreibfehler: Schol. Ach. 947—948, 1037—1046; Ritt. 683—690.

Ueber die Anwendungsweise dieses Semeion haben wir im Einzelnen noch Folgendes zu bemerken: Vor allem ist festzuhalten, dass Heliodor die · δύο διπλαῖ lediglich da anwendet, wo die Antistrophe von der Strophe durch ein Heterometron z. B. durch die ἴαμβοι des Dialogs getrennt ist, d. h. also, hephästioneisch zu reden (Hephaest. p. 77 Westph.), lediglich in den κατὰ διέχειαν ἀνταποδιδόμενα. Nicht findet sich also das Zeichen der Responsion vor dem Antepirrhema und der Antode des zweiten Theiles der Parabase, nicht überhaupt in den κατὰ ϲυνέχειαν componirten antistrophischen Bildungen. Derartige Mele fasst der Metriker unter dem Namen einer μονοϲτροφικὴ δυάϲ, τριάϲ u. s. w. zusammen, ganz analog wie er den strophisch gegliederten Theil der Parabase als epirrhematische Syzygie bezeichnet. Somit war hier das Zeichen der Responsion überflüssig, und es tritt wie gesagt lediglich da vor der Antistrophe ein, wo letztere von der Strophe durch ein Heterometron getrennt ist.

Dass Heliodor abgesehen von den melischen Antistrophen auch dialogische Partien in ein antistrophisches Verhältniss setzt (Schol. Fried. 956—973), wie dies aus der Anwendung der δύο διπλαῖ erhellt, das verdient an einem andern Orte näher erörtert zu werden. —

Die Zahl der kolometrischen Semeia ist hiermit eigentlich erschöpft. Nur der Vollständigkeit wegen bringen wir hier noch das bereits oben einmal erwähnte Scholion zu Wespen 1272 in Erinnerung. Dieses Scholion hat Bergk in trefflicher Weise emendirt. Danach wird man jetzt den dort citirten Namen des Metrikers ('Ηλιόδωρος) auf das vorhergehende, nicht aber auf die Worte μετὰ τὸν cτίχον τὸν "γλωττοποιεῖν εἰc τὰ πορνεῖ' εἰcιόνθ' ἑκάcτοτε" εἰcὶ τόποι ἑπτὰ ἔχοντες cτιγμὰς καὶ ἀλόγους (so H. Schrader statt ἀλόγως), ὡc ἐκ προχείρου μὲν εὑρεῖν τὸν λόγον οὐκ ἔcτι beziehen. Ist man dennoch geneigt, auch diese Bemerkungen, wie z. B. Herm. Schrader*) thut, auf Heliodor zurückzuführen, so hätte also der Metriker in seinen Exemplaren die Zahl der ausgefallenen Verse durch ebenso viele ςτιγμαὶ bezeichnet gefunden, ausserdem aber das Semeion der ἄλογοι 5. Ueber letzteres handelt Herm. Schrader a. a. O. und kommt zu dem richtigen Resultate: invenimus, hanc notam positam esse eis locis, de quibus desperandum videbatur, cum medela eorum non in promptu esset, qua cum ratione ad verbum fere concinit id quod Heliodorus ipsi notae quam attulit adiunxit: ὡc ἐκ προχείρου μὲν εὑρεῖν τὸν λόγον οὐκ ἔcτι.

Nachdem wir uns den Boden, wie wir hoffen, genügend geebnet haben, dürfen wir jetzt sicherer fortschreiten. Da uns in jedem einzelnen Falle ausreichende Kriterien zur Hand sind für die Entscheidung, ob ein Scholion zu den Bruchstücken der Heliodoreischen Kolometrie zu zählen ist oder nicht, so wird man nun die erhaltenen Reste für weitere Zwecke verwerthen können. Otto Schneider a. a. O. p. 120 glaubte die Kolometrie in ihrer genuinen Gestalt völlig verloren: tale quin utile fuerit institutum, sagt er, nostrisque imprimis studiis fuisset, si servati libri essent, perquam fructuosum, non potest dubitari. Nachdem für uns jetzt wenigstens ein kleiner Bruchtheil der metrischen Scholien als Heliodoreisch gesichert ist, kann dieser, so weit wir sehen, namentlich nach zwei Richtungen verwerthet werden. Einmal als Fundgrube für den Aristophanes-Text, und diese ragt ja über unsere Handschriften des Dichters um viele Jahrhunderte

---

*) de notat. crit. a vet. gram. in poet. scaen. adhib. p. 6 sq.

hinaus, zweitens natürlich als Bereicherungsquelle unserer Kenntniss der metrischen Tradition und insbesondere, um die Stellung des Heliodor zumal seinem Nachfolger Hephästion gegenüber näher zu erweisen. Was den ersten Punct betrifft, so berührt er sich vielfach mit der Frage, wie hoch wir die kritische Bedeutung des Metrikers anzuschlagen haben, und schon deshalb dürfen wir ihn keineswegs ausser Acht lassen, auch wenn die positive Ausbeute für den Text des Aristophanes nur eine äusserst geringe sein wird. Selbst wenn wir nur von Neuem die Lehre zögen, wie hoch gewisse Fehler unserer Handschriften hinaufreichen, wird man sich der Mühe einer genauen Vergleichung nicht entziehen dürfen. Was die zweite Frage angeht, die nach der metrischen Bedeutung des Heliodor, so wird es vielleicht gerade von hier aus möglich sein, die Stellung des Hephästion zu seinem Vorgänger hie und da in ein helleres Licht zu setzen, als dies bisher geschehen ist. "Schwer ist zu beurtheilen," sagt Westphal gr. M. II 2 S. 106, "was Hephästion seinen Vorgängern gegenüber Neues geleistet hat". Allerdings haben auch die Scholia Saibantiana zum Hephästion gerade in dieser Beziehung — wenigstens in ihrer bisherigen Isolirung — wenig Neues gelehrt.

Bevor wir jedoch zu dem ersteren der genannten Momente, d. h. zu der Frage nach der kritischen Bedeutung des Heliodor übergehen, lassen wir hier ein kurzes Capitel von vielleicht allgemeinerem Interesse folgen, das sich am besten an den Abschnitt über die Semeiotik anschliesst.

4.

Es ist bekanntlich ein Verdienst Fr. Ritschl's, durch die methodische und geistreiche Behandlung der sieben Botenreden in den Septem zuerst das Gesetz einer symmetrischen Composition auch dialogischer Partien in grösserem Umfange für die Tragiker erwiesen zu haben. Die Entdeckung Ritschl's war ein neuer methodischer Gesichtspunct, sie wurde bald die Veranlassung, auch in anderen Partien des Aischylos und der Tragiker überhaupt nach einer solchen Symmetrie zu forschen. Bald dehnte man das Gesetz auch auf die übrigen scenischen Dichter aus, neuerdings hier mit grösserem, dort mit geringerem Erfolg auch auf heterogene Gebiete der griechischen wie der römischen Poesie. Es liegt hier ausser unserer Absicht, die Resultate dieser Untersuchungen im Einzelnen durchzugehen, wir berühren hier nur ganz kurz einige Grenzpuncte.

Was der Ritschl'schen Entdeckung den allgemeinen Beifall sichern musste, war besonders der Umstand, dass hier eine besonnene Methode von vornherein alle Gewaltsamkeit ausschloss, und man die kritischen Textesänderungen nicht der strophischen Responsion zu Liebe vorgenommen sah. Nicht immer das Gleiche lässt sich von der durch diese Entdeckung hervorgerufenen jüngeren Literatur*) sagen. Während sich auch hier eine Anzahl beachtenswerther Arbeiten innerhalb der Schranken einer sicheren Methode halten, wie dies neben anderen besonders von der trefflichen Abhandlung Heinrich Hirzel's (de Eurip. in compon. div. arte, Lips. 1862) zu rühmen ist, war es auf der anderen Seite bekanntlich Heinrich Weil, der der neuen Theorie für Aischylos eine so masslose Ausdehnung gab, dass es lediglich consequent war, wenn er bei der Begründung der vermeintlichen antithetischen Gesetze nicht selten in die handgreiflichste Unmethode verfiel.

Gegründeter Widerspruch konnte daher nicht ausbleiben. Ribbeck und Keck wiesen in ihren Beurtheilungen mit Recht auf die Willkühr hin, zu welcher die Weil'schen "artificia" führten; am lautesten erhob Friedrich Heimsöth Widerspruch, dem der "Aberglaube" der Zahlen, die Weil nachzuweisen sucht, wie eine Art Monomanie erschien. Neuerdings fühlte indess dieser Kritiker, wie sein massloser Widerspruch nur über das Ziel hinausschoss, und er weist es als "Insinua-

---

*) Vgl. Fr. Ritschl opusc. I p. 300 sq.; neuerdings handelt N. Wecklein in der oben erwähnten Würzburger Festschrift S. 119 folg. "über symmetrische Anordnung des Dialogs und die Stichomythie bei Sophokles."

tion" zurück, wenn man ihm vorwerfe, dass er Regelmässigkeiten der Form für den Dialog leugne. "Ich verkenne," heisst es Krit. Studien z. d. gr. Trag. I S. 388, "weder eine Menge vorliegender Beispiele von Symmetrie, noch zweifle ich daran, dass deren bei dem Zustande unserer Texte noch manche durch unrichtige Personenabtheilung, Lücken und Interpolationen verwischt sein können, auch ich bemühe mich dieselben wiederzufinden, nur auf andere Weise, als dies in neuester Zeit von Seiten der Anhänger der bezeichneten Lehre geschieht..."

Also auch Heimsöth, der in einem seiner früheren Bücher ebenso unglücklich als ungemessen gegen Ritschl und Dindorf polemisirte, kann nicht umhin, dem neuen Princip eine grosse Ausdehnung beizumessen — nur über die in Frage kommende Methode, über die zu statuirenden Grenzen ist man sich nicht einig.

Dem gegenüber müsste es von doppeltem Interesse sein, wenn sich das Zeugniss eines alten Metrikers aus guter Zeit finden liesse, auf dessen Ansicht man auch in diesem Puncte wenn auch nur vergleichsweise recurriren könnte. Ein solches bisher unbeachtet gebliebenes Zeugniss liegt uns vor in einem Fragmente der Heliodoreischen Kolometrie. Wie das gleich näher zu behandelnde Scholion zur Evidenz bringen wird, beobachtete schon Heliodor die symmetrische Composition bei Aristophanes*), schon er betrachtete gewisse dialogische Gruppen wie Strophe und Antistrophe. — Zunächst hätte eine solche Thatsache an sich nichts Auffallendes. Abgesehen von der naheliegenden Annahme, dass dem Heliodor eine derartige Auffassungsweise bereits von Grammatikern früherer Zeit überkommen sein dürfte, konnte ihn der ununterbrochene Gang seiner Kolometrie von selbst darauf hinführen. — Die Kolometrie des Heliodor unterschied sich, wie wir dies schon früher bemerkten, von der κωλομετρία τῶν μελικῶν Αἰσχύλου, Σοφοκλέους καὶ Εὐριπίδου des Euge-

---

*) Die einschlagende Literatur für Aristophanes findet man jetzt in aller Kürze geordnet bei Jacob Oeri, de responsionis apud Aristophanem rationibus atque generibus (Bonnae 1865) p. 2 sq.

nios dadurch, dass sie auch die dialogischen Partien der
Dramen behandelte, ihr Zweck war, das Drama nach seinen
metrischen Gruppen abzutheilen, sie fasste das Gleichartige
zusammen und gab durchweg die Zahlen der in gleichem
Metrum geschriebenen cτίχοι oder κῶλα an. Hier war also
wenn irgendwo Gelegenheit, eine derartige Symmetrie zu beobachten. Auf der anderen Seite freilich muss die unten näher
zu bestimmende Zeit des Metrikers bereits als zu unproductiv
erscheinen, als dass wir in Heliodor wirklich den ersten Begründer einer so wichtigen Theorie erblicken dürften. Es ist
vielmehr im hohen Grade wahrscheinlich, dass wir diese Observation durch Heliodor's Vermittlung auf ältere ἐκδόcεic
alexandrinischer Grammatiker zurückzuführen haben. Wie
leicht dann von hier aus die Brücke zu den Dichtertexten der
classischen Zeit geschlagen ist, bedarf keines Nachweises.

Dass nun Heliodor uns in der That eine solche Beobachtung
bewahrt hat, lehrt folgendes Scholion des Venetus zu Fried. 956
—973: δύο διπλαῖ καὶ ἐν ἐκθέcει cτίχοι ἰαμβικοὶ τρίμετροι
ἀκατάληκτοι ιζ'. — Es wird alles darauf ankommen, in welchem Sinne der Metriker das Semeion der δύο διπλαῖ > >
verwandte. Dieses Zeichen hatte nun bei Heliodor, wie wir
dies nicht zu wiederholen brauchen, durchgehend den Zweck,
die antistrophische Responsion anzudeuten. Die δύο διπλαῖ
finden sich ausnahmslos vor einer solchen Partie, die einer
vorhergehenden metrisch respondirt, mit einem Worte vor
der Antistrophe: daher die Begründung die wir den Metriker bei
den melischen Antistrophen selbst hinzufügen sahen.— Welcher
vorhergehenden Partie sollten nun die von dem Metriker bezeichneten 17 Trimeter correspondiren?

Wir finden sie deutlich in einer kurz vorhergehenden Bemerkung bezeichnet. Schol. Venet. zu 922—938:
διπλῆ καὶ ἔκθεcιc εἰc ἰάμβουc τριμέτρουc ἀκαταλήκτουc ιζ'.
Strophe (ἄγε δή, κτέ.) und Antistrophe (ἄγε δή, κτέ.) =
17 17 sind nur durch das melische Amoibaion 939—955 getrennt.

Sehen wir nun die von dem Metriker als Antistrophe
bezeichneten Trimeter näher an, so fällt sogleich ins Auge,

dass die Gruppe 956—973 nach unseren Handschriften nicht 17 sondern 18 jambische Trimeter umfasst.

Man wird zunächst daran denken, dass wir es hier vielleicht lediglich mit der so häufigen Verschreibung der Zahlzeichen zu thun haben. Wie leicht konnte nicht, wenn wir die sonstige Ueberlieferung dieser Scholien betrachten, ιζ' aus ιη' verschrieben sein. Und doch wird sich gleich deutlich zeigen, wie ein solcher Gedanke durchaus fern zu halten ist. — Das Zeichen der δύο διπλαῖ nach v. 955 hatte natürlich nur dann einen Sinn, wenn dieser Partie eine gleiche Anzahl Trimeter an Stelle der Strophe voranging — und diese Verse sind die ἴαμβοι ιζ' von 922—938. Es wäre nun wenigstens nicht absolut undenkbar, dass etwa die in den Scholien überlieferte Zahl ιζ' an beiden Stellen verschrieben, und also in den Versen 922—938 die Lücke eines achtzehnten Trimeters zu statuiren wäre. Aber diese schon an sich unwahrscheinliche Annahme verliert sogleich allen Boden, wenn man sich die Gruppe der V. 922—938 näher angesehen hat. Sowohl dem Gedanken als der Form nach sind diese Verse in bester Ordnung, nirgend lässt sich auch nur die Spur einer Lücke entdecken. So sind wir denn geradezu genöthigt, der Ueberlieferung der Scholien zu folgen und mit Heliodor in der antistrophischen Partie (956—973) nur 17 Trimeter zu lesen. Und dass in der That innerhalb dieser Verse ein Interpolator oder zunächst ein Interpret seine Hand im Spiele hat, ist unschwer zu erweisen.

Vers 970 folg. geben unsere Handschriften in folgender Gestalt:

OIK.
οὐ γάρ, οἵτινες
ἡμῶν καταχεόντων ὕδωρ τοσουτονὶ
ἐς ταὐτὸ τοῦθ' ἑστᾶς' ἰόντες χωρίον;
ΤΡΥΓ.
ἀλλ' ὡς τάχιστ' εὐχώμεθ', εὐχώμεσθα δή.

Schon Cobet bemerkte scharfsichtig, wie unpassend in der Ueberlieferung der ganze letzte Vers ἀλλ' ὡς τάχιστ' εὐχώμεθ', εὐχώμεcθα δὴ dem Trygaios zugetheilt wird, da doch die letzten Worte εὐχώμεcθα δὴ nur die wiederholende Bestätigung eines vorhergehenden εὐχώμεθα aus dem Munde einer anderen Person sein kann. Mit Recht bemerkt daher Bergk: verba εὐχώμεcθα δὴ choro tribui, vulgo Trygaeo continuantur. Quamquam etiam priorem versus partem choro, posteriorem Trygaeo tribuere possis. — Aber man hatte noch einen Schritt weiter zu gehen. Während nämlich die zurückblickenden Worte εὐχώμεcθα δὴ durchaus passend, ja als Uebergang zu der nun folgenden εὐχὴ als nothwendig erscheinen, sind die vorhergehenden Worte ἀλλ' ὡc τάχιcτ' εὐχώμεθ' mindestens überflüssig. Die Worte εὐχώμεcθα δὴ dienen nämlich lediglich zur Wiederaufnahme des wenige Verse vorhergehenden (967) ἀλλ' εὐχώμεθα, dagegen sind die Worte ἀλλ' ὡc τάχιcτ' εὐχώμεθ', wie dies gleich noch deutlicher werden wird, von späterer Hand eingeschoben. Nicht minder überflüssig sind nämlich auch die beiden letzten Worte des vorhergehenden Verses — ἰόντες χωρίον. Zunächst möchte man geneigt sein, in der Wendung ἑcτάναι ἐc ταὐτὸ τοῦθ' die Präposition in finalem Sinne zu fassen: "zu gleichem Zwecke versammelt sein, dastehen", viel näher liegt aber noch die einfache locale Bedeutung. Ἑcτάναι ἐc ταὐτὸ ist wie die ganz analogen Verbindungen παρεῖναι εἰc τόπον, cχεῖν εἰc χωρίον, παραγίγνεcθαι εἰc τόπον und ähnliche, gerade eine echt griechische Construction, wie man sie sich aus jedem Schriftsteller der guten Zeit sammeln kann — freilich bei aller Einfachheit der zu Grunde liegenden Anschauung zu kühn für das Verständniss eines byzantinischen Lesers. Der Interpret verlangte zu der Präposition εἰc nothwendig ein Verbum der Bewegung, er setzte daher zu ἑcτᾶcιν ein ἰόντες, zu ταὐτὸ τοῦθ' ein χωρίον hinzu — beides gleich überflüssig. Nachdem diese Interpretamente in den Text geriethen, füllte ein späterer Grammatiker die dadurch entstandene Lücke nicht eben sehr geschickt durch ein zum grössten Theil aus V. 967 geborgtes ἀλλ' ὡc τάχιcτ' εὐχώμεθ' aus. Wir haben herzustellen:

ΟΙΚ.
οὐ γάρ, οἵτινες
ἡμῶν καταχεόντων ὕδωρ τοσουτονὶ
ἐς ταὐτὸ τοῦθ' ἑςτᾶςιν; [ἰόντες χωρίον
ΤΡΥΓ.
ἀλλ' ὡς τάχιςτ' εὐχώμεθ',] εὐχώμεςθα δή.

Dies unsere Ansicht über die Verse 971 und 972. Nur auf diese Weise werden wir der über unsere Handschriften so viele Jahrhunderte hinausreichenden Ueberlieferung gerecht werden.

Auf alle Fälle steht die Thatsache fest, dass Heliodor die beiden durch ein melisches Amoibaion getrennten dialogischen Partien 922—938 und 956—973 in ein antistrophisches Verhältniss setzte. Der Metriker beobachtete den schönen Parallelismus der Verse 856—1038:

15   42   15   17   17   17 42*) 7 17

Wenn sich dieser Einsicht Niemand entziehen kann, so wird es vielleicht nicht an anderen Einwendungen fehlen. Man wird fragen, wie es zugehe, dass der Metriker an anderen Stellen, wo ihm ein gleicher Parallelismus entgegentrat, nicht eine ähnliche Bemerkung macht. Sollten wir den Grund dieses Schweigens lediglich in der fragmentarischen Ueberlieferung der Kolometrie zu suchen haben?

Nehmen wir z. B. eine kurz vorhergehende dialogische Gruppe desselben Stückes 656—728. Es ist der Dialog zwischen Hermes und Trygaios. Der erste Theil der Fragen, die die Eirene dem Hermes zuflüstert, betrifft vor allem die attische

---

*) V. 974—1015 erklärt die Kolometrie (Schol. Venet.) in folgender Weise: διπλῆ καὶ εἴςθεςις εἰς ἀναπαίςτων περιόδους δύο (so Thiemann richtig statt ἀνάπαιςτον, περίοδοι δύο), τὴν μὲν πεντεκαιτριακοντάμετρον ιθ' κώλων, ὅτι ἔχει μονόμετρα γ', τό τε β' καὶ ια' καὶ ις', τὴν δὲ ἑξκαιτεςςαρακοντάμετρον κζ' κώλων, [ὅτι ἔχει μονόμετρα τρία]. Die letzten von uns ausgeschiedenen Worte sind völlig gedankenlos aus dem Vorhergehenden wiederholt.

Politik und ihre Führer (656—692), der andere die Literatur, Sophokles und Kratinos. Wie sich diese beiden Abschnitte dem Gedanken nach deutlich von einander absondern, so entsprechen sie sich auch der Verszahl nach auf das genauste (36 = 36) und werden durch das überzählige Proanaphonema ὠ ὠ zweifellos von einander getrennt. Das auf die Kolometrie zurückgehende Scholion des Venetus lautet einfach (656—728) διπλῆ καὶ εἴcθεcιc παρὰ τὸ(ν) τετράμετρον εἰc ἰάμβουc τριμέτρουc (so corrigirte Thiem. statt des überlieferten ἰαμβικὰ τρίμετρα; über τὸν vgl. oben S. 24) οβ΄, μετὰ δὲ λϛ΄ ἔcτι προαναφώνημα τὸ ὠ ὠ. Die Symmetrie ist hier so sehr in die Augen springend, dass sie dem Metriker unmöglich entgehen konnte. Aber, fragen wir, warum bediente er sich nicht auch hier des Semeion der δύο διπλαῖ? Der Grund ergiebt sich ungesucht aus seiner sonstigen Erklärungsweise und der entsprechenden Semeiotik. Wir haben nur darauf zu achten, wie sich der Metriker bei der Erklärung analoger melischer Partien verhielt. — Während wir uns gewöhnt haben, auch diejenigen melischen Partien, die nicht durch den Dialog getrennt sind, als Strophe und Antistrophe zu bezeichnen, ist die Ausdrucksweise des Heliodor hier eine verschiedene. So stellen wir z. B. die melischen Theile der Parabase Frieden 775 folg. als Strophe und Antistrophe oder als Ode und Antode einander gegenüber (775 - 795 = 796 —816), Heliodor fasst beides zusammen unter dem Namen einer δυὰc μονοcτροφική, ohne daher vor der Antode das Semeion der antistrophischen Responsion zu setzen. Ja wir haben bereits oben nachgewiesen, dass sich der Metriker des Semeion der δύο διπλαῖ lediglich in den κατὰ διέχειαν ἀνταποδιδόμενα bedient. — Wie nun der Metriker bei den melischen Partien verfuhr, so verfuhr er auch bei den dialogischen. Wollte er sich nicht inconsequent werden, so musste er im Dialog vor der die Antistrophe vertretenden Partie die δύο διπλαῖ ebenso ausschliessen, wie er sie bei den κατὰ περικοπὴν ἀνομοιομερῆ des zweiten Theiles der Parabase und den monostrophischen Mele ausschliesst: mit einem Worte, er sah in den Versen Fried. 656—728 das Analogon einer monostrophischen Dyas.*)

So begnügt sich Heliodor mit der einfachen Bemerkung, dass die ersten 36 Verse von den übrigen durch das Proanaphonema getrennt sind.

Während nun auch in diesem und ihm gleichen Fällen der Annahme nichts entgegensteht, dass dem Heliodor die Symmetrie der dialogischen Composition nicht entgangen ist, so ist andererseits hervorzuheben, dass sich die Observation des Metrikers in engen Grenzen bewegte und sich wahrscheinlich auf Beispiele der beiden berührten Fälle beschränkte.

Obwohl uns die Kolometrie nur in höchst dürftigen Resten vorliegt, und uns hinsichtlich jener Observation die ausdrücklichen Bemerkungen des Metrikers bis auf die einzige, oben erwähnte verloren sind, so gestatten doch die erhaltenen Fragmente immerhin einen genügenden Einblick in den Zweck und die Einrichtung der Kolometrie, und von hier aus wird sich, wie sich gleich zeigen wird, ein Schluss

---

*) Schon dieser Umstand zeigt, dass die zu Ritt. 721 (nicht in R, V, Θ) erhaltenen Worte ἐπὶ δὲ τῷ ''καθυβρίcαι'' τινὲc τιθέαcι δύο διπλᾶc nicht von Heliodor herrühren. Es ist dies, so weit uns bekannt, das einzige Mal ausser der oben behandelten Heliodorcischen Stelle, wo die Aristophanes-Scholien die δύο διπλαῖ in einer dialogischen Partie aufweisen. Der Sinn des Semeion ist hier ein von dem oben erörterten völlig verschiedener. Die richtige Bedeutung gab schon Dobree an zu Frösche 314. Ebenso Hermann Schrader, in der oben erwähnten Schrift p. 9.: ''ad externam versuum rationem notandam diplas illas positas esse puto, haud scio an ita, ut moneant, post v. 722 altercatione inter Paphlagonem et insiciarium finita verbis ἴωμεν ἐc τὸν δῆμον aliam ne dicam scaenam at scaenae certe partem sequi, ita ut post καθυβρίcαι temporis intervallum statuendum sit paullo longius.'' Die Vermuthung liegt nahe, dass spätere Grammatiker, nachdem die Lehre von der antistrophischen Responsion dialogischer Partien abhanden gekommen, dem Zeichen die Anwendung beim Scenenwechsel unterlegten. So konnte es kommen, dass einige Grammatiker (τινέc) das Semeion auch an solchen Stellen wie z. B. Ritt. 721 anwandten, wo zwar eine Art Scenenwechsel, aber nicht antistrophische Responsion stattfand.

auf die grössere oder geringere Tragweite jener Observation bei Heliodor ziehen lassen.

Indem die Kolometrie die gleichartigen Stichoi bis zum Eintritt einer Heterometrie zusammenfasste, kam es lediglich darauf an, die Gesammtzahl der Stichoi einer gleichartigen Periode anzugeben, nicht aber das Zahlenverhältniss, nach dem die Stichoi auf die einzelnen πρόcωπα vertheilt waren. In den Resten der Kolometrie herrscht in Bezug auf die διαίρεcιc εἰc τὰ πρόcωπα folgender constanter Gebrauch: Sie wird angemerkt 1) in allen μέλη ἀμοιβαῖα 2) im Dialog an solchen Stellen, und lediglich an solchen, wo ohne die nähere Bezeichnung der ἀλλαγὴ τῶν προcώπων leicht ein Missverständniss hätte entstehen können. Zu letzterem Falle, der uns hier allein angeht, gehört z. B. Fried. 299. Characteristisch geht hier der gemessenere jambische Trimeter kurz vor der Parodos des Chors in das hastig-eilende Metrum des trochäischen Tetrameter über — ὡc τάχιcτ' ἅμας λαβόντες κτέ. Darauf erscheint der Chor und fährt in dem gleichen Metrum fort. Hier hält Heliodor eine Bemerkung über die διαίρεcιc εἰc τὰ πρόcωπα nicht für überflüssig, aus dem einfachen Grunde, weil man, verleitet durch die Gleichheit des Metrum, leicht auch die beiden noch dem Trygaios zugehörenden Verse zu der eigentlichen Parodos des Chors hätte ziehen können. Er sagt daher Schol. Fried. 299 διπλῆ καὶ ἐπέκθεcιc (so Thiemann richtig statt des überlieferten ἔκθεcιc; derselbe τετραμέτρους st. τριμέτρους) εἰc cτίχουc τροχαϊκοὺc τετραμέτρουc καταληκτικοὺc β', οὓc ἔτι ὁ πρεcβύτης λέγει; ὑφ' οὓc κορωνίc, τοῦ χοροῦ εἰcελθόντοc, κτέ.

Ein ganz ähnlicher Fall findet sich Schol. Ritt. 611—615, wo man sich den Grund des Metrikers leicht aus dem bereits Bemerkten erklären kann. Wir haben schon an anderer Stelle die Ergänzung des lückenhaften Scholions motivirt: (ὑφ' οὓc διπλῆ καὶ κορωνίc, ὅτι εἰcέρχεται ὁ ὑποκριτής, καὶ ἐν εἰcθέcει) ἔτι τοῦ χοροῦ ἴαμβοι τρίμετροι ἀκατάληκτοι (β', ὁ δὲ) ε' τοῦ ὑποκριτοῦ παρερχομένου (, ὑφ' ὃν) κτέ.

Es ist selbstverständlich, dass uns wie in allem Uebrigen

so auch hinsichtlich der ἀλλαγή τῶν προcώπων die meisten Bemerkungen des Metrikers verloren gingen; aber die Reste der Kolometrie sind zahlreich genug, um den Schluss zuzulassen, dass auch die verlorenen Angaben lediglich Fälle betrafen, die sich jenen zwei oben bezeichneten unterordneten. — Ist dieser Schluss richtig, so folgen daraus von selbst die Grenzen, in welche die Observation der Symmetrie dialogischer Partien für die Kolometrie eingeschlossen war. Um die Beobachtung in ihrer ganzen Tragweite zu verfolgen, dazu fehlte dem Metriker also vor allem die Berücksichtigung des Personenwechsels.

Nehmen wir ein beliebiges, aber einfaches Beispiel aus den Stücken, zu welchen uns die Fragmente der Kolometrie vorliegen, so haben wir z. B. Ritt. 247—268 folgenden Parallelismus vor uns

Heliodor zieht in der Kolometrie einfach die Summe der trochäischen Tetrameter abgesehen von allem Personenwechsel, und nennt nur die Gesammtzahl. Vgl. Schol. 247—283 κορωνίc, ὅτι εἰcέρχεται ὁ χορὸc τῶν ἱππέων, καὶ πάλιν cτίχοι τροχαϊκοὶ λζ' (so richtig Thiemann für λβ'). Ebenso schweigt der Metriker an den übrigen Stellen, wo uns eine solche erst durch die Beachtung des Personenwechsels erkennbare Symmetrie entgegentritt.

Wenn man nun neuerdings wenigstens für Aischylos auch über diesen wichtigen Gesichtspunct weit hinausging, und auch jede längere Rede in grössere oder kleinere symmetrische Abschnitte (periodi und articuli) zerlegte, so ergiebt das Gesagte von selbst, dass sich von dieser sogenannten nova antitheticae compositionis lex in der Heliodoreischen Kolometrie zu Aristophanes keine Spur fand, und sich eine solche nicht finden konnte. —

So muss denn in den angegebenen Grenzen der Metriker Heliodor, der nach Marius Victorinus bekanntem Ausdrucke inter Graecos huiusce artis antistes aut primus aut solus est, auch bereits als ein Gewährsmann des in der dialogischen Composition der scenischen Dichter beobachteten Parallelismus betrachtet werden. Die Kritik der scenischen Dichter wird diese Ueberlieferung in Zukunft mit grösserer Consequenz verwerthen dürfen.

5.

Wir gehen dazu über, die kritische Bedeutung der uns erhaltenen Reste der Kolometrie ins Auge zu fassen. Obwohl die positive Ausbeute für den Text des Dichters nur eine geringe sein wird, ist doch der Einblick einmal in die Textesrecension wie sie dem Metriker vorlag, weiterhin in die Art und Weise seines eigenen kritischen Verfahrens nicht ohne Interesse. Wir benutzen die Gelegenheit, um zugleich einige weitere Beiträge für die Correctur der kolometrischen Fragmente zu geben. Wir notiren nur, wo wir von dem Thiemann'schen Texte abzuweichen haben. Die Klammern ( ) und [ ] brauchen wir in dem herkömmlichen Sinne.

Es muss hier gleich ein Punct kurz vorweg erwähnt werden. In den Heliodoreischen Scholien zeigt sich oft ein älterer Sprachgebrauch als bei Hephästion. Schon Thiemann a. a. O. p. 121 bezeichnete die Ausdrucksweise: ἴαμβοι τρίμετροι, ἀνάπαιστοι τετράμετροι u. ähnl. als eine specifisch Heliodoreische. Je näher man sich gerade mit der Ueberlieferung grammatischer und metrischer Literatur beschäftigt hat, desto eher ist man vielleicht anfangs geneigt, solche Dinge auf eine Abschreiberlaune zurückzuführen. Auch wird man sich z. B. der metrischen Scholien des Demetrius Triclinius zu Eur. Phoenissen erinnern, wo man dem Ausdrucke ἴαμβοι τρίμετροι neben στίχοι ἰαμβικοὶ τρίμετροι nicht selten begegnet. Das Entscheidende aber ist, worauf bereits Thiemann a. a. O. p. 121 hinwies, dass sich dieselbe Terminologie auch bei Priscian in dem Heliodoreischen Citate p. 426, 16 K wiederfindet: Heliodorus metricus ait: Ἱππῶναξ πολλὰ παρέβη τῶν ὡρισμένων ἐν τοῖς ἰάμβοις (scil. τριμέτροις), und so öfters. Ebenso vgl. die Stelle aus Juba bei Rufin p. 385 G.: iamborum itaque exempla quae maxime frequentata sunt subdidi etc.

So haben wir denn zu sagen: Die Wörter δίμετρος, τρίμετρος, τετράμετρος werden von dem Metriker als Adjective gebraucht, daher also ἴαμβος τρίμετρος ἀκατάληκτος u. ähnl. wie bei Hdt. I 12 ohne "cτίχος". Tritt das Substantiv cτίχος hinzu, so muss natürlich auch die adjectivische Form ἰαμβικὸς u. s. w. gesetzt werden. Da die Adjectivform ἀναπαιcτικὸς bei Heliodor sicher bezeugt ist, so kann andererseits die Form ἀνάπαιcτος nur als Substantiv gebraucht sein. — Unrichtig heisst es also Ach. 284 cτίχος τροχαῖος st. cτ. τροχαϊ(κ)ός. Ach. 626 cτίχων δύο ἀναπαίcτων statt cτίχων δύο ἀναπαιcτ(ικ)ῶν κτέ. Wesp. 1 κατ' ἀρχὴν cτίχοι ἴαμβοι τρίμετροι st. cτίχοι ἰαμβ(ικ)οὶ κτέ. Schol. Fried. 729 ergänzt Thiemann falsch ἀνάπαιcτοι (cτίχοι) τετράμετροι κτέ. Die Ueberlieferung ist völlig intact. — Unrichtig lautet jetzt Schol. Fried. 856—864 δύο δὲ ἐν ἐκθέcει cτίχοι ἴαμβοι τετράμετροι κτέ. statt cτίχοι ἰαμβ(ικ)οὶ κτέ. Doch mag hier schon die Interpunction ausreichen: δύο δὲ ἐν ἐκθέcει cτίχοι, ἴαμβοι τετράμετροι καταληκτικοὶ . . . . . . — Schol. Fried. 939 schreibt Thiemann εἶτα ἐν ἐκθέcει τοῦ ὑποκριτοῦ δύο cτίχοι ἴαμβοι τετράμετροι καταληκτικοί, während die Ueberlieferung δίcτιχοι ἴαμβοι δίμετροι καταληκτικοί doch deutlich auf die Correctur hinwies: δίcτιχος ἴαμβος τετράμετρος καταληκτικός. — Schol. Fried. 1191 hat V ganz richtig ἰαμβικοί, nur G hat ἴαμβοι, dem Thiemann fälschlich gefolgt ist; δὲ cτίχοι statt δίcτιχοι und ἀκατάληκτοι statt καταληκτικοὶ corrigirte schon Dindorf. — Verkehrt überliefert ist Schol. Ritt. 409: καὶ cτίχοι ἴαμβοι λβ', vielmehr: καὶ cτίχοι (ὁμοίως) ἰαμβ(ικ)οὶ λβ' κτέ. — Schol. Ritt. 507 hat nur V die falsche Lesart ἀνάπαιcτοι cτίχοι καταληκτικοὶ τετράμετροι, der Thiemann folgt; vielmehr: ἀναπαιcτικοὶ κτέ. — Ebend. 624 corrigire man διπλῆ καὶ ἐν ἐκθέcει cτίχοι ἰαμβ(ικ)οὶ τρίμετροι κτέ. — Ebend. 1263 folgt Thiemann der falschen Lesart in Θ, der ἴαμβον ἐφθημιμερὲς giebt statt ἰαμβικὸν ἐφθ., ebenso weiter unten ἴαμβον δίμετρον ἀκατάληκτον statt ἰαμβικὸν δίμετρον ἀκατάληκτον. Ebenso ἴαμβον τρίμετρον καταληκτικὸν statt ἰαμβικὸν κτέ. — Schol. Wolk. 467 liest man verkehrt τὸ β' ἀνάπαιστον προςοδιακὸν δωδεκάςημον statt ἀναπαιςτ(ικ)ὸν προςοδιακὸν κτέ. — Während die Verbindung ἴαμβοι τρίμετροι oder ἀνάπαιςτοι τετράμετροι u. ähnl. ganz gewöhnlich ist, scheint sich der analoge Ausdruck τροχαῖος τετράμετρος nicht zu finden. Wo wir also τροχαϊκοὶ τετράμετροι in den Heliodoreischen Scholien allein lesen, werden wir in diesem Falle nicht τροχαῖοι τετράμετροι zu corrigiren haben, sondern das Substantiv ςτίχοι ergänzen müssen. Das Bemerkte schliesst natürlich nicht aus, dass auch die substantivirte, bei Hephästion u. a. durchweg übliche Neutralform τὸ τρίμετρον, τὸ τετράμετρον (scil. μέτρον) u. ähnl. hie und da auch bei Heliodor vorkommt. — Schol. Fried. 346—360 ist zu schreiben κἀν ἐπεκθέςει (ςτίχοι) τροχαϊκοὶ β' τετράμετροι καταληκτικοὶ κτέ. — Ebendas. 426—434 ist die Ueberlieferung: εἶτα ἐν ἐκθέςει παρὰ τοῖς τετραμέτροις ςτίχοις ἰαμβικοὶ β', Thiemann schreibt: εἶτα ἐν εἰςθέςει παρὰ τοὺς τετραμέτρους ςτίχοι ἰαμβικοὶ β'. Es war herzustellen: εἶτα ἐν εἰςθέςει παρὰ τοὺς τετραμέτρους ςτίχους ἰαμβ[ικ]οι β'. — Ebendas. 582 ist zu schreiben καὶ ἐν ἐπεκθέςει (ςτίχος) τετράμετρος καταληκτικὸς τροχαϊκός. — Ebendas. 729 hat Thiemann richtig ςτίχοι ergänzt: οὗ τετράμετροι (ςτίχοι) καταληκτικοὶ κτέ. — Schol. Ritt. 565 war als überarbeitetes Scholion überhaupt nicht in die Reste der Kolometrie aufzunehmen. — Schol. Wolk. 1131: καὶ εἴςθεςις παρὰ τοὺς τετραμέτρους, εἰςὶ γὰρ κτέ. muss man ein ςτίχους wenigstens im Gedanken suppliren aus der für uns jetzt verlorenen Erklärung des Vorhergehenden. — Schol. Ach. 204 ergänze man: ὧν δ' μὲν ἐν ἐκθέςει εἰςὶ (ςτίχοι) τροχαϊκοὶ κτέ. Auch Schol. Ach. 971 —999 am Ende wird wahrscheinlich so zu geben sein: καὶ ἑνὸς (ςτίχου) τετραμέτρου τροχαϊκοῦ καταληκτικοῦ, doch lässt sich der Ausdruck auch in neutralem Sinne fassen. — Auch in den jüngeren, überarbeiteten Scholien ist noch Manches derartige zu corrigiren. Während hier im Ganzen genommen der Hephästioneische Sprachgebrauch herrscht, treten doch nicht selten die Spuren der auch hier ursprünglich zu Grunde liegenden Heliodoreischen Kolometrie*) hervor. So wird z. B. jüng. Schol. Vögel 451—522 p. 76 Thiem. und Anderes zu verbessern sein. Wir werden später sehen, wie diese genaue Fixirung des Heliodoreischen Sprachgebrauches auch weiteren Zwecken dienstbar gemacht werden kann. —

Otto Schneider a. a. O. p. 121 spricht die Vermuthung aus, Heliodor habe sich in seiner Kolometrie an die Aristarchische Recension des Aristophanes angeschlossen. Als Grund führte er das Scholion Ritt. 565 an: τὸ ἐπίρρημα cτίχων ἐcτὶ ις΄ τετραμέτρων τροχαϊκῶν . . . . . . δ φιλεῖ 'Αρίcταρχοc. Aber bereits Küster hatte richtig δ φιλεῖ 'Αριcτοφάνηc hergestellt, eine Correctur, die durch Schol. Fried. 1127 (ᾧ μάλιcτα φιληδεῖ 'Αριcτοφάνηc) evident wird. Weiterhin zieht Schneider die ganz sporadischen Bemerkungen Schol. Frösche 354 und 372 hierher, um seine Ansicht zu stützen. Aber selbst zugegeben, dass die Worte (zu 372) ἐντεῦθεν 'Αρίcταρχοc ὑπενόηcε μὴ ὅλου τοῦ χοροῦ εἶναι τὰ πρῶτα· τοῦτο δὲ οὐκ ἀξιόπιcτον κτέ. auf die Kolometrie zurückzuführen wären, wozu freilich kein Grund vorliegt, so würde daraus lediglich hervorgehen, dass Heliodor allenfalls an öfteren Stellen auf Aristarchische Ansichten eingegangen, nicht aber sogleich, dass er seiner Kolometrie die Recension jenes Grammatikers zu Grunde gelegt. Da in den Fragmenten, die nach den oben besprochenen Kriterien mit Sicherheit auf die Schrift des Heliodor zurückgeführt werden können, sich nirgend die namentliche Rücksichtnahme auf die ἔκδοcιc eines früheren findet, so werden wir kaum fehl gehen in der Annahme, dass der Metriker zunächst den zu seiner Zeit im Umlauf befindlichen Text (παράδοcιc) zu Grunde legte. — Wir haben an anderer Stelle auseinandergesetzt, dass der metrische Commentar des Heliodor mit einer von ihm selbst

---

*) Wie der ältere Stock der Scholien durch jüngere Hände verwässert wurde, lässt sich am besten durch Schol. Plut. 302—308 klar machen.

veranstalteten Ekdosis Hand in Hand ging. Diese Ekdosis wird sich von der in seiner Zeit cursirenden Vulgata nicht sehr unterschieden haben, und so schloss sich denn der Metriker in seiner descriptio metrorum zunächst an die Abtheilung der Kola an, die ihm die überkommenen Antigrapha an die Hand gaben (vgl. z. B. Schol. Fried. 775—818 die Bemerkung: ὡc μὲν κεκώλιcται, ἔcτι χορίαμβοc ἐφθημιμερήc, cυνῆπται δέ· δύναται δὲ τὸ α' αὐτῶν μετατεθῆναι ἐκ τῆc ἑξῆc cυλλαβῆc, τὰ δὲ λοιπὰ ἐνωθῆναι, und ähnl.), welcher er dann abweichende Abtheilungen entgegenstellte. Ebenso wird anzunehmen sein, dass der Metriker die Semeia, mit denen er seine Ekdosis versah, in den meisten Fällen bereits aus älterer Ueberlieferung vorfand, und oft nur mit Consequenz durchführte, was ihm von früher überkommen war. Auch dies führt zu der Annahme, dass die jetzt nur noch von Heliodor vertretene Theorie von der Responsion dialogischer Partien bereits auf die Alexandriner zurückgeht.

Ueber die Bedeutung Heliodor's als Kritiker hat man sich längst das richtige Urtheil gebildet, und brauchen wir hier nicht auf bekannte Thatsachen zurückzukommen. Wir verweisen nur auf Fr. Ritschl opusc. phil. I p. 314 sq. 362 sq. und W. Christ, die metr. Ueberl. der Pind. Od. §. 7, wo die Citate bei Priscian beleuchtet sind. Das Resultat ist: Heliodor liess sich sehr häufig durch falsche Lesarten täuschen, und hatte dies einen übeln Einfluss auf seine metrischen Theorien. Dasselbe gilt nun auch von seinem Verfahren in der Kolometrie. Er konnte hier vielfach nicht umhin, textkritische Themata zu berühren. Er versäumt nicht, die Varianten der ihm zu Gebote stehenden Antigrapha zu erwähnen, soweit sie bei der metrischen Analyse in Frage kommen, ohne aber eine selbständige Entscheidung zu treffen. Nachdem er z. B. Frieden 939 darauf hingewiesen, wie schon in seinen Texten Strophe und Antistrophe nicht genau respondiren, schliesst er mit folgenden Worten: ἀλλὰ ταῦτα μὲν ἐατέον, ὡc δὲ ἔχει, ἐξηγητέον. Dieser Satz ist auch für sein sonstiges Verfahren höchst characteristisch. Wir werden sehen, wie er sich auch hier durch Corruptelen täuschen liess. Wie viel uns übrigens hinsichtlich der kritischen Bemerkungen verloren ging, zeigt das schon oft erwähnte Schol. Wespen 1272 ... τὰ δὲ ταῦτα πολλάκις εἶπον, ὅτι ὑπολαμβάνω ἐν τοῖς πρώτοις ἀντιγράφοις φθαρέντα κτέ. Von den vielen Fällen, in denen Heliodor eine derartige Lücke kenntlich machte, ist uns ausser dem in Rede stehenden nur noch ein einziger erhalten.

Wie die oben Fried. v. 970 folg. nachgewiesene Interpolation zeigt, sind die kolometrischen Reste für den Text des Aristophanes nicht ohne jede Bedeutung. Obwohl auch **die dem Metriker vorliegende Recension bereits von sehr zahlreichen Fehlern verunstaltet** war, so mag sich doch eine genaue Vergleichung immerhin der Mühe verlohnen.

Wir möchten mit den folgenden Bemerkungen auf diese bisher unbenutzte Quelle wenigstens aufmerksam machen. Schon vor uns hat A. v. Bamberg jüngst den Versuch gemacht, die metrischen Scholien zum Plutos für den Text des Dichters zu verwerthen. Wie dieser Kritiker selbst wusste, konnte dieser Versuch nur von sehr geringem Erfolge begleitet sein, da gerade diese Scholien (Thiem. p. 24—32) meist ganz jungen Ursprungs sind. Man vergleiche selbst die im Uebrigen treffliche Arbeit: exercitationes criticae in Arist. Plutum, Berol. 1869. Wir ziehen unsererseits hier besonders die als Heliodoreisch erwiesenen Fragmente in Betracht.

Am reichlichsten fliessen die Fragmente zum Frieden. Sie nehmen ein Drittheil der kolometrischen Reste überhaupt ein, und, wenn irgend wo, gewinnen wir hier einen Einblick in die Textesgestalt, wie sie dem Metriker vorlag.

Schol. Frieden v. 1—81 heisst es: μετὰ δὲ πεντήκοντα ὀκτὼ ἔςτι προαναφώνημα τὸ "ἔα ἔα". Das Proanaphonema findet sich aber nach dem 59. Trimeter. Man wird hier doch wohl nur an eine Vertauschung der Zahlzeichen η' und θ' zu denken und ἐννέα herzustellen haben.

Aus dem Schol. zu 82—101 ergiebt sich, dass schon Heliodor die von Hamaker und Meineke athetirten Verse vor sich hatte und zwar an derselben Stelle. Die Vertheidigung Richter's wird kaum Beifall finden. In anderer Weise (durch Umstellung nach v. 97) suchte die Verse R. Enger zu retten. — Auch v. 90 und 91 ὦ δέcποτ' ἄναξ ὡc παραπαίειc. | cίγα cίγα las bereits Heliodor. Enger wollte die Worte neuerdings in einen Dimeter zusammenziehen "mit Ausstossung des aus dem folgenden οὐχ ὑγιαίνειc eingesetzten ὡc παραπαίειc". — v. 298 wird citirt καὶ νηcιώτας· δεῦρ' ἴτ' ὦ πάντες λεώ, eine Lesart, die natürlich nur auf einem Schreibversehen des Scholiasten beruht.

Das Scholion 114—123 war beiläufig durch ὑφ' οὓς an das vorhergehende anzuschliessen, ebenso das folgende zu 124—153. In dem letzteren Scholion ist die Zahl κε´ wohl ebenfalls nur aus λ´ verschrieben.

Schol. 173—298 referirt Heliodor die Varianten "einiger" Antigrapha: ἐν ἐνίοιc δὲ ἀντιγράφοιc μετὰ cτίχουc να´ ἔcτι κωλάριον τόδε "τί φηcι;" καὶ μετ' ἄλλουc λη´ (sic) τόδε "ἰὴ ἰή". Durch ein Versehen liess Thiemann die letzte Zahl aus. Die Zahlen sind, wie schon Dindorf sah, verdorben. Der Ausdruck μετ' ἄλλουc λη´ zeigt, dass die Zahlen an beiden Stellen übereinstimmten. Allem Anscheine nach sind in der ersten Zahl die Zehner, in der zweiten Zahl die Einer verschrieben. Beide mal wird es λα´ heissen müssen. Vor dem Verse (204) Ἕλληcιν ὀργιcθέντες κτέ. las demnach Heliodor in einigen Antigrapha das Kolarion τί φηcι(ν), das seine Entstehung in jenen Exemplaren wohl nur einer Art Dittographie vor Ἕλληcιν verdankte. Zählen wir nach diesem Verse die ἄλλουc λα´ ab, so ergiebt sich für einige Handschriften des Heliodor die Lesart:

ἰὴ ἰή,
βροτοιὼ ἰ βροτοὶ βροτοὶ πολυτλάμονες
ὡc αὐτίκα μάλα κτέ.

Das Urtheil über solche Varianten kann natürlich nicht zweifelhaft sein. Die Recension, die Heliodor seiner Ekdosis hauptsächlich zu Grunde legte, war eine vorzüglichere als die jener "ἔνια ἀντίγραφα".

Schol. 337—345 war zu schreiben: καὶ ἐν ἐκθέcει (περίοδος) κώλων ζ' τροχαϊκῶν [μετὰ] διμέτρων ἀκαταλήκτων ε' κτέ. Schol. 346—360 lautete der Anfang wohl ursprünglich: διπλῆ καὶ (περίοδος) [τῶν ὁμοίων] ἑκκαίδεκα κώλων, ὧν ὁ μὲν πρῶτός ἐcτι cτίχος τροχαϊκὸς (ὁμοίως) ἐκκείμενος κτέ. Es ist beachtenswerth, dass Heliodor v. 346 einen trochäischen Tetrameter las. Die Bemerkung, welche Thiemann a. a. O. p. 115 an dieses Scholion hinsichtlich der Schreibung der Ausdrücke τετράρρυθμον, δίρρυθμον u. s. w. knüpft, brauchen wir wohl nicht zurückzuweisen. — Schol. 385—399 ist das letzte Citat erst durch Nachlässigkeit eines librarius verstümmelt — τέλος δὲ "(δέcποτ') ἀγαλοῦμεν ἡμεῖς (ἀεί)".

Schol. 426—434 fehlen jetzt die Semeia: διπλῆ καὶ ἐν ἐπεκθέcει cτίχοι τροχαϊκοὶ καταληκτικοὶ (ε', ὑφ' οὓς διπλῆ,) εἶτα ἐν εἰcθέcει παρὰ τοὺς τετραμέτρους cτίχους ἴαμβ[ικ]οι β', (ὑφ' οὓς διπλῆ) κἂν ἐπειcθέcει κῶλα β', ὧν τὸ μὲν ἐκ διπλοῦ cπονδείου, τὸ δὲ ἐκ τοῦ δευτέρου τροχαίου καὶ αὐτοῦ διπλοῦ, (ὑφ' ὃν) κτέ. — Gegen das Ende von Schol. 459—472 heisst es εἶτα ἐν εἰcθέcει τριcύλλαβοι (β') κατὰ πόδα κρητικόν, εἶτα ἐν ἐκθέcει ἀναπαιcτικὸν ἐφθημιμερές — so wird statt des überlieferten πενθημιμερὲς zu schreiben sein. Die Erklärung bezieht sich auf v. 469 ἄγετον ξυνέλκετον καὶ cφώ (so die handschriftliche Ueberlieferung). Heliodor las wahrscheinlich ἄγετον νῦν ἕλκετε καὶ cφώ, er hat sich durch eine derartige Lesart täuschen lassen. Trotz Richter's und Enger's neuerer Versuche (Fleckeis. Jahrb. 1865 Bd. 91 p. 115) wird übrigens Meineke's Vorschlag den Vorrang behaupten: ἀλλ' ἄγετον νῦν ἕλκετε καὶ cφώ. So gewinnen wir die Cäsur, und dass sich hier das Simplex ἕλκετε fand, zeigt das folgende οὔκουν ἕλκω κτέ. — In demselben Scholion zeigen die Worte τὸ δὲ δ' ἤτοι δακτυλικὸν διπλοῦν ἢ τροχαϊκὸν πενθημιμερὲς εἴη

ἄν, dass Heliodor v. 462 las: εἶα ἔτι μάλα.*) — Schol. 485
—499 heisst es: δύο διπλαῖ· ἕπεται γὰρ ἡ ἀντίστροφος τῇ
προτέρᾳ περικοπῇ ἀμοιβαίᾳ ιδ´ κώλων, ἔχουσα καὶ τὴν εἰς τὰ
πρόσωπα διαίρεσιν ὁμοίαν κτέ. Heliodor las also
486 ΕΡΜ. ὦ εἶα
XO. εἶα μάλα
ΕΡΜ. ὦ εἶα
XO. εἶα νὴ Δία.

Die weitere Personenvertheilung stimmt bereits in unseren Handschriften mit der der Strophe überein. Dass wir aber, um die Abtheilung des Heliodor zu constatiren, nicht die uns jetzt in der Antistrophe vorliegende als massgebend ansehen dürfen, zeigen die bei der Analyse der Strophe oben gebrauchten Worte: ἀμοιβαίων τοῦ χοροῦ καὶ τοῦ ὑποκριτοῦ κτέ.

Schol. 512—519. Die Worte εἴσθεσις εἰς περίοδον κώλων η´ ἀμοιβαίων τοῦ χοροῦ καὶ τοῦ ὑποκριτοῦ zeigen, dass in dem Texte des Heliodor die Verse ἄγε νυν ἄγε πᾶς κτέ. zwischen Chor und Hypokriten vertheilt waren, während der Verfasser des jüngeren Scholions p. 89 Thiem. die Verse schon ausschliesslich dem Chore zutheilt. Auch an den weiteren Wortlaut dieses Scholion könnte man Vermuthungen knüpfen. Aus den letzten Worten scheint soviel hervorzugehen, dass Heliodor v. 518—519 noch las
ὦ εἶα εἶα εἶα νῦν
ὦ εἶα εἶα εἶα πᾶς
und würde dadurch Jul. Richter's Vorschlag Arist. pax proleg. p. 54 bestätigt.

---

*) V. 500, zu dem das Scholion verloren ist, deutet Thiemann, wie gewöhnlich, den Fortgang der Kolometrie an, indem er ergänzt διπλῆ — ὑφ' οὓς und fasst dabei v. 500—511 zusammen. Vielmehr waren v. 500—507 (jambische Trimeter) und 507—511 (jambische Tetrameter in der Epekthesis) zusammenzunehmen. Ueberhaupt ist in dieser Hinsicht noch vieles bei Thiemann zu corrigiren z. B. gleich 520—570, wo vielmehr abzutheilen war 520—552, 563—570, vgl. Ritt. 441—497.

Schol. 582—602 ist zumal im Anfange noch schwer verdorben. Man hat unbedenklich zu corrigiren: διπλή καὶ (τὸ) τοῦ χοροῦ, (οὗ ἐν εἰςθέςει) κῶλα γ' τροχαϊκά, ἔςτι δὲ τὸ ὅλον τροχαϊκὸν ἑξάμετρον· τινὲς (γὰρ?) γράφουςιν ''ἐδάμημεν'' καί φαςι τὰ μὲν β' τροχαϊκὰ (δίμετρα) ἀκατάληκτα, τὸ δὲ γ' τροχαϊκὸν καταληκτικόν .... κτέ. Die Analyse der anderen Lesart, die sich jedenfalls auch in der ursprünglichen Kolometrie fand, ist verloren gegangen. Wir haben daher nach καταληκτικὸν eine Lücke anzusetzen. Der Schluss des Scholion εἶτα ἐν εἰςθέςει δ' κῶλα κτέ. bestätigt Cobet's Emendation

πᾶςιν, ὁπόςοι γεωργὸν βίον ἐτρίβομεν.

V. 590 μόνη γὰρ ἡμᾶς ὠφέλεις las schon Heliodor als ἰαμβικὸν δίμετρον.

Schol. 775—817 heisst es: τὸ ιγ' δακτυλικὸν ἐφθημιμερὲς mit Beziehung auf die Worte des Dichters ὄρτυγας οἰκογενεῖς (788), aber ἐφθημιμερὲς ist nur aus πενθημιμερὲς verschrieben. V. 785, 786, 787 werden als χορίαμβος ἐφθημιμερὴς bezeichnet, also hatte Heliodor wahrscheinlich noch vor sich, was Bentley später vorschlug: μήθ' ὑπάκουε (lib. ὑπακούςῃς) μήτ' ἔλ — θῃς κτέ., während der jüngere Scholiast p. 91 Thiem. schon μήθ' ὑπακούςῃς μήτ' ἔλ — θῃς las, was er als δακτυλικὸν τρίμετρον erklärt.

Schol. 819—855 ist überarbeitet, wie auch die neutralen Formen τὰ πρῶτα ἰαμβικὰ τρίμετρα κτέ. zeigen. In R ist es nicht erhalten. Will man die Stelle corrigiren, so hat man zu schreiben: (διπλῆ καὶ) κορωνίς, προΐαςι γὰρ οἱ ὑποκριταί, καὶ οἱ πρῶτοι (ἐν ἐκθέςει εἰςὶν) ἴαμβοι τρίμετροι ἀκατάληκτοι λς' κτέ. Die Zahl λς' ist wohl nur aus λζ' verschrieben.

Schol. 856—867 (sic) ist am Ende unvollständig. Nach den Schlussworten ςτίχοι ἰαμβ(ικ)οὶ τετράμετροι καταληκτικοὶ war also eine Lücke anzudeuten. Dann war V. 868—909 (διπλῆ .... ὑφ' οὕς) und 910—921 (δύο διπλαῖ .... ὑφ' δ) zusammenzunehmen. Denn die Responsion der Verse 856 —867 und 910—921 wird dem Metriker nicht entgangen sein. Dagegen sprechen natürlich nicht die Worte (856—864) ταῦτα δύναται εἶναι cτροφὴ καὶ ἀντίcτροφοc, τὰ δὲ ἑξῆc εἰc ἐπῳδόν (d. h. 856—859 = 860—863), sie sind, wie sie jetzt lauten, verbindungslos und wahrscheinlich ein späterer Zusatz. — Schol. 939—955. Die Lücke in v. 1023 lag schon Heliodor vor, daher die Bemerkung καὶ ἔοικεν ἐνταῦθα (v. 939) τὸ "κατορθοῖ" περιττεύειν, καὶ ὁ "τέ" cύνδεcμοc πρὸc τὸ "cέ τοι θύραcι χρὴ μένειν ὄν^T (so V, ὄντας G) τινάc". Man sieht, der Metriker bekundet sich wieder als wenig erfahrenen Kritiker. Er hält sich an die Strophe, wie sie vorliegt, und erklärt: τὸ τοίνυν πρῶτον τῶν τριῶν κώλων τοῦ χοροῦ ἴαμβοc τετράμετροc καταληκτικὸc κτέ. d. h. Heliodor las wie schon W. Dindorf vermuthete:

ὡc πάνθ' ὅc' ἂν θεὸc θέλῃτε χή τύχη κατορθοῖ.*)

vgl. Ariston. περὶ cημ. Ὀδυcc. rel. ed. Otto Carnuth p. 23.

V. 946 und 947 überliefern unsere Handschriften

νῦν γὰρ δαίμων φανερῶc
ἐc ἀγαθὰ μεταβιβάζει.

Dem entspricht oder soll vielmehr entsprechen v. 1030 und 1031

cοφῇ δόκιμον
φρενὶ πορίμῳ τε τόλμῃ;

In der Antistrophe suchte man die Lücke auf verschiedene Weise zu ergänzen: Bergk wollte εὖ φρονεῖc ὁπόcα χρεών (ἐcτιν) τὸν κτέ., Meineke cοφῇ ('ν πᾶcιν) δόκιμον, Richter cοφῇ (δεινῶc) δόκιμον — die Wahl wird schwierig sein. — Heliodor las vielmehr in der Strophe noch:

νῦν γὰρ δαίμων [φανερῶc]
ἐc ἀγαθὰ μεταβιβάζει.

---

*) Unbeachtet geblieben ist noch die Lesart
   ὡc πάνθ' ὅc' ἂν θεοὶ θέλωcι χή τύχη κατορθοῖ
auf welche ein anderes sachliches Scholion hinweist: τινὲc δὲ οὕτως "ὁπόc' ἂν θέλωcιν οἱ θεοί, καὶ ἡ τύχη κατορθοῖ."

Dies zeigt die Erklärung von v. 946: τὸ δὲ δ' cύζυγον (so schon Dindorf statt cυζύ V) ἰαμβικὸν ἢ ἀναπαιcτικόν. Dies festgehalten, wird man jetzt geneigt sein in der Antistrophe zu schreiben cυνετῇ δόκιμον κτέ.*) — Am Schlusse des Scholion sind noch einige Zahlen ausgefallen: τὸ γ' (καὶ τὸ δ' καὶ τὸ ε') ἰαμβικὸν δίμετρον ἀκατάληκτον. In dem zu dieser Stelle erhaltenen jüngeren Scholion p. 92 Thiem. corrigire man am Schlusse καταληκτικὸc (st. ἀκατάληκτοc). —

Schol. 956—973: Nachdem die antistrophische Responsion ausser Zweifel gesetzt, beurtheile man danach eine neuerdings von R. Enger vorgetragene Vermuthung. Scharfsinnig hatte Enger zunächst v. 961 καὐτόc τε χερνίπτου κτέ. seine richtige Stelle angewiesen. Später jedoch (Fleckeis. Jahrb. Bd. 91 p. 117) fand er es auffallend, dass καὐτὸc χερνίπτου κτέ. im Gegensatz zu einer blossen Handlung steht, die durch die Rede nicht bezeichnet wird, "und vielleicht ist ein Vers ausgefallen, etwa in dem Sinne: φέρε δὴ τὸ δαλίον τόδ' ἐμβάψω λαβών· |cὺ δὲ νῦν κατὰ χειρῶν μοι κατάχει τὴν χέρνιβα·| καὐτὸc δὲ χερνίπτου παραδοὺc ταύτην ἐμοί." Aber auch abgesehen von der jetzt bewiesenen Symmetrie der Zahlenverhältnisse — Enger selbst bemerkt ganz richtig: das καὶ αὐτὸc χερνίπτου kann nur im Gegensatz zu dem χερνίπτεcθαι des Trygaios stehen. Was also unseren heutigen Lesern in die Augen springt — diese Beziehung des καὐτόc — dazu sollte das attische Publikum, vor dessen Augen die Handlung selbst vorging, eines Commentars bedurft haben? —

Schol. 974—1015: Der Metriker las v. 989 in folgender Abtheilung

ἡμῖν, οἵ cου
τρυχόμεθ' ἤδη τρία καὶ δέκ' ἔτη κτέ.

wenn nicht die Zahl ις' aus ιζ' verschrieben ist. Ueber die Schlussworte des Scholion vergleiche oben. Um den Fort-

---

*) Nach nochmaligem Einblick ist mir doch wahrscheinlicher, dass vielmehr δαίμων als Glossem zu tilgen ist, sodass also μετάτροποc αὔρα als Subject beibehalten wird. Dies auch die Ansicht Heinrich Keils.

gang der Kolometrie anzudeuten, war am Schluss ὑφ' ἅ (nicht ὑφ' δ) zu ergänzen: vgl. Schol. Fried. 154—172 und 1320—1338. —

Schol. 1127—1190: Dass dem Heliodor statt der Lesart unserer Bücher v. 1135 ἐκπεπρισμένα noch das Richtige vorlag, zeigen die Worte: καὶ δίρρυθμα ζ΄, η΄, θ΄. Man vergleiche auch die Erklärung zu v. 1165. — Hinter ὑcτέραν τρίκωλον sind etwa die Worte καὶ τῆc μὲν πρώτηc ausgefallen.

Schol. 1191 und folg. —1316 ist eine lose aneinander gereihte Scholiengruppe, die der Excerptor besonders durch Weglassung der Semeia verkürzt hat. Will man corrigiren, so hat man sie in folgender Gestalt zu geben:

(διπλῆ καὶ) κορωνίc, εἰcίαcι γὰρ οἱ ὑποκριταί, κἄcτι κατ' ἀρχὴν προαναφώνηcιc τὸ "ἰοὺ ἰού", ἑξῆc δὲ cτίχοι ἰαμβ(ικ)οὶ τρίμετροι ἀκατάληκτοι (cη΄, ὑφ' οὓc)

1270—1283 (διπλῆ . . . . . ὑφ' οὓc)
1284—1285 (διπλῆ,) εἶτα ἐν εἰcθέcει cτίχοι ἰαμβικοὶ τρίμετροι ἀκατάληκτοι β΄, (ὑφ' οὓc)
1286—1287 (διπλῆ,) εἶτα ἐν ἐκθέcει ἐπικοὶ δύο, (ὑφ' οὓc)
1288—1289 (διπλῆ,) εἶτα ἐν εἰcθέcει cτίχοι ἰαμβικοὶ τρίμετροι ἀκατάληκτοι γ΄, (ὑφ' οὓc)
1291—1293 (διπλῆ,) εἶτα (ἐν ἐπειcθέcει) ποὺc cπονδεῖοc καὶ ἐν ἐκθέcει ἐπικοὶ β΄, (ὑφ' οὓc)
1294—1297 (διπλῆ,) καὶ cτίχοι ἰαμβικοὶ τρίμετροι ἀκατάληκτοι δ΄, (ὑφ' οὓc)
1298—1301 (διπλῆ,) καὶ ἐλεγεῖον Ἀρχιλόχου καὶ cτίχοι ἐπικοὶ β΄, (ὑφ' οὓc)
1302—1304 (διπλῆ . . . . ὑφ' οὓc)
1305—1315 (διπλῆ,) καὶ (ἐν ἐκθέcει) cτίχοι ἰαμβικοὶ τετράμετροι β΄, (καὶ ἐν εἰcθέcει) ἴαμβοc δίμετροc ἀκατάληκτοc . . . . (ὑφ' οὓc)
1316—1319 (διπλῆ καὶ) κορωνίc, κτέ. —

Schol. 1329 bis zum Schluss: Nach v. 1332 las der Verf. dieses Scholion noch ein zweites: Ὑμὴν Ὑμέναι ὤ. Die Handschriften R und V geben die Worte richtig nur einmal, die übrigen haben sie zweimal. Auch sonst zeigen sich in diesem Scholion Spuren der Ueberarbeitung. Heliodoreisch ist aber die Anwendung der παράγραφοι in dem ursprünglich monostrophischen Gedichte; vergl. Westphal, Proleg. zu Aesch. Trag. S. 20.

Schol. Ritter 1—246. Die Verwerthung der Zahl ἑκατὸν ἐνενήκοντα τρεῖς für unsern Text wird schwierig sein. Möglich aber, dass Heliodor z. B. v. 114 noch nicht las.

Schol. 284 — 302: vgl. Dindorfs Bemerkung und W. Christ, die metrische Ueberlieferung der Pind. Oden p. 21. Heliodor wird v. 300 noch καὶ φανῶ ϲε (so Porson statt καί ϲε φανῶ) τοῖς πρυτάνεϲιν gelesen haben. Das Scholion ist lückenhaft und so zu ergänzen: διπλῆ καὶ εἴϲθεϲιϲ εἰϲ ⟨περίοδον⟩ κώλων ιθ' τροχαϊκῶν, ὧν τὰ μὲν ιε' ἀμοιβαῖα τῶν ὑποκριτῶν δίμετρα ἀκατάληκτα, τὰ δὲ τέϲϲαρα (τοῦ ἑτέρου τῶν ὑποκριτῶν) ἐναλλὰξ ἀκατάληκτα (καὶ κατάληκτα ergänzt W. Christ a. a. O., καὶ καταληκτικά?).

Schol. 303 — 313 τὸ δεύτερον ἐκ κρητικοῦ καὶ δοχμίου — also las schon Heliodor die Verderbniss unserer Handschriften καὶ κεκράκτα τοῦ ϲοῦ θράϲουϲ.

Will man zu 314—321 den Zusammenhang der Kolometrie andeuten, so hat man zu ergänzen διπλῆ . . . . ὑφ' οὓϲ ⟨sic⟩. — Schol. 382—390 ist so herzustellen: διπλῆ καὶ [ἐν ἐπειϲθέϲει] περίοδοϲ τοῦ χοροῦ παιωνικὴ πεντάκωλοϲ, ἔχουϲα τρίρρυθμα πρῶτον (καὶ) δεύτερον (καὶ) τρίτον, τὰ δὲ λοιπὰ (δ') δίρρυθμα κτέ.

Schol. 498—506: Der Verfasser des Scholion las schon die von G. Hermann athetirten Worte v. 504 ὦ παντοίαϲ ἤδη κτέ. Vergl. auch jüng. Schol. p. 55. Thiem. Den Schluss des Scholion corrigirte Thiemann richtig so: ἑπτάμετρον δέ ἐϲτι (so Θ) τὸ κομμάτιον τετράκωλον, nur war mit Sicherheit zu ergänzen ὅτι ἔχει μονόμετρον τὸ παρατέλευτον. —

Schol. 616—623 zeigt, dass Heliodor v. 616 (νῦν ἄρ' ἄξιον — ἐπολολύξαι) und v. 618 (ἐργαϲάμεν', εἶθ' ἐπέλ -|θοιϲ) noch richtig vorlagen, während ein jüngerer Scholiast das letztere Kolon schon in seiner corrumpirten Gestalt las: Thiem. p. 57 τὸ γ' παιωνικὸν δίρρυθμον ἤτοι δίμετρον καταληκτικὸν ἀντὶ παίωνος 'ιωνικὸν ἀπὸ μείζονος ἔχον, ein Zusatz, der nur auf die corrumpirte Lesart passt, die z. B. der Vaticano-Palatinus (P) bietet: εἰργασμένε (sic), εἶθ' ἐπέλ—|θοις.

Schol. 836—910 wird nicht von Heliodor herrühren, da es ganz gröbliche Versehen enthält. Die Responsion von 756—760 und 836—840 liess Heliodor allem Anscheine nach unberücksichtigt, da er, wie die Semeiose zeigt, v. 756—762 als Ganzes nahm.

Falsch hat Thiemann am Ende (823) die Zahl ετ' aufgenommen (V hat ε', in Θ fehlt die Zahl ganz). Die Zahl ετ' entstand nur dadurch, dass man den ἔθιμος δίστιχος ἀνάπαιστος (v. 761 und 762) mit hinzuzählte.

Schol. 997 musste lauten: ἡ δὲ ς' καὶ μετὰ κορωνίδος, ὅτι εἰσίασιν οἱ ὑποκριταί, καὶ (ἐν ἐκθέσει) εἰσὶν ἴαμβοι τρίμετροι ἀκατάληκτοι ιη', (ὑφ' οὓς διπλῆ καὶ) ἐν (ἐπ-)εκθέσει στίχοι ς' (ἐπικοί, ὑφ' οὓς διπλῆ) καὶ ἐν εἰσθέσει κτέ. Den Ausdruck ἐπικοί ergänzte bereits Thiemann. —

Schol. 1111—1150 war zu schreiben: διπλῆ καὶ εἴσθεσις (εἰς) μέλος μονοστροφικὸν ἀμοιβαῖον περιόδων τεσσάρων ἐναλλὰξ τοῦ χοροῦ (καὶ τοῦ ὑποκριτοῦ) κτέ.

Schol. 1263—1315: In Vers 1270 lag schon Heliodor die Corruptel unserer Codices vor, πεινῇ θαλεροῖς δακρύοις (δακρύοισιν Brunck), wie dies die Erklärung zeigt: τὸ η' προσοδιακὸν δωδεκάσημον. Dass er dagegen die vorhergehenden verderbten Worte καὶ γὰρ οὑτοσί (so alle Codices) ὦ φίλ' Ἄπολλον (so die Handschriften ohne ein ἀεὶ oder ἐκεῖ, was Dindorf und v. Velsen ergänzten) noch richtig vor sich hatte, zeigt die Erklärung τὸ ζ' ὁμοίως τῷ ε'.

Schol. 1325 bis zum Schluss: (ὑφ' οὓς διπλῆ καὶ) ἐν εἰσθέσει (so tacite Thiemann statt ἐν ἐκθέσει) ἴαμβοι τρίμετροι ἀκατάληκτοι (lib. καταληκτικοὶ) οδ', κτέ. Die Zahl οδ' ergiebt auch die Zählung nach unseren Handschriften, auffallend ist jedoch, dass wir keine Bemerkung über das Anaphonema τί φῄc; v. 1346 lesen. v. Velseu könnte dies Moment für seine Zusammenziehung dieser und der folgenden Worte in einen Trimeter geltend machen: τί φῄc; ἕδρων τοιαῦτά μ', οὐκ ᾔδειν δ' ἐγώ; Neuerdings will dieser Gelehrte τί φῄc — ᾐcθόμην ganz streichen. — Dass die für uns verlorenen Schlussverse des Chors schon dem Heliodor fehlten, zeigen die letzten Worte des Scholion: καὶ μετὰ τό(ν) τελευταῖον κορωνὶc ἡ τοῦ δράματος.

Schol. Wolken 476—477 ist bei Thiemann das hinter τετράμετρον überlieferte καταληκτικόν durch ein Versehen ausgefallen.

Wie Schol. 804—814 so ist auch das in Θ erhaltene Schol. 1303— 1320 gänzlich verdorben. Wie es uns jetzt vorliegt, mag nur Weniges auf Heliodor zurückgehen.

In dem Schol. 1321—1344 διπλῆ (καὶ κορωνίc, ὅτι εἰcίαcιν οἱ ὑποκριταί,) καὶ εἴcθεcιc εἰc ἰάμβουc τριμέτρουc ἀκαταλήκτουc εἴκοcι τρεῖc sind die Worte εἴcθεcιc εἰc κτέ. nicht anzufechten, da wir über die Diairesis des vorhergehenden Melos zu sehr im Unklaren sind.

Das Schol. 1345—1352 durfte Thiemann auch aus inneren Gründen nicht unter die Heliodorea aufnehmen.

Schol. 1452 lies (ὑφ' ᾧ διπλῆ καὶ) ἐν ἐκθέcει ἴαμβοι τρίμετροι κτέ.

Schol. Acharner 242—262 heisst es am Schluss καὶ εἰcὶν (sic!) ἰαμβεῖα. Thiemann corrigirt ἴαμβοι κα'. Damit steht im Widerspruch seine Ergänzung im folgenden Schol. 263—280 δ' ἰάμβων τριμέτρων, die verfehlt ist.

Schol. 284—304 schreibt Thiemann kurz πρώτης τοίνυν ἐcτὶν ἐν εἰcθέcει statt des überlieferten πρῶτοc τοίνυν ἐcτὶν ἐν ἐκθέcει. So würde man aber die Analyse von v. 284 Ἡράκλειc ταυτί κτέ. vermissen. Man hat herzustellen: πρώτηc τοίνυν ἐcτὶν (ὁ πρῶτοc) ἐν ἐκθέcει (cτίχοc τετράμετροc καταληκτικόc, εἶτα ἐν εἰcθέcει) κατὰ τὸ ἴcον τοῖc χορικοῖc κτέ. Die übrigen Ergänzungen und Ausscheidungen werden richtig sein. Der Schluss musste lauten: ἕπεται δὲ τοῖc δυcὶ κώλοιc (ἐν ἐκθέcει) cτίχοc τροχαϊ(κ)ὸc ὅδε "ἀντὶ ποίας αἰτίας", καὶ ἐν εἰςθέςει τὰ λοιπὰ κῶλα ϛ' παιωνικὰ δίρρυθμα, (ὑφ' ᾇ διπλῇ καὶ ἐν ἐκθέςει) ἕπεται τῇ δυάδι δίςτιχον, ὃ τοῖς μέλεςιν ἐξ ἔθους ὑπάγουςιν, ὅπερ ἐςτὶ τετράμετρον τροχαϊκὸν καταληκτικόν............ 335 (ὑφ' οὖς) διπλαῖ κτἑ. Den sehr concinnen Bau dieses Amoibaion hat also schon Heliodor beobachtet, und zwar betrachtet er es als monostrophische Dyas.

In dem ersten Scholion (1—205) ist die Zahl, die der Metriker als Gesammtsumme angiebt, nicht zu übersehen — σα'. Unsere Handschriften bieten 203. Hamaker erkannte, wie unpassend v. 201 und 202 sind. Die Zahl σα' ist also wohl festzuhalten, und von hier aus an die weitere Correctur v. 200 folg. zu gehen. Denn dass die Stelle durch die blosse Streichung von 201 und 202 noch nicht geheilt ist, liegt auf der Hand.

Schol. 358—365 corrigirte auch W. Christ, die metr. Ueb. d. Pind. Od. S. 28: διπλῶν μὲν τῶν δύο πρώτων ⟨vulgo πρῶτον⟩, ἁπλῶν δὲ τριῶν τῶν λοιπῶν ⟨vulgo τὸ λοιπόν⟩. Thiemann ergänzte das vor διπλῶν sinnlose ὧν richtig zu (ὄντ)ων.

Schol. 557 heisst es ἐν εἰςθέςει δὲ ἰαμβικὴν τὴν "ἄληθες ὦ 'πίτριπτε", ὑφ' ᾇ — κτἑ. V. 557 befand sich in der Eisthesis, d. h. Heliodor las nur:

ἄληθες ὠπίτριπτε [καὶ μιαρώτατε];
ταυτὶ cὺ τολμᾷς πτωχὸς ὢν ἡμᾶς λέγειν,
καὶ cυκοφάντης κτἑ.

Wir haben nach dieser Ausscheidung die Worte des Dichters vor uns, die ohne die Hülfe der Scholien schwerlich wiederhergestellt wären. ἄληθες ὠπίτριπτε; bildet ein proodisches Proanaphonema; für die Verse 558—565 ist nun auch das respondirende Gleichmass gewonnen:

2 2 2 2

καὶ μιαρώτατε ergänzte ein Interpret etwa nach v. 182 oder Frieden 183.*) Das ὑφ' ᾇ bezieht sich natürlich auf den Inhalt des ganzen Scholion, nicht bloss auf die erhaltene Bemerkung.

---

*) Obwohl die Bezeichnung des thetischen Verhältnisses unsere Vermuthung gegen jeden Zweifel sichert, so sind doch die Worte des

Schol. 566—571: V. 569 las Heliodor wahrscheinlich in folgender Gestalt

εἴτ'[ε τις] ἔςτι ταξίαρχος ἢ [ςτρατηγὸς ἢ]

d. h. τὸ δὲ πέμπτον ἰαμβικὸν δίμετρον ἀκατάληκτον. Thiemann corrigirte: τρίμετρον ἀκατάληκκον, ohne zu beachten, dass die Ausdrucksweise εἴςθεςις εἰς περίοδον ἑπτάκωλον dann nicht statthaft war.

Schol. 719—835 (διπλῆ καί) κορωνίς, ὅτι ἐπειςίαςιν (οἱ ὑποκριταί), καὶ εἰςὶ ςτίχοι ἰαμβικοὶ ἀκατάληκτοι ις'. Thiemann corrigirt die überlieferte Zahl in (ρ)ις', so dass hier v. 735 (πεπρᾶςθαι πεπρᾶςθαι) und 780 (κοῖ κοῖ) in der Gesammtzahl der Trimeter mitgerechnet wären. Nach unseren Handschriften ergiebt sich als Gesammtsumme der v. 719 - 835 vielmehr 117, und man könnte daraus den Schluss ziehen, dass Heliodor etwa einen der in dieser Partie von den Neueren athetirten Verse (z. B. v. 722 oder v. 803) noch nicht gelesen habe. Dennoch lässt sich Nichts mit voller Gewissheit entscheiden. Denn die Zahl ις' konnte auch einer Bemerkung über v. 735 (πεπρᾶςθαι πεπρᾶςθαι) angehören, so dass wir die ursprüngliche Gestalt des Scholion in folgender Weise anzudeuten hätten: καὶ εἰςὶ ςτίχοι ἰαμβικοὶ ἀκατάληκτοι ... (ὁ δὲ) ις' . . . .

Auch Schol. 860—928 erlaubt keinen sicheren Schluss auf die Anzahl der Trimeter wie sie Heliodor vorlag. Die Zahl ξε' ist offenbar verdorben (vielleicht aus ξη' ?). — Hinter dem Schol. 929—934 war eine Lücke anzusetzen. —

So geringfügig der aus den kolometrischen Fragmenten fliessende positive Gewinn für den Text des Aristophanes voraussichtlich auch nach einer abermaligen Revision bleiben wird, so wollten wir doch auf diesen Punct hier wenigstens hingewiesen haben. Ein auf methodischer Grundlage ruhender kritischer Apparat wird sich gegen diese Quelle nicht verschliessen dürfen.

Heliodor noch verdorben. Ueber das vorhergehende Verbum, von dem der Accusativ ἰαμβικήν κτέ. abhängt, bleibt man ungewiss. Ausserdem schrieb der Metriker wohl ἐν εἰςθέςει δὲ ἰαμβικὴν (τομὴν) τήν κτέ.

Ungleich wichtiger wird aber nun der Einblick sein, den uns die Fragmente in das metrische System des Heliodor thun lassen. Ein solcher Einblick muss um so erwünschter sein, je weniger bisher die beiden Systeme des Heliodor und Hephästion auseinander gehalten werden konnten. Die nachstehenden Bemerkungen haben natürlich nicht den Zweck, eine zusammenhängende Darstellung des Heliodoreischen Systemes zu geben, wobei eine lästige Wiederholung bekannter, zumal oft wenig erfreulicher Dinge nicht zu vermeiden wäre; sie heben daher an der Hand der kolometrischen Fragmente und sonstiger nicht genügend verwertheter Quellen nur einige Puncte hervor, die besonders geeignet sind das Verhältniss des Hephästioneischen Systems zu dem Heliodoreischen ins Licht zu stellen. Die Termini der Kolometrie werden dabei nicht selten das Mittel abgeben, die bisher noch spärlich fliessenden Fragmente des Heliodor zu bereichern. Da sich in den Scholien zu Hephästion eine verhältnissmässig grosse Zahl von Fragmenten unter dem Namen des Heliodor direct angeführt fanden, so liegt schon an sich die Vermuthung nahe, dass auch unter der Anonymität der Hephästioneischen Scholien noch oft das Eigenthum des Heliodor verborgen ist. Wo uns deutliche Spuren Heliodoreischer Ausdrucksweise entgegentreten, da wird die Annahme nicht zu kühn erscheinen, dass uns eben da eine Stelle aus dem Encheiridion oder sonst einer Schrift des Heliodor vorliegt.

6.

Hephästion, sagt Westphal gr. M. II 2 S. 104, ist sicherlich nicht der Urheber jenes Systems (das uns in dem Encheiridion entgegentritt); denn nachweislich ist es auch das System des Heliodor. Westphal hat bei dieser Behauptung, wie seine spätere Besprechung des Heliodor zeigt, zunächst die Thatsache im Auge, dass bereits Heliodor das antispastische Metrum unter die prototypa aufnahm. Weiterhin fanden sich in den Scholien zum Hephästion gar manche

Indicien, die darauf hinwiesen, dass das System der beiden Metriker sehr verwandt war. Die kleinliche Polemik des Späteren gegen den Früheren spricht eher für als gegen diesen Umstand. Um zunächst die Grenzpuncte zu bestimmen, so hat auch Heliodor analog den alten ῥυθμικοί sein Werk mit einer Darstellung des sprachlichen Rhythmizomenon begonnen, wie dies die zahlreichen Fragmente in den Schol. Saib. zeigen. Wie bei Hephästion so fand sich auch bei Heliodor (gegen das Ende?) ein Capitel περὶ πολυσχηματίστων: dies hat man mit Recht aus den bekannten Citaten bei Priscian geschlossen p. 426 ff. K. Möglich selbst, dass Heliodor die Lehre von der polyschematistischen Freiheit zuerst als einen Nothbehelf in die Metrik einführte.*) Weiterhin empfiehlt sich die Annahme, dass auch die in manchen Puncten schon seit den Rhythmikern traditionelle Reihenfolge der Capitel bei beiden Metrikern im Grossen und Ganzen dieselbe war. Auf das Capitel περὶ συλλαβῶν (περὶ ποσότητος συλλαβῶν und περὶ συνεκφωνήσεως) folgte ein zweites περὶ ποδῶν. Daran schloss sich in einem längeren dritten Capitel die Darstellung περὶ μέτρων. Sie begann mit Bemerkungen über die ἀπόθεσις μέτρων, dann gingen beide Metriker zu der Darstellung der πρωτότυπα über.

Auch was wir sonst über das System des Heliodor wissen (wir sehen zunächst noch von der Aristophaneischen Kolometrie ab) spricht nicht gegen die Ansicht, dass Hephästion im wesentlichen auch das System des Heliodor repräsentiren wird. Nur muss man sich hüten, bei einer Vergleichung lediglich das in dem uns vorliegenden Encheiridion gesagte mit dem als Heliodoreisch bekannten zusammenzustellen. Bei Heliodor nahm z. B. das Capitel über die ἐπιπλοκή, wie wir aus Juba bei Mar. Vict. p. 127 sq. G. erfahren, einen bedeutenden Umfang ein. Daraus aber, dass in dem Hephästio-

---

*) "Der Terminus μέτρα πολυσχημάτιστα stammt erst aus der Schule des Heliodor, welche die unfruchtbare Lehre von den σχήματα μέτρων aufgestellt und in Umlauf gesetzt hat" W. Christ, Fleckeis. Jahrb. 1860 S. 386.

neischen Encheiridion über diesen Punct Nichts verlautet, darf man keineswegs schliessen, dass Hephästion überhaupt diesen Abschnitt übergangen habe. Die heutige Ansicht über die Entstehung und die Quellen der Scholien zu Hephästion macht es vielmehr wahrscheinlich, dass die sich dort findenden Bemerkungen über die ἐπιπλοκή aus dem betreffenden Capitel einer der grösseren Schriften des Hephästion geflossen sind. Auch der letztere hat, wie schon Westphal annahm, diesen Punct nicht unberücksichtigt gelassen, und schloss sich der betreffende Abschnitt bei beiden Metrikern an die Darstellung der πόδες an. Andererseits hat man mit gutem Recht für Heliodor nicht nur die allerdings oft directen Anführungen in den Hephästioneischen Scholien herangezogen, sondern vor Allem auch die lateinischen Metriker. Die oft überraschend übereinstimmende Darstellung der prototypa bei Marius Victorinus, dem von Westphal sogenannten Pseudo-Atilius und Diomedes weisen auf eine gemeinsame Quelle und zwar auf Juba hin, Juba aber nach der bekannten Stelle des Victorinus auf Heliodor. So giebt also das zweite Buch des Victorinus (abgesehen natürlich von cap. XI de metro proceleusmatico) auch für den betreffenden Abschnitt des Heliodoreischen Encheiridion einen oft guten Ersatz. Ueber die genaue Bestätigung, die diese Ansicht oft im Einzelnen findet, sind die Bemerkungen Westphal's a. a. O. S. 148 f. zu vergleichen. Dass von Marius Victorinus übrigens auch für das erste Buch Juba nicht selten als Quelle benutzt wurde, ist unschwer zu erweisen.*)

Das 2. und 3. Capitel des dritten Buches berührt kurz die μέτρα κατ' ἀντιπάθειαν μικτά und ἀσυνάρτητα. Einige kurze zum Theil besonders sinnlos excerpirte Bemerkungen περὶ ποιήματος fanden sich schon im ersten Buche. So stimmt denn auch die mittelbar auf Heliodor zurückgehende Darstellung bei

---

*) Dass z. B. Mar. Vict. p. 90 G. in den Worten: at in ultima μείουρος etc. eine durch Juba's Hand gegangene Stelle des Heliodor vorliegt, und unter den dort erwähnten "quidam" vor allem unser Metriker zu suchen ist, darauf machte uns zuerst H. Keil aufmerksam.

Marius Victorinus (lib. I u. II, III 2 u. 3) mit der Anordnung des Hephästioneischen Systems im Grossen und Ganzen überein. In welcher Weise nun Hephästion von seinem Vorgänger abwich, darüber gaben bisher die Scholion zum Hephästion wenigstens hie und da Haltpuncte. Man findet die hier vorkommenden Heliodoreischen Fragmente der Reihe nach bei Westphal a. a. O. S. 139 folg. Einiges hierher gehörige ist bereits oben erwähnt. Wir bemerkten, dass vielleicht analog dem ὅρος μέτρων auch die Definition der κοινή συλλαβή in Heliodor ihren Gewährsmann finde. Beachtenswerth sind die längeren Stellen aus dem Capitel über die Sprachlaute — die acht τρόποι, wie eine Länge vor folgendem Vocale lang bleibt. Bei Gelegenheit der von Hephästion statuirten zweiten Art der κοινή συλλαβή wird von Hephästion selbst eine Bemerkung des Heliodor citirt, die wir auch bei Aristides wiederfinden. Bei der dritten Art der κοινή lesen wir Schol. Saib. zu Heph. p. 112 Westph. wieder ein längeres Heliodoreisches Excerpt. Es kann nicht unsere Absicht sein, diese Stellen hier mit Vollständigkeit auszuschreiben, wir heben nur einiges hervor, wo uns noch eine Bemerkung am Platze scheint. Aus dem Capitel περὶ συνεκφωνήσεως finden wir eine Stelle aus dem Encheiridion (ἐν τῇ εἰσαγωγῇ) des Heliodor citirt bei Schol. Heph. p. 123 Westph.: "καὶ τρεῖς εἰς μίαν συνεκφωνοῦνται συλλαβαί, ὡς τὸ διπενθημιμερὲς τοῦτο, [οἱονεὶ τὸ δοκοῦν εἶναι ἐλεγεῖον]

Ἀστερὶς οὔτε ς' ἐγὼ φιλέω, οὔτ' Ἀπελλῆς.

Die eingeklammerten Worte scheinen ein Zusatz des Interpreten zu sein, der eine weitere erklärende Bemerkung anknüpfte. Die richtige Lesung Ἀπελλῆς stellte J. Caesar her, emend. Heph. p. XIII. — Was das Capitel περὶ ποδῶν angeht, so gehört natürlich wie Hephästion so auch Heliodor zu jenen "ἀκριβέστεροι", welche die πόδες nur bis zu den τετρασύλλαβοι aufzählen — καὶ εἴ που δὲ εὑρεθῇ πεντασύλλαβος πούς, λυομένης, φασί, τῆς ἔν τινι τετρασυλλάβῳ ποδὶ μιᾶς μακρᾶς εἰς δύο βραχείας, γίνεσθαι τοῦτον (Heph. p. 128 W.).

In dem Capitel περὶ ἀποθέσεως μέτρου hat sich Hephä-

stion von seinem Vorgänger entfernt. Hephästion sagt p. 28: πᾶν μέτρον εἰc τελείαν περατοῦται λέξιν, Heliodor hatte, wie das zu diesen Worten erhaltene Scholion (p. 143 Westph.) sagt, hinzugefügt — ἢ ὡc τελείαν — διὰ τὸ "ὑψηρεφὲc δῶ", worin er eine Apokope für δῶμα sah. Auch dies war wohl von Juba aufgenommen, denn bei Marius Victorinus p. 73 G. lesen wir: apocope .... pro integra parte orationis accipietur, ut endo sua do,
id est, in sua domo.

In dem obigen Scholion zu Heph. scheint noch Anderes aus Heliodor entlehnt zu sein. Der Scholiast bemerkt, es fänden sich viele μέτρα "εἰc μέρη λέξεωc ἀπαρτίζοντα". Einige davon führe ὁ τεχνικὸc d. h. Hephästion an. Darauf wird fortgefahren: "εἰcὶ δὲ καὶ ἄλλα πολλά, οἷον παρὰ Καλλιμάχῳ ἐν Ἐπιγράμμαcιν
ἥμιcύ μοι ψυχῆc ἔτι τὸ πνέον, ἥμιcυ δ' οὐκ οἶδ'
εἴτ' Ἔροc εἴτ' Ἀΐδηc ἥρπαcεν ἐκ μελέων.
καὶ Μένανδροc ἐν Πλοκίῳ
λεπτὸν μεθ' ἑτέραc ἱcτὸν ὑφαίνει.
καὶ ἐξαιρέτωc παρὰ Cοφοκλεῖ
ἐγὼ οὔτ' ἐμ' αὐτὸν οὔτε c' ἀλγυνῶ. τί ταῦτ'
ἄλλωc ἐλέγχειc; οὐ γὰρ ἂν πύθοιό μου (O. T. 332).
ὥcτε καλεῖcθαι τὸ εἶδοc Cοφοκλεῖον, καὶ ἐπιcυναλοιφή, διὰ τὸ ἐπιcυνάπτεcθαι τὸ cύμφωνον τῷ ἑξῆc ἰάμβῳ (scil. τριμέτρῳ)", ἤτοι τῷ cτίχῳ. Diese Worte stammen, wenn nicht Alles trügt, aus Heliodor. Abgesehen davon, dass in demselben Scholion Heliodor bereits als Quelle genannt ist und die Worte im Gegensatz zu dem, was Hephästion bietet, angeführt werden, haben wir auch die Bezeichnungsweise ὁ ἴαμβοc (scil. τρίμετροc) oben als den fest stehenden Ausdruck des Heliodor kennen gelernt, den der Scholiast hier durch die Worte ἤτοι τῷ cτίχῳ 'erklären zu müssen glaubt. Letztere erkannte schon J. Caesar, emendat. Hephaest. p. XV als späteren Zusatz; derselbe in dem oben citirten Verse des Sophocles (O T 332) ἐγὼ οὔτ' statt des überlieferten ἔγωγ' οὔτ'. Dass obige Sätze dem Heliodor

zuzuweisen sind, zeigt endlich noch der Ausdruck διὰ τὸ ἐπιcυνάπτεcθαι τὸ cύμφωνον κτέ. Das ist der in der Kolometrie feststehende Terminus für die Verbindung zweier Kola, die durch Wortbrechung zusammenhängen, worüber noch später Einiges bemerkt werden wird. — So würde Heliodor (nach dem Vorgange der aristophaneischen und aristarcheischen Schule) der Episynaloiphe und zumal dem εἶδος Cοφοκλεῖον besondere Aufmerksamkeit zugewandt haben. — Der methodischen Zusammengehörigkeit wegen schliessen wir am besten gleich hier eine andere Stelle aus dem Scholiasten zu Hephaestion an, deren Zurückführung auf Heliodor nach dem eben Gesagten keinen Widerspruch erfahren dürfte.

Hephästion p. 27 folg. W. macht eine Bemerkung über die Bezeichnung des anapästischen δίμετρον καταληκτικὸν als παροιμιακόν — διὰ τὸ παροιμίας τινὰς ἐν τούτῳ τῷ μέτρῳ εἶναι. Diese Bezeichnungsweise findet der Metriker nicht völlig zutreffend und giebt dafür folgenden Grund an: ἀλλὰ παροιμίαι εἰcὶ καὶ ἐπικαὶ καὶ ἰαμβικαί, καὶ οὐ τούτου τοῦ μέτρου μόνον, ὥcτε οὐκ εἰκότως αὐτὸ μόνον παροιμιακὸν καλοῦcι. Dazu findet sich nun in den Scholien p. 175 folg. W. folgende parallele Bemerkung: εἰcὶ διάφοροι παροιμίαι φερόμεναι διαφόρων ἐν διαφόροις μέτροις. καὶ γὰρ ἐν στίχοις ⟨scil. ἐπικοῖς⟩ καὶ ἐν ἰάμβοις καὶ ἐν ἐλεγείοις καὶ (ἐν)*) ἀναπαίcτοις, οἷον
   ἐχθρῶν ἄδωρα δῶρα κοὐκ ὀνήcιμα,
εἰcὶν οὕτω φερόμεναι καὶ ἀδέcποτοι, οἷον ἀνεπίγραφοι.**)

Schon die nicht ungewühlte Ausdrucksweise des ersten Satzes möchte darauf hinweisen, dass uns hier nicht eine gewöhnliche Scholiastenbemerkung vorliegt. Dass die Stelle aus Heliodor geschöpft ist, zeigt die oft erwähnte Terminologie. Das Schol. Heph. p. 197 W. erhaltene Fragment: Ἡλιόδωρος δέ φηcι κοcμίαν εἶναι τῶν παιωνικῶν τὴν κατὰ πόδα τομήν, ὅπως ἡ ἀνάπαυcις διδοῦcα χρόνον ἑξαcήμους τὰς βάcεις ποιῇ καὶ ἰcομερεῖς ὡς τὰς ἄλλας, οἷον

---

*) Fehlt in den Handschriften.
**) Die Erklärung οἷον ἀνεπίγραφοι mag wieder auf Rechnung eines Späteren kommen.

οὐδὲ τῶν κνωδάλων οὐδὲ τῶν . . .

kann nach der Beachtung, die es mit Recht schon bei Westphal a. a. O. S. 141 und S. 148 gefunden hat, kaum zu neuen Bemerkungen Anlass bieten. Auch jetzt nachdem Heliodor längst aufgehört hat, als Rhythmiker zu gelten, wird sich diese Notiz über die sechszeitigen Päonen "immer nur als eine durch die früheren Metriker bis zu Heliodor fortgepflanzte alte rhythmisch-metrische Tradition auffassen lassen." Lässt sich dies nicht abstreiten, so genügte doch schon die eine Thatsache der antispastischen Messung, um den Metriker nicht in einem völlig falschen Lichte erscheinen zu lassen. Westphal sprach die Vermuthung aus (gr. M. II 2 S. 326), dass die in den Prolegomena zu Hephästion, bei Marius Victorinus*) und Diomedes überlieferten rhythmischen Notizen vielleicht in Heliodor ihre gemeinsame Quelle hätten. Heliodor habe vielleicht wenigstens in der Einleitung darauf aufmerksam gemacht, dass die Rhythmiker sich nicht bloss auf eine ein- und zweizeitige Messung beschränkt hätten.**) Man wird diese Vermuthung acceptiren, die allerdings durch die übrigen Ergebnisse der über jene Metriker angestellten Quellenuntersuchungen nahe gelegt ist. Nur wird dadurch unsere Ansicht über das Heliodoreische System keineswegs vortheilhafter. Gab sich nämlich Heliodor in der That die Mühe, sich mit rhythmischer Tradition bekannt zu machen und jene Notizen z. B. über die brevi brevior und longa longior in die Einleitung eines seiner Werke aufzu-

---

*) Mar. Vict. p. 49 G. Hier hat man zu schreiben: metrici autem, prout cuiusque syllabae longitudo ac brevitas fuerit, ita temporum spatia definiri, neque [brevi] breviorem aut [longa] longiorem, quam natura in syllabarum enuntiatione protulit, posse aliquam reperiri. Obwohl Marius Victorinus auch hier von dem was er excerpirt keine Ahnung haben mag, so erklären sich doch die eingeschalteten Zusätze leicht aus dem vorhergehenden. —

**) Dass Hephästion in seinen grösseren Büchern auch über den Rhythmus handelte, zeigt zur Genüge Schol. Hermog. p. 381; vgl. A. Rossbach, de Heph. Alex. libr. p. 10. Auch dieser Umstand empfiehlt die Westphal'sche Vermuthung.

nehmen, so muss man sich um so mehr wundern, warum er jenen rhythmischen Anschauungen auf seine metrische Doctrin keinen Einfluss gestattet, ja im Gegentheil so vielen den Gesetzen der Rhythmik völlig zuwider laufenden Theorien nachgegangen. Es würde jenes rhythmische Capitel immer nur ein völlig äusseres Anhängsel gebildet haben, praktisch war es für sein System ohne tiefere Bedeutung.

In voller Uebereinstimmung befindet sich Hephaestion wieder mit seinem Vorgänger bei Gelegenheit des proceleusmaticum. Denn auch Heliodor gehörte zu jenen "χαριέcτεροι", denen das προκελευcματικόν nur als aufgelöstes άναπαιcτικόν erschien (vgl. Heph. cap. 8). —

Wir gehen jetzt dazu über die kolometrischen Fragmente in Betracht zu ziehen, so weit sich aus ihnen einige neue Gesichtspuncte für die Heliodoreische Doctrin ergeben. Dabei ist zunächst darauf aufmerksam zu machen, dass wir es in der Kolometrie nicht mit einer systematischen Darstellung der Metrik zu thun haben, dass uns vielmehr hier ein lediglich empirischer Commentar vorliegt.

περὶ ποδῶν.

Wie Hephästion so begann auch Heliodor die Aufzählung der Tacte mit dem πυρρίχιος, dem ποὺς δίcημος, durch dessen Statuirung sich die Metriker weit von der rhythmischen Tradition entfernten. Die Bezeichnung der Doppelkürze als πυρρίχιος, ἡγεμών u. s. w. kommt nun zwar in den als Heliodoreisch ausgeschiedenen Scholien nicht namentlich vor, seine Existenz in dem metrischen Systeme aber zeigt sich in den Consequenzen.

Indem die Metriker die Doppelkürze als selbständigen ποὺς δίcημος anerkannten, sahen sie in den Tactformen der ἐπιπλοκὴ ἑξάcημος Dipodien oder πόδες cύνθετοι. Wollten sie sich consequent bleiben, so musste auch hier die βραχυκαταληξία und ὑπερκαταληξία ihre Anwendung finden: βραχυκατάληκτα καλεῖται, ὅcα ἀπὸ διποδίας ἐπὶ τέλους ὅλῳ ποδὶ μεμείωται Heph. p. 27. Diese Consequenz begegnet uns aber z. B. Schol. Fried. 1329. Das Kolon ὑμὴν ὑμέναι' ὦ

(‐ ‐ ‿ ‿, ‐ ‐) bezeichnet der Metriker als 'ιωνικὸν δίμετρον βραχυκατάληκτον. d. h. es fehlt der als selbständiger Tact angesehene πυρρίχιος. Vgl. Mar. Vict. p. 122 G. Genau dieselbe Auffassung findet sich bei Heph. p. 36. Dem entsprechend wird eine Tactgruppe Fried. 1330 χώπωc μετ' ἐμοῦ καλὴ als δίμετρον καταληκτικὸν oder ἐφθημιμερέc, und das δίμετρον βραχυκατάληκτον als ἡμιόλιον bezeichnet; vgl. Schol. Fried. 856. Was den letzteren Ausdruck ἡμιόλιον angeht, so mag gleich hier darüber ein Wort am Platze sein. Hephästion gebraucht das Wort für eine Reihe von anderthalb πόδεc und zwar πόδεc ἁπλοῖ. Dies bezeugt ein in den Scholien zu Hephästion p. 196 W. citirtes Fragment aus der πραγματεία in 11 Büchern: ἡμιόλιον δέ ἐcτιν, ὡc ἐν τοῖc κατὰ πλάτος εἰρημένοιc αὐτοῦ ἕνδεκα βιβλίοιc φηcί, τὸ ἐξ ἑνὸc ἡμίcεωc ποδὸc cυγκείμενον· ὡc οἱ τριcύλλαβοι πόδεc ἐκ τῶν διcυλλάβων. Finden wir diese Anwendungsweise zwar nicht in den kolometrischen Fragmenten, so begegnet uns hier doch die ganz analoge Anwendung auf eine Reihe von anderthalb πόδεc cύνθετοι. So Schol. Ach. 1210 ἰαμβικὸν ἡμιόλιον, Schol. Wolk. 1345 ἰωνικὰ ἡμιόλια, Schol. Fried. 856.

Diese Bedeutung kennt aber auch Hephästion p. 47 W.: Das ἰθυφαλλικὸν ‐ ‿ ‐ ‿ ‐ ‿ heisst hier ein τροχαϊκὸν ἡμιόλιον, und das Schol. Saib. bemerkt dazu: ἡμιόλιον εἶπε τοὺc τρεῖc ἁπλοῦc πόδαc, ἤγουν τὸ ἥμιcυ τοῦ τριμέτρου. Hephästion kennt demnach beide Bedeutungen, Heliodor gebraucht, so weit uns heute bekannt, nur die letztere. —

Hinsichtlich der Nomenklatur der τριcύλλαβοι ist zu bemerken, dass auch Heliodor die häufigere Form des fünfzeitigen Tactes ‿ ‐ ‐ mit dem Namen βακχεῖοc, die seltenere ‐ ‐ ‿ als παλιμβάκχειοc bezeichnet, im Gegensatz zu der bei früheren Metrikern üblichen umgekehrten Bezeichnungsweise: Schol. Fried. 459—472. Die contrahirte Form des päonischen Rhythmus ‐ ‿ ‐ heisst auch in den kolometrischen Resten κρητικόc: Schol. Fried. 459—472, Wolk. 457—466, Ritt. 303—313; die Tactform ‐ ‿ ‿ ‿ παίων πρῶτοc Schol. Fried. 459—472. Andererseits wird aber auch die contrahirte Form

– ⏑ – als ποὺς παίων bezeichnet in dem Heliodoreischen Citat bei Heph. p. 77 W., und Westphal gr. M. II 2 S. 372 glaubt daraus schliessen zu dürfen, dass in einer früheren Zeit alle vier Taktformen (– ⏑ ⏑ ⏑, ⏑ ⏑ ⏑ ⏑, – ⏑ –, ⏑ ⏑ ⏑ –) mit dem Namen ποὺς παίων bezeichnet worden seien. Wir werden auf den päonischen Rhythmus noch kurz zurückkommen.

Bemerkenswerth erscheint endlich, dass sich der Terminus ἐπίτριτος in den Heliodoreischen Fragmenten nicht aufweisen lässt, vielmehr wird die Tactform des von Hephästion sogenannten ἐπίτριτος τέταρτος – – – ⏑ als δεύτερος τροχαῖος bezeichnet: Schol. Fried. 426—434. In den Hephästioneisch überarbeiteten jüngeren Scholien finden die vier Formen der ἐπίτριτοι dagegen vielfache Anwendung.

Ein διπλοῦς σπονδεῖος wird erwähnt Schol. Fried. 426—436, dieselbe Ausdrucksweise war wohl auch Schol. Fried. 1114 herzustellen: vgl. oben S. 65.

Hephästion bedient sich in seinem Kataloge der πόδες der Bezeichnung ταυτοποδία ἰαμβική oder τροχαϊκή; diese so wie die übrigen hierher gehörenden Termini διποδία, συζυγία, βάσις werden an dieser Stelle bei Heliodor und in den grösseren Schriften des Hephästion ihre Erklärung gefunden haben.

Was zunächst den Terminus ταυτοποδία angeht, so wird er in den Heliodoreischen Scholien nicht erwähnt. Ebenso wenig lesen wir διποδία, was wohl nur Zufall sein mag; doch braucht auch Hephästion diesen Ausdruck ungleich weniger. Der Ausdruck συζυγία findet sich Schol. Wolk. 889, und Schol. Fried. 939—955 die Adjectivform σύζυγον (siehe oben S. 84) ἰαμβικὸν ἢ ἀναπαιστικόν. Am häufigsten weisen die Heliodoreischen Scholien den Ausdruck βάσις auf, Fried. 951, 1127, 1263; Wolk. 457, 804, 1154, 1303, während er bei Hephästion seltener ist und hier die Bezeichnung συζυγία bei weitem vorherrscht. Schol. Ritt. 551 findet sich die auch bei Hephästion sehr gebräuchliche substantivirte Adjectivform ἰαμβική.

Die Bedeutung der Ausdrücke cuζυγία und βάcιc ist be Heliodor identisch, gerade wie auch Hephästion διποδία, cuζυγία und βάcιc in gleichem Sinne gebraucht von der Verbindung zweier πόδεc ἁπλοῖ. Wie bei Hephästion so findet sich auch in den Heliodoreischen Scholien der Ausdruck βάcιc nur von der Dipodie, nicht von der Monopodie. Wenn Westphal (gr. M. II 2 S. 395) darauf hinweist, dass Heliodor auch die Monopodien des Metrons

οὐδὲ τῶν κνωδάλων οὐδὲ τῶν . . . .

als βάcειc παιωνικαί bezeichnet (Schol. Heph. p. 77 W.), so ist doch wohl zu beachten, dass der Metriker gerade an dieser Stelle die Päonen als ἑξαcήμουc und ἰcομερεῖc ὡc τὰc ἄλλαc (βάcειc) auffasst; durch die ἀνάπαυcιc soll ihr Umfang gleich den sechszeitigen, den ἄλλαι βάcειc werden. So ist es auch zu erklären, dass der Musiker Bakcheios S. 25 den sechszeitigen Creticus παιὰν ὁ κατὰ βάcιν nennt, worüber man die Bemerkung bei W. Christ, Fleckeis. Jahrb. 1869 S. 379 vergleiche. Ursprünglich wird βάcιc in der That "die generelle Bezeichnung der μονοποδία und διποδία" gewesen sein, wie denn die Monopodien des dactylischen ἑξάμετρον so genannt werden bei Schol. Heph. 161 W., bei Heliodor und Hephästion aber findet sich der Ausdruck nur im Sinne der Dipodie. — In den Hephästioneisch überarbeiteten jüngeren Scholien lesen wir sämmtliche erwähnte Termini: ταυτοποδία, διποδία (Schol. Wolk. 1303—1320), cuζυγία, βάcιc.

Wir schliessen am besten gleich hier an, was aus den auf Heliodor zurückgeführten Scholien über die bald monopodische, bald dipodische Messung der Metra hervorgeht. Wollen wir den Heliodoreischen Gebrauch in einer Regel aussprechen, so wird sie lauten müssen: monopodisch werden die dactylischen Metra gemessen, bisweilen ("interdum" Mar. Vict.) die anapästischen, dipodisch alle übrigen, abgesehen von den Päonen, die als "Rhythmus" gelten müssen. Schon Thiemann a. a. O. p. 112 zog die Worte des Mar. Vict. p. 101 G. heran: percutitur vero versus anapaesticus praecipue per dipodian, interdum et per singulos pedes. In diesen Worten müssen wir eine durch Juba's Hand gegangene Bemerkung des Heliodor erblicken. Auf diese bisweilen monopodische Messung der Anapäste hat man Bezeichnungen zurückzuführen, wie ἀναπαιcτικὸν διπλοῦν Schol. Fried. 512, ἀναπαιcτικὸν τρίπουν Schol. Fried. 775, welche Ausdrucksweise von Thiemann mit Recht auch Schol. 939 hergestellt wurde. Derselbe erinnert dabei an die noch verdorbene Stelle bei Heph. p. 48 W. Sie lautet handschriftlich: δύναται (scil. τὸ προcοδιακὸν) δὲ καὶ εἰc τρίτον ἀνάπαιcτον (τρίμετρον ἀνάπαιcτον hat nur Tu M) διαιρεῖcθαι κτέ. Westphal corrigirte dem Sinne nach richtig εἰc τριποδίαν ἀναπαιcτικὴν διαιρεῖcθαι, Thiemann a. a. O. p. 113 besser εἰc τρίπουν ἀνάπαιcτον. Es ist εἰc τρίπουν ἀναπαιcτ(ικ)ὸν herzustellen. J. Caesar, emend. Heph. pars alt. p. V übernimmt die Vertheidigung der Lesart εἰc τρίτον ἀνάπαιcτον, ohne zu überzeugen, da der angezogene Ausdruck κατὰ τρίτον (oder τέταρτον) τροχαῖον lediglich von der Cäsur gebraucht wird. Dass Hephaestion in der That εἰc τρίπουν ἀναπαιcτικὸν schrieb, zeigt auch der Anfang des darauf folgenden Paragraphen: τὸ τοίνυν ἀναπαιcτικὸν εἴ τιc οὕτω διαιροῖτο, εὑρήcει τῷ προcοδιακῷ ἐφαρμόζον. —

περὶ μέτρων.

Das Hephästioneische Capitel περὶ μέτρων beginnt mit der Lehre vom Auslaut der Metra, von der ἀπόθεcιc. Es kann nicht unsere Absicht sein, hier des Längeren die Heliodoreische Theorie auseinanderzusetzen, sie ist auch die des Hephästion. Wir haben bereits oben darauf hingewiesen, wie die beiden Metriker die Metra der ἐπιπλοκὴ ἑξάcημοc nach Dipodien messen, und sich daher auch hier der Begriff der βραχυκαταληξία findet. Bei den päonischen Bildungen wird in den uns erhaltenen älteren Scholien nur zweimal die Apothesis erwähnt: Schol. Fried. 346 τετράρρυθμοc ἀκατάληκτοc (wahrscheinlich verschrieben statt τετράρρυθμον ἀκατάληκτον) und Fried. 582, wo für dasselbe Megethos

_ ᴗ ᴗ ᴗ | _ ᴗ ᴗ ᴗ | _ ᴗ ᴗ ᴗ | _ ᴗ

überliefert ist παιωνικὸс τετράμετροс καταληκτικόс. Thiemann corrigirt τετράρρυθμος, es war zu schreiben παιωνικὸν τετράρρυθμον ἀκατάληκτον. Der Fehler ist durch das gleich darauf folgende τετράμετροс καταληκτικὸс τροχαϊκὸс entstanden. Dass die Metriker (vgl. Westph. gr. M. II S. 140, 2. Aufl.) eine Form wie _ ◡ ◡ ◡ | _ ◡ ◡ ◡ | _ ◡ ein καταληκτικόν, nicht, wie man erwarten sollte βραχυκατάληκτον nennen (da sie doch den einzelnen Päon _ ◡ | ◡ ◡ gleich dem Jonikus als Dipodie ansehen), dies werden wir wohl als eine Nachwirkung der älteren Heliodoreischen Theorie ansehen dürfen, die die Päone als Rhythmus auffasste. In letzterer Auffassung schloss sich aber die Brachykatalexe von selbst aus.

Bei den Metra der ἐπιπλοκὴ τετράсημος muss uns hier insbesondere die Bezeichnungsweise der dactylischen Apothesis interessiren. Ist die κατακλεὶс eines dactylischen Metron zweisilbig, so redet Hephaestion bekanntlich von einem καταληκτικὸν εἰс διсύλλαβον, ist sie einsilbig von einem καταληκτικὸν εἰс сυλλαβήν. Man hat längst eingesehen, dass diese Bezeichnungsweise nicht nur an sich verkehrt ist, sondern dass die Metriker auch damit die Consequenz ihres eigenen Systems verletzen. So gut die Metriker ein mit dem Tacte ± _ _ schliessendes ionisches Metrum oder ein mit dem Tacte ± ◡ _ schliessendes päonisches Metrum als akatalektisch bezeichnen, indem sie in der letzten Länge ganz richtig die Contraction der schliessenden Doppelkürze sahen, gerade so gut mussten sie in dem schliessenden Spondeus des dactylischen Metrons den contrahirten Dactylus erblicken, an dessen Stelle vermöge der τελευταία ἀδιάφοροс auch die Tactform _ ◡ treten kann. Der Definition des Hephästion p. 14 W. καταληκτικὰ .. ὅсα μεμειωμένον ἔχει τὸν τελευταῖον πόδα — lässt sich der Ausdruck καταληκτικὸν εἰс διсύλλαβον in der That in keiner Weise unterordnen.

Auch diese Theorie hat bereits in Heliodor ihren Gewährsmann. Schon Heliodor unterscheidet die trisyllabische, disyllabische und monosyllabische Katakleis in dem Hephästioneischen Sinne. Dies zeigt deutlich die Beschreibung dactylischer Kolen Schol. Fried. 775: τὸ α' δακτυλικὸν πενθημιμερές — τὸ ζ' δακτυλικὸν τρίπουν εἰc διcυλλαβίαν — τὸ ιγ' δακτυλικὸν ἐφθημιμερές — τὸ ιε' δακτυλικὸν τετράπουν εἰc τριcυλλαβίαν — τὸ ιc' (δακτυλικὸν)*) διπλοῦν εἰc διcυλλαβίαν κτέ. Damit vergleiche man noch die Worte Schol. Wolken 457 δακτυλικὸν (τρίπουν εἰc) τροχαῖον, wie Thiemann richtig ergänzt hat. Gerade der letzte Ausdruck lässt keinen Zweifel zu, dass jene rein äusserliche Auffassung der disyllabischen Katakleis schon bei Heliodor durchgeführt war. Der Metriker sagt τρίπουν, τετράπουν u. s. w., weil es sich um die Kola einer περίοδοc ἐννεακαιδεκάκωλοc, nicht um selbständige Metra handelt, gerade wie z. B. Hephästion p. 50 W. ein Asynarteton in folgender Weise beschreibt: ἄλλο δὲ τὸ ἐκ δακτυλικῆc τετραποδίαc καὶ τοῦ αὐτοῦ ἰθυφαλλικοῦ. Aus demselben Grunde findet sich hier auch nirgend das Wort ἀκατάληκτον oder καταληκτικὸν hinzugefügt. Der Metriker bedient sich des Abstractum τριcυλλαβία, διcυλλαβία, während Hephästion zu sagen pflegt καταληκτικὸν εἰc διcύλλαβον. Es erklärt sich dies einfach daraus, dass die obigen Kola hie und da durch Wortbrechung zusammenhängen. Wo aber letztere stattfand, war offenbar die abstracte Bezeichnung διcυλλαβία u. s. w. die passendere. Zu bemerken ist noch, dass sich die Kolometrie mit Vorliebe bei der katalektischen Bildung der Ausdrücke ἐφθημιμερὴc (z. B. χορίαμβοc ἐφθημιμερήc Schol. Fried. 775, Wolk. 804) und πενθημιμερὴc oder der nämlichen Ausdrücke in der bei Hephästion allein üblichen Neutralform ἐφθημιμερὲc und πενθημιμερὲc bedient, ebenso wie bei den brachykatalektischen Bildungen der Bezeichnung ἡμιόλιον: es hängt dies mit dem in der Kolometrie überall sichtbaren Streben nach Kürze zusammen. —

In demselben Capitel, in dem die allgemeinen Regeln über die Apothesis gegeben werden, spricht Hephästion auch von der τελευταία ἀδιάφοροc und dem vollen Wortende des

---

*) Fehlt in den Handschriften.

Metrons. Eine genauere Definition des μέτρον, wie der davon unterschiedenen περίοδος, sowie der hierher gehörenden Termini κῶλον, κόμμα, ςτίχος wird Hephaestion wenigstens in seinen grösseren Schriften an dieser Stelle gegeben haben, und ohne Zweifel hatte auch Heliodor diese Definitionen hier vorausgeschickt. Die Metriker unterscheiden vollständige (akatalektische) und unvollständige (katalektische) Reihen. Erstere bezeichnet die genauere Terminologie als κῶλα, letztere als κόμματα (oder τομαί). Diese genauere Scheidung haben indess die Metriker vielfach ausser Acht gelassen, und Mar. Vict. p. 71 G. fügt hinzu: abusive autem [etiam] et comma dicitur colon. Letztere Gebrauchsweise ist durchaus die Heliodoreische, und es ist gewiss kein Zufall, dass das Wort κόμμα sich überhaupt in den Heliodoreischen Scholien nicht findet. Ueberall steht κῶλον "abusive" statt κόμμα; der Ausdruck τομή wird ursprünglich wahrscheinlich Schol. Ach. 557 gebraucht sein, vgl. oben S. 99. Neben κῶλον kommt auch das deminutive "κωλάριον" vor: Schol. Fried. 173, und Ach. 1—203 κωλάριον (so Thiemann richtig statt κομμάτιον, derselbe ergänzt ἰωνικόν) ἀπ' ἐλάςςονος κτέ. Der erwähnte abusive Gebrauch von κῶλον ist natürlich auch festgehalten in den Compositen, also da, wo eine περίοδος als τρίκωλος, τετράκωλος u. s. w. bezeichnet wird. In Bezug auf diese Zusammensetzungen, mit denen die Metriker die Bestandtheile einer grösseren Vereinigung, also einer περίοδος oder eines ςύςτημα angeben, muss übrigens noch ein anderer usus oder wenn man will "abusus" constatirt werden. Wenn nämlich Heliodor z. B. Schol. Ach. 836—859 von einer μονοστροφικὴ περιόδων ἑξακώλων τετρὰς ὧν ἡγοῦνται ςτίχοι τετράμετροι καταληκτικοὶ δύο spricht (vgl. Schol. Ach. 284 im Anf., Fried. 346 und sonst), so sind in diesen ἑξάκωλοι auch die beiden "ςτίχοι" mitgerechnet, erst durch letztere wird die Periode zur hexakolischen. Das Wort Kolon bildet also in diesen Zusammensetzungen eine höhere Einheit auch den ςτίχοι gegenüber, worauf schon W. Christ hinwies, die Versk. des Hor. S. 31. Es ist dies auch sonst nicht ohne Wichtigkeit.

Der Ausdruck κωλομετρία, der für den Heliodoreischen Commentar seit Schneider gang und gäbe geworden ist, wurde von uns im Obigen lediglich aus dem Ausdrucke der Subscription: κεκώλισται, und dem Titel der Schrift des Eugenios gefolgert. Man könnte vielleicht entgegenhalten, dass sich dieser Ausdruck lediglich für die Erklärung melischer Partien eigne. Nach dem oben Bemerkten wird man nun einen solchen Einwand von selbst zurückweisen. Der Terminus κῶλον in dem Ausdrucke κεκώλισται und κωλομετρία muss auch den στίχοι des Dialogs gegenüber als höhere Einheit gelten. Eine aristophanische Komödie gehört als Ganzes zu der Kategorie der μικτὰ κατὰ γένος, d. h. es ist in ihr sowohl die Composition κατὰ στίχον als die κατὰ περίοδον vertreten. Gegenüber der zusammenfassenden περίοδος wurden die in ihr enthaltenen Verse κῶλα genannt. Nicht befremden kann uns daher, dass auch die στίχοι des Dialogs unter diesem Namen einbegriffen wurden, zumal ja auch in den stichischen Partien des Dialogs die periodische Composition vertreten war, nämlich die Kategorie κατὰ σχέσιν, der gegenüber sich die übrigen Partien von selbst als ἀπολελυμένα ergaben.

Μέτρον nennen die Grammatiker bekanntlich eine Tactgruppe, die sich innerhalb von 30, nach Anderen 32 Moren hält. Das über dieses Mass hinausgehende Megethos heisst περίοδος. R. Westphal führte für letzteren Terminus den Ausdruck ὑπέρμετρον ein und glaubte sich dabei mit der Ueberlieferung im Einklang, ein Irrthum, den J. Caesar, comment. de nonnullis art. metr. ap. veteres vocabulis p. XIII zurückwies. Der Ausdruck ὑπέρμετρον findet sich daher auch nirgend in den Fragmenten der Kolometrie oder bei den lateinischen Metrikern. Solche continuirliche Tactgruppen, in denen mehr als zwei Kolen zu einer Einheit verbunden sind, heissen bei Heliodor durchgängig περίοδοι. Damit vergleiche man die Notiz bei Schol. Heph. p. 147 Westph. ἐπεὶ δὲ οὐκ ἐνδέχεται στίχον τριακαιτριακοντάσημον (so Pauw, τριακοντάσημον Saib.), ἀλλ' εἰ εὑρεθείη, περίοδος καλεῖται κτέ.

Hephästion hält sich hinsichtlich des Megethos eines

μέτρον innerhalb des Masses von 30 Zeiten, der Scholiast dehnt es bis zu 32 Moren aus. Vgl. darüber J. Caesar emend. Heph. p. XVI: licet Hephaestionis ipsius de versus spatio praeceptum in triginta temporum numero subsistat, scholiasten alteram illam rationem sequi et alii loci et huius ipsius sententia ostendit, si quidem ipsum catalectici pentametri exemplum, quo utitur, propter tres spondeos ultra triginta tempora progreditur. Die Vermuthung liegt nahe, dass auch hier wieder der Scholiast eine Ansicht des Heliodor vorträgt. Dieselbe Anschauung findet sich nämlich auch Schol. Heph. p. 157 W. und besonders ebend. p. 182, wo es hinsichtlich des ἑξάμετρον χοριαμβικὸν καταληκτικὸν des Philikos heisst: αὕτη δὲ ἡ χρῆcιc. ἣν περιφέρει αὐτοῦ οὐκ ἔcτι cτίχοc ἀλλὰ περίοδοc· ὑπερβαίνει γὰρ τὸ δυο(και)τριακοντάcημον· ἡ δὲ Καλλιμάχου πεντάμετροc οὖcα οὐχ ὑπερβαίνει. Ἰcτέον δὲ ὅτι οὐδέποτε τριακονταδύο χρόνουc ὑπερβαίνει μέτρον, ἐπεὶ εἰc περίοδον ἐμπίπτει. — So bezeichnet denn Heliodor in der Kolometrie z. B. die so zahlreichen über das Metron hinausgehenden anapästischen Bildungen als ἀναπαιcτικαὶ περίοδοι Schol. Fried. 82—101, 154—172, 974—1015 und sonst, vgl. περίοδοc παιωνικὴ Schol. Ritt. 382—390, περίοδοc ἰαμβικὴ Schol. Ach. 949. Mit allgemeinerer Bezeichnung heisst es Schol. Fried. 582 καὶ (τὸ) τοῦ χοροῦ, (οὗ ἐν εἰcθέcει) κῶλα γ' τροχαϊκά, ἔcτι δὲ τὸ ὅλον τροχαϊκὸν ἑξάμετρον. Auch dieses Megethos ist natürlich im Sinne der Metriker eine περίοδοc. Bei dem sehr verschiedenen Umfange dieser Perioden (vgl. den Ausdruck "ἀπεριόριcτον" bei Heph.) war die Angabe des Megethos ein entschiedenes Bedürfniss zumal für die Kolometrie. Wie man nun das Metron nach der Zahl der in ihm enthaltenen Monopodien oder Dipodien als τρίμετρον, τετράμετρον u. s. w. bezeichnet, so verfährt Heliodor auch in der Regel bei den περίοδοι. Zugleich wird daneben die Zahl der Kola angegeben, z. B. περίοδοc ὀκτωκαιτριακοντάμετροc ιθ' κώλων Schol. Fried. 154—172. Befindet sich unter den Kolen ein Monometron, so modificirt sich danach natürlich die Zahl der βάcειc: Schol. Fried. 82—101, 974—1015 und sonst. Ueber diese Bezeichnungsweise handelte bereits W. Christ, die metr. Ueberl. der Pind. Oden S. 31. —

Wie wir sahen, führte die Westphal'sche Metrik den Ausdruck Hypermetron in dem oben erwähnten Sinne ein. Dieser Terminus, meint Westphal, eignet sich von allen am besten zur Bezeichnung der längeren metrischen Bildungen. Man kann dies insofern zugeben, als allerdings der Terminus περίοδος bei den Metrikern noch manche andere Bedeutungen aufweist.

Von den letzteren heben wir an dieser Stelle wenigstens noch einige hervor. Wir haben eben die περίοδος als die Bezeichnung für die über die grössten dikolischen Megethe hinausgehenden Bildungen kennen gelernt, aber auch dikolische und monokolische Bildungen werden in den Heliodoreischen Scholien περίοδοι genannt. Die Bezeichnung des μέτρον δίκωλον als περίοδος ist bereits aus den älteren Pindarscholien zu Ol. IX 125 und 134 und Ol. X 24 bekannt (vgl. W. Christ a. a. O. S. 18), ein Beweis, dass in früherer Zeit der Terminus περίοδος noch nicht auf das jetzt sogenannte Hypermetron beschränkt war. Dieselbe Ausdrucksweise finden wir auch in den älteren Scholien zu Aristoph. wieder, so Ach. 1214, Ritter 941. Beide Male spricht der Metriker hier von περίοδοι δίκωλοι.

Auch das μέτρον μονόκωλον wird als περίοδος bezeichnet, und zwar trifft hier wieder die Tradition der Scholien zu Hephästion mit der Ausdrucksweise der kolometrischen Fragmente zusammen. Das προςοδιακόν wird als περίοδος προςοδιακή bezeichnet Schol. Fried. 775, Wolken 457.

Eine weitere Bedeutung, der der Terminus περίοδος unterliegt, werden wir an der Stelle kennen lernen, wo wir die systematische Composition und ihre Termini bei Heliodor einer näheren Betrachtung unterziehen.

Mit dem fünften Capitel des Hephästioneischen Encheiridion beginnt die Darstellung der eigentlichen Metrik. Auch hier wiederholen wir nicht, in welcher Weise das Hephästioneische System bereits von R. Westphal reconstruirt ist, und beschränken uns nur darauf, einige Unterschiede der beiden Metriker nachzuweisen. Wesentlich wich Hephästion von seinem Vorgänger ab in der Lehre von den μέτρα πρωτότυπα, den metra principalia. Er statuirt bekannter Massen deren neun: das ἰαμβικόν, das τροχαϊκόν, das δακτυλικόν, das ἀναπαιστικόν, das χοριαμβικόν, das ἀντισπαστικόν, das Ἰωνικὸν ἀπὸ μείζονος, das Ἰωνικὸν ἀπ' ἐλάσσονος, das παιωνικόν. Zunächst war schon die Reihenfolge, in der die prototypa im Encheiridion behandelt werden, nicht die des Heliodor. Da (mit Ausnahme von Servius) sämmtliche lateinische Metriker ihre Darstellung mit dem dactylicum und anapaesticum beginnen, so folgte schon daraus mit ziemlicher Sicherheit, dass letztere Anordnung auch die Heliodoreische war. Aristides zeigt hier wie in andern Dingen Anklänge an Heliodor. Der Scholiast zu Heph. p. 162 Westph. bemerkt: οἱ μὲν οὖν ἄλλοι σχεδὸν πάντες μετρικοί, ὅπερ ἔφημεν, ἀπὸ τοῦ δακτυλικοῦ φασὶν ἄρχεσθαι κτέ.*) Aber diese Abweichung, die sich Hephästion in der Reihenfolge der prototypa erlaubte, ist nicht das Wichtigste, ein viel tiefgreifenderer Unterschied ist noch zu erwähnen. Um es kurz zu sagen, Heliodor statuirte nur acht metra prototypa, während sein Nachfolger, wie wir sahen, deren neun annahm.

---

*) Schol. Hermog. p. 387 führt die prototypa aus Hephästion in folgender Reihenfolge auf: .δακτυλικόν, ἀναπαιστικόν κτέ. Da diese Bemerkung auf eins der grösseren Werke des Hephästion zurückgeht, so wird man mit Rossbach (de Heph. Alex. libr. p. 12) annehmen dürfen, dass Hephästion ursprünglich die Heliodoreische Reihenfolge beibehielt und erst später das ἰαμβικόν voranstellte. — Tricha p. 281 W. sagt: ἡμεῖς μέντοι τοῖς παλαιοῖς ἑπόμενοι μετρικοῖς, Ἡρωδιανῷ καὶ Ἡφαιστίωνι καὶ τοῖς ἄλλοις, τὸ χοριαμβικὸν μέτρον τῶν ἄλλων (scil. τῶν ἐκ τετρασυλλάβων) προτάττομεν κτέ. W. Studemund in dem werthvollen Aufsatze: "der pseudoherodianische Tractat über die εἴδη des Hexameters" (Fleckeis. Jahrb. 1867 S. 609—623) vermuthet, Tricha habe hier Ἡλιοδώρῳ καὶ Ἡφαιστίωνι geschrieben. Man wird über diese Vermuthung schwer schlüssig werden, und legt der genannte Gelehrte selbst kein besonderes Gewicht darauf. Ueber die Stelle des Tricha vgl. man auch Aug. Jung, de Trichae metrici vita et scriptis p. 15.

Es muss auffallen, dass Westphal diese nahe liegende Thatsache verborgen blieb, die sich mit Sicherheit sowohl aus den Resten der Kolometrie als auch aus indirecten Aeusserungen in den Scholien zu Hephästion und bei lateinischen Metrikern ergiebt. Erst jüngst ist W. Christ in der tiefgehenden Recension der zweiten Auflage der Rossbach- und Westphal'schen Metrik Fleckeis. Jahrb. 1869 S. 375— 376 zu dieser Ansicht gelangt, und zwar durch die Lehre von den Asynarteten bei dem Schol. zu Heph. p. 201 Westph., worauf wir noch später zurückkommen. Was uns zu obigem Resultate führte, war in Kürze Folgendes. Das interessante Capitel de paeonico metro bei Marius Victorinus II 10 beginnt mit den Worten: Paeonicum metrum, sive creticum . . . . . . quidam ultimo loco posuerunt proceleusmatico repudiato. Damit ist offenbar die Ansicht des Hephästion ausgesprochen, der das παιωνικὸν an letzter Stelle unter den μέτρα πρωτότυπα aufführt. Diese Auffassung stand nun nach Victorinus mit einer andern im Widerspruche: quod tamen magis rhythmo, id est numero quam metro congruere varietas ipsa compositionis ostendit. Nam recipit nonnumquam [in breves solutos]*) amphimacros, quorum etiam clausula, qua fit carmen ejus catalecticum, [terminatur]*) adeo huic familiaris est, ut plerique hoc metrum rhythmum creticum dixerint, etc. Hält man mit diesen Worten die schon von Andern vielfach besprochene Thatsache zusammen, dass die päonischen Reihen in der Kolometrie durchweg als δίρρυθμα, τρίρρυθμα, τετράρρυθμα bezeichnet werden, so kann kein Zweifel darüber sein, dass eben Heliodor die Päonen als Rhythmus behandelte, und ihnen nicht, wie Hephästion, "ultimo loco" einen Platz unter den metra principalia anwies. Noch deutlicher fast als Marius Victorinus bezeichnet Mallius Theodorus p. 535 G. den Standpunct des Heliodor: sunt igitur metrorum genera haec, dactylicum, iambicum, trochaicum,

---

*) Beides von H. Keil (nach privater Mittheilung) mit Recht getilgt.

anapaesticum, choriambicum, antispasticum, Ionicum a maiore, Ionicum a minore. Abgesehen davon, dass Heliodor das anapaesticum offenbar hinter dem dactylicum behandelte, haben wir in dieser Aufzählung bei Mallius eben die des Heliodor vor uns. Man höre jenen Metriker weiter: si quid ergo praeter haec, quod non ad certam pedum legem, sed ad temporum rationem modumque referatur, vel scribit quispiam, vel ab alio scriptum legit, id non metrum, sed rhythmon esse sciat, hisque exceptis metris octo, quae sunt a nobis enumerata, nullum aliud, etiamsi a quoquam certi ac (so Heusinger statt aut) definiti pedes attribuantur, aut eam, quae sit digna carmine, suavitatem habiturum omnino metrum esse dicendum. Ebenso deutlich spricht sich derselbe Metriker über die Ausschliessung des Päon an einer anderen Stelle p. 527 G. aus: si qua autem apud poetas lyricos aut tragicos quispiam repererit, in quibus certa pedum conlocatione*) (Ruhnken st. conlatione) neglecta, sola temporum ratio considerata sit, meminerit, ea, sicut apud doctissimos quosque scriptum invenimus, non metra sed rhythmos appellari oportere. Zu der Zahl dieser doctissimi, auf die sich Mallius bezieht, gehörte vor allen Juba, d. h. mittelbar Heliodor. Und dass Mallius in der That auch sonst den Juba mannigfach benutzte, zeigen die beiden Citate aus Juba p. 548 u. p. 564 G., auf die schon Hermann Wentzel hinwies, symb. crit. p. 64.

Noch ein anderer lateinischer Metriker führt die Heliodoreischen acht prototypa auf, nämlich Servius p. 365 G., eaque esse octo principalia metra, iambicum, trochaicum, dactylicum, anapaesticum, choriambicum, antispasticum, ionicum a majore, ionicum a minore, aber wie Hephästion stellt er das jambische und tróchäische Metrum dem dactylischen und anapästischen voran.

---

*) Bei Atilius Fortunatianus p. 332 G. ist vielleicht in demselben Sinne herzustellen: nisi fluat eodem (pedum) numero, rhythmos non metrum fiet.

In allen jenen Stellen der Metriker wird also gemeinsam der Grund angeführt, dass in den Päonen, die sich nur in melischen Compositionen fänden, die certa pedum lex oder conlocatio nicht gewahrt, vielmehr nur auf die tempora Rücksicht genommen werde, darum würden sie als rhythmus den metra gegenübergestellt. Von dieser Ansicht entfernte sich nun Hephästion, indem er die Päonen "ultimo loco" unter die metra prototypa aufnahm und ihnen eine völlig gleiche Behandlung mit den übrigen widmete. — Beide Metriker stimmen aber wieder völlig überein hinsichtlich des proceleusmaticum. Ob auch dieses unter die prototypa aufzunehmen sei, darüber wurde ebenfalls unter den Metrikern viel gestritten; man vergleiche Mar. Vict. p. 133 G. ambigitur super auctoritate proceleusmatici .... an inter prototypa metra hoc quoque recipiendum habendumque sit.

Bekanntlich war es Philoxenus, der das proceleusmaticum als decima species einreihte, über Heliodor und Hephästion vergleiche man unsere Bemerkung auf S. 108.

Es ist ein Verdienst von Rossbach, Westphal und Cäsar, das dem Encheiridion des Hephästion zu Grunde liegende System zum ersten Male gegenüber den früheren Anschauungen Bentley's und Hermann's richtig entwickelt zu haben. Insbesondere hatte dies hinsichtlich der Lehre von der synartetischen und asynartetischen Bildung der Metra wegen der Abgerissenheit des Encheiridion seine Schwierigkeiten. Nehmen wir die eingehenden Kritiken J. Caesar's (vgl. de versibus asynartetis commentatio, Marb. 1864) hinzu, so liegt uns die Behandlung gerade dieser beiden für das System sowohl des Heliodor als des Hephästion wichtigsten Kategorien jetzt erschöpfend vor, und haben wir hier nur auf die betreffenden Abschnitte zurückzuweisen.

Fragt man nun, wie sich der in den Fragmenten der Kolometrie gebotene Stoff zu jenen Kategorien verhält, so ist natürlich hier besonders festzuhalten, was wir bereits oben erwähnten, dass wir es in der Kolometrie nicht mit einem systematischen Lehrbuche, sondern mit einem rein praktischen

Commentar zu thun haben. Wo dem Metriker z. B. ein ςτίχος ἐπικὸς oder ein ἐλεγεῖον begegnet, da bezeichnet die Kolometrie diese Metra lediglich als solche; dass das erstere zu der synartetischen, das letztere zu der asynartetischen Bildung gehört, dies auseinanderzusetzen war Sache eines Lehrbuches, nicht der Kolometrie. So können wir uns denn nicht wundern, wenn die den Synarteten und Asynarteten gemeinsamen Kategorien der μονοειδῆ, ὁμοιοειδῆ und ἀντιπαθῆ ebensowenig wie die den Asynarteten eigenthümlichen ἐπιςύνθετα, ja selbst nicht einmal der Name ἀςυνάρτητος in den älteren Scholien Erwähnung findet.

Konnte schon das System des Hephästion aus dem an zusammenfassenden Kategorien so armen Encheiridion von den neueren Forschern nur mit Mühe und nur mit Heranziehung der übrigen metrischen Literatur gewonnen werden, so würde man noch mehr in Verlegenheit gerathen, wollte man allein aus den empirischen Bemerkungen der Kolometrie das Heliodoreische System reconstruiren.

Nicht wundern darf man sich aber, dass wir jenen allgemeineren Kategorien wie ἀςυνάρτητος und ähnl. gerade in den jüngeren, nicht direct Heliodoreischen Scholien zum Aristophanes begegnen: vgl. z. B. jüng. Schol. Ritt. 756—832 (Thiem. p. 57), Vögel 451—522 (Thiem. p. 76) u. a. Man macht dabei die Beobachtung, dass die jüngeren Scholiasten durchweg bestrebt sind, ihre lediglich aus dem Hephästioneischen Encheiridion geschöpfte Weisheit möglichst an den Mann zu bringen, ein Verhältniss das W. Christ, die metr. Ueb. der Pind. Od. S. 5, auch für die metrischen Scholien zu Pindar bemerkt hat.

Auf der andern Seite ist nun hervorzuheben, dass wir der aus Hephästion bekannten Erklärungsweise nach ihrer mehr empirischen Seite in der Kolometrie auf Schritt und Tritt begegnen, und gerade durch die kolometrischen Fragmente wird von Neuem klar, dass Hephästion im Allgemeinen auch als Vertreter des Heliodoreischen Systemes gelten muss.

Nehmen wir also beispielsweise die Classe der ὁμοιοειδῆ, so ist bekannt, dass Hephästion, der diese Classe zugleich mit den μονοειδῆ behandelt, ·sein Capitel περὶ χοριαμβικοῦ mit den Worten beginnt: τὸ χοριαμβικὸν cυντίθεται μὲν καὶ καθαρόν, cυντίθεται δὲ καὶ ἐπίμικτον πρὸc τὰc ἰαμβικάc, das περὶ τοῦ ἀπὸ μείζονοc ἰωνικοῦ mit den Worten: τὸ δὲ ἀπὸ μείζονοc ἰωνικὸν cυντίθεται μὲν καὶ καθαρόν, cυντίθεται δὲ καὶ πρὸc τὰc τροχαϊκὰc ἐπίμικτον. Und so erklärt der Schol. Heph. p. 179 W. ἐπίμικτα καλεῖται τὰ ἔχοντα ἐπιμίκτουc cυζυγίαc. Gerade so fasst Schol. Ritt. 551—610 die protodactylische Tetrapodie _ ◡ ◡ _ ◡ ◡ _ als χοριαμβικὸν ἰαμβικὴν ἔχον ἐπιμεμιγμένην ἀκατάληκτον, ebendaselbst die protodactylische Tripodie _ ◡ ◡ _ ◡ ◡ _ ▽ als χοριαμβικὸν καταληκτικόν. Dem entsprechend wird in demselben Scholion die katalektische deuterodactylische Tetrapodie ◡́ _ _ ◡ ◡ _ ◡ _ als akatalektisches antispastisches Dimetron (Γλυκώνειον) ◡ _ _ ◡ | ◡ _ ◡ _,. die akatalektische Tripodie ◡́ _ _ ◡ ◡ _ ◡ als katalektisches antispastisches Dimetron (Φερεκράτειον) ◡ _ _ ◡ | ◡ _ ◡ gemessen.

Erinnert man sich der Definition der Asynarteten bei Heph. p. 47 W. — ὁπόταν δύο κῶλα μὴ δυνάμενα ἀλλήλοιc cυναρτηθῆναι μηδὲ ἕνωcιν ἔχειν ἀντὶ ἑνὸc μόνου παραλαμβάνηται cτίχου, so muss uns hier interessiren, wie dieser Process des ἀντὶ ἑνὸc μόνου cτίχου παραλαμβάνεcθαι, also die Vereinigung mehrerer Kola zu einem einzigen Stichos oder Metron (das ἓν ἀποτελεῖν μέτρον bei Arist. p. 56, "conciliari" bei Mar. Vict. p. 140) in der Kolometrie beschrieben wird. Man vergleiche darüber, was Thiemann beibringt a. a. O. p. 115. Wir sehen, der Metriker begnügt sich oft nur die einzelnen Bestandtheile eines solchen Metron nacheinander aufzuzählen z. B. bei dem ἐπιcύνθετον Schol. Ritt. 1263—1315: τὸ ε΄ ἐκ τροχαϊκῆc βάcεωc καὶ δακτυλικοῦ πενθημιμεροῦc, oder bei den ἀντιπαθῆ Schol. Fried. 1127—1190 τὸ β΄ καὶ γ΄ (καὶ)*) δ΄ ἐξ ἰαμβικῆc βάcεωc καὶ τροχαϊκῆc (κατα)κλεῖδοc, und sonst. Nicht selten wird auch der Ausdruck cυνῆφθαι oder cυζυγίαν

---

*) Von Thiemann ergänzt.

ποιεῖν gebraucht: vgl. Wolken 467—475, Frieden 775—818, 856—864, Ach. 284—304 und öfters. Zu der letzteren Bezeichnung vergleiche man Heph. p. 21 W. τὸ καλούμενον Ἰθυφαλλικόν· ᾧ πρῶτος μὲν Ἀρχίλοχος κέχρηται, cυζεύξας αὐτὸ δακτυλικῷ τετραμέτρῳ κτέ. Der Ausdruck cυνάπτειν kommt natürlich ebenso bei nicht-asynartetischer als bei asynartetischer Bildung vor, er bezieht sich bei Heliodor zunächst auf die Verbindung zweier Kola durch die Lexis. Das Ende einer jeden Periode, mag sie nun ein μέτρον oder eine περίοδος im engeren Sinne sein, muss mit einem Wortende zusammenfallen — so lehren übereinstimmend Heliodor und Hephästion. Im Inlaute der Periode dagegen darf ein Wort zwischen zwei Kola getheilt sein, der erste Theil eines Wortes darf das Ende des einen, der Schlusstheil den Anfang des folgenden Kolon bilden. Nur in verhältnissmässig wenigen Metren bezeichnet den Schluss des ersten Kolon ein Wortabschnitt, es tritt Cäsur oder Diäresis ein. In den meisten lyrischen Metren jedoch kann im Inlaute der Periode dasselbe Wort von dem vorangehenden Kolon in das folgende hinübergeführt werden. Von dieser engen Verbindung zweier Reihen durch den Gemeinbesitz desselben Wortes gebraucht also der Metriker den Ausdruck cυνάπτεcθαι; Kola, die eine solche Gemeinschaft eingegangen waren, hiessen κῶλα cυνημμένα; eine derartige Verbindung cυνάφεια. Dass man im weiteren Sinne auch solche Kola so benannte, die in den Ausgaben zusammengeschrieben waren, bemerkte bereits W. Christ, die Versk. des Hor. S. 39.

Auch bei Hephäst. p. 57 W. findet sich das Wort in gleichem Sinne: κἄcθ' ὅπου cυνῆψε τῇ λέξει (so Thiemann gut statt καὶ ὁ ποὺς cυνῆψε τὴν λέξιν)

μελλίχροος δ' ἐπ' ἱμερτῷ κέχυται προσώπῳ*)

d. h. das Wort ἱμερτῷ ist beiden Kolen gemeinsam, es bildet den Schluss des ersten und den Anfang des zweiten ἐφθημιμερές. —

---

*) Ueber μελλίχροος vgl. Th. Bergk, PL III p. 910 (dritte Bearb.).

Nicht uninteressant ist noch eine Stelle in den jüngeren Scholien Vög. 451—522 (p. 77 Thiem.), die uns eine Notiz über die Schreibung der asynartetischen Verse mittheilt: ὀφείλει δὲ εἶναι καὶ ἐν τοῖc εἰρημένοιc κώλοιc διάλειμμα μικρόν, ἵνα δοκῶcιν ἐκ δύο κώλων cυγκεῖcθαι, cυνάπτωνται δὲ εἰc ἕνα cτίχον. — Wird man sich mit der in dem Rossbach und Westphal'schen Werke gegebenen Darstellung und Beurtheilung der dem Systeme der Metriker zu Grunde liegenden Kategorien im Allgemeinen einverstanden erklären, so ist doch andererseits schon jüngst von W. Christ (Fleckeis. Jahrbb. 1869 S. 375—376) darauf hingewiesen worden, wie Westphal gerade hinsichtlich der Lehre von den Asynarteten ein wichtiger zwischen Heliodor und Hephästion obwaltender Unterschied entgangen ist. Wiederholt bemerkt Westphal, dass von den neun μέτρα πρωτότυπα das neunte, das παιωνικόν, bei den Asynarteten nicht in Betracht komme. "Denn es giebt nach den Alten keine Päonen mit asynartetischer Bildung" (Metr. d. Gr. II S. 183, 2. Aufl.). So blieben denn "excepto rhythmo paeonico" (Mar. Vict. p. 142 G.) acht μέτρα πρωτότυπα übrig. Damit übereinstimmend meint Westphal a. a. O. S. 199, dass Verse wie bei Aristoph. Lysistr. v. 1014

οὐδέν ἐcτι θηρίον γυναικὸc ἀμαχώτερον,

οὐδὲ πῦρ, οὐδ' ὧδ' ἀναιδὴc οὐδεμία πόρδαλιc

nicht den Asynarteten beizuzühlen seien, während sie G. Hermann cl. p. 606 noch dazu gerechnet hatte. "Denn die Päonen," sagt Westphal, "sind ja überhaupt von den Asynarteten ausgeschlossen." — Mit Recht nannte W. Christ a. a. O. dieses Verfahren Westphals eine Verdrehung der Ueberlieferung. Wir geben hier W. Christ's eigene Worte: "Derjenige (Metriker), dem wir die Angaben über die 64 Schemata der Asynarteten verdanken, und auf den sich Westphal beruft, nahm nur acht metra prototypa an (vgl. Schol. Heph. S. 87 G. ἰcτέον δὲ ὅτι ἀcυνάρτητα γίνεται τὰ πάντα ξδ΄· τὰ γὰρ ὀκτὼ μέτρα τοῖc ὀκτὼ μέτροιc, τοῦτ' ἔcτιν ἑαυτοῖc, ἐπιπλεκόμενα, τὰ ξδ΄ ταῦτα γίνεται), und daher allein kommt es,

dass jener Metriker keine püonischen Asynarteten kennt."
Zugleich vermuthete derselbe Gelehrte, dass dieser Metriker eben Heliodor war. — In der That kann nichts evidenter sein als diese Vermuthung. Heliodor nahm, wie wir bereits oben sahen, nur acht metra prototypa an, da er die Päonen als rhythmus behandelte. Wie so vieles andere in den Scholien zu Hephästion, so sind auch die sich dort findenden Bemerkungen über die Asynarteten Schol. Heph. p. 201 folg. W. aus dem Encheiridion des Heliodor excerpirt, eine Stelle, die wir daher hier wiedergeben: Ἰcτέον δὲ ὅτι ἀcυνάρτητα γίνεται τὰ πάντα ἑδ'. Τὰ γὰρ ὀκτὼ μέτρα τοῖc ὀκτὼ μέτροιc, τοῦτ' ἔcτιν ἑαυτοῖc, ἐπιπλεκόμενα, τὰ ἑδ' ταῦτα γίνεται. Ἀπὸ τῶν ἑΞαcήμων μὲν λϛ'· ἑΞάκιc γὰρ τὰ ϛ', λϛ'. Τῶν δὲ τετραcήμων τέccαρα. Τὰ (δὲ)*) λεγόμενα ἐπιcύνθετά εἰcι κδ', ἃ καὶ αὐτά ἐcτι τῶν ἀcυναρτήτων.

Ἔτι καὶ θάτερον τρόπον, τούτων μονοειδῆ μέν ἐcτιν ὀκτώ. μονοειδὲc δὲ λέγεται ἀcυνάρτητον, οἷον τὸ ἐλεγειακόν· ὁμοιοειδῆ δὲ ὀκτώ, οἷον ὅταν τὰ ἰαμβικὰ μὴ τέλεια ὄντα χοριαμβικοῖc ἢ ἀντιcπαcτικοῖc ἐπιφέρηται ἢ τροχαϊκὰ ἰωνικοῖc, ἢ ἐναλλάΞ· ἐπιcύνθετα δὲ κδ'· ἀντιπαθῆ κδ', ὧν τὰ μὲν (τῆc) πρώτηc ἀντιπαθείαc, ὅcον μιᾶc cυλλαβῆc ἐκτιθεμένηc τὸ ὅλον ἓν ποιεῖ, (τὰ δὲ τῆc δευτέραc ἀντιπαθείαc ...)*).

Ebenso einleuchtend ist, dass die Sätze bei Mar. Vict. p. 142 G. cum metrorum principalium quae catholice excepto rhythmo paeonico recipienda sunt octo genera censeantur, si quis ea octies multiplicet, octona metra octies multiplicata efficient differentias LXIIII. etc. durch Vermittlung des Juba aus derselben Heliodoreischen Quelle flossen. So ist denn klar, dass die Darstellung der Lehre von den Asynarteten, wie wir sie bei Rossbach und Westphal finden, nicht die der Alten überhaupt, sondern lediglich die der Heliodoreischen Schule ist, und besonders § 22a bei Westphal M. d.

---

*) Von Westphal ergänzt. Man vergleiche die treffliche Behandlung dieser Stelle bei J. Caesar in dem schon öfter citirten Marb. Sommerproöm. 1867 p. XV, ebenso Winterproöm. 1869 p. VII und sonst.

G. II S. 223 folg. 2. Aufl. hätte nicht "die antike Asynarteten-Theorie", sondern "die Asynarteten-Theorie des Heliodor" betitelt werden müssen.

Auf der andern Seite wird die Vermuthung Westphals gewiss überall Beifall finden, dass die von Marius Victorinus p. 140 G. über die Form der zu einem μέτρον zu verbindendenden Kola aufgestellte Theorie, ebenso wie die bei Aristides p. 56 auf Heliodor als auf ihre gemeinsame Quelle zurückgehen. Nur über die Herstellung der verderbten Worte des Victorinus p. 140 G. wird man anderer Meinung sein als Westphal M. d. G. II S. 184, 2. Aufl. Wir schreiben mit J. Caesar: praeterea permixtio[nes] colorum, id est membrorum, in metris quadripartita est: aut ⟨so P, oder vielmehr quadripartita est aut⟩ ex duobus colis imperfectis conciliantur, aut (ex) duobus perfectis, aut ex perfecto et imperfecto, aut contra, id est ex imperfecto et perfecto.

Dass Heliodor nach den Asyarteten nicht nur über die Polyschematisten (vgl. oben S. 102) sondern auch wie Hephästion in einem seiner grösseren Werke (vgl. Schol. Hermog. p. 387) über die cυγκεχυμένα und ἀπεμφαίνοντα handelte, diese Vermuthung wird durch die gemeinsame Ueberlieferung dieser Kategorien bei Aristides p. 57 und Mar. Victor. p. 143 und 145 G. wenigstens nahe gelegt.

7.

Wie sich bei Hephästion ein Abschnitt περὶ ποιήματος findet, so müssen wir einen solchen auch bei Heliodor voraussetzen. Aus diesem sind, wie wir gleich sehen werden, zum Theil die Bemerkungen bei Marius Victorinus p. 76 und 77 G. und bei Pseudo-Atilius p. 353 G. geflossen.

Die Composition der Metra zerfällt nach der Lehre der Metriker bekanntlich in zwei Hauptarten, in die stichische und die systematische Composition. Folgt wie im Epos ohne jedes weitere Princip ein cτίχοc isometrisch auf den andern, so nennt dies Hephästion eine Composition κατὰ cτίχον. Dem gegenüber steht die systematische Composition, deren Wesen darin besteht, dass sich hier bestimmte, leicht unterscheidbare Mere absondern, meistens in der Form der Strophe; ein solches Meros nennt Hephästion cύcτημα, derartig componirte Gedichte cυcτηματικά, die Compositionsweise κατὰ cύcτημα oder κατὰ cυcτήματα. Gedichte, in denen beide genannte Compositionsweisen (γένη) vereint sind, nennt Hephästion μικτὰ γενικὰ — in diesem γένοc, sagt er, sind z. B. die Tragödie und die alte Komödie componirt. Alle drei Hauptarten führt auch Victorinus an p. 74 G. sq.: alia enim a Graecis κατὰ cτίχον, alia cυcτηματικά, alia μικτὰ dicuntur, quae etiam ἀμετάβολα et μεταβολικά. Letztere Ausdrücke beziehen sich auf das Metrum, wie Victorinus im Folgenden selbst erklärt. Da nun die cυcτηματικὰ wenigstens gewöhnlich "ex pluribus metris" (so Bergk statt ex plurimis metris bei Mar. Vict. p. 74) bestehen, so rechnet er sie·unter die μεταβολικά:

1. ἀμετάβολα   2. μεταβολικά
τὰ κατὰ cτίχον   a. cυcτηματικά b. μικτά.

Diese Classification nach dem Metron findet sich nicht in dem Encheiridion des Hephästion. Wir vermuthen indess, dass uns Mar. Vict. I 15 die lateinische Bearbeitung eines Capitels aus einer der umfangreicheren Schriften des Hephästion vorliegt. Darauf weist deutlich der Ausdruck cυcτηματικὰ hin. Nicht ausgeschlossen ist, dass sich die Eintheilung in ἀμετάβολα und μεταβολικὰ schon bei Heliodor fand. Man vergleiche Schol. Ach. 204—233 (ὑφ' ὃ διπλῆ καὶ) κορωνίc, εἰcέρχεται γὰρ ὁ χορὸc διώκων τὸν Ἀμφίθεον καὶ ἔcτι μ ε τ α β ο λ ι κ ὸ ν μέλοc ἐκ δύο μονάδων μονοcτροφικόν κτέ. Die Parodos ist ein μονοcτροφικὸν ἐκ δύο μονάδων, aber in jeder Monas tritt eine Metabole des Metrum ein: sie besteht ex pluribus metris (auf die trochäischen Tetrameter folgt eine päonische Periode), das ganze Melos gehört daher zu den μεταβολικὰ (scil. κατὰ μέτρον). —

Die alte Komödie gehört hinsichtlich ihrer Composition zu den γενικὰ μικτά, sowohl die stichische als systematische Composition ist in ihr vertreten. Nur die letztere wird hier zu einigen Bemerkungen Anlass geben können, und wir stellen im Folgenden kurz zusammen, was uns in den Resten der Kolometrie hinsichtlich dieser Puncte der Beachtung werth erscheint.

Was zunächst den Terminus cύcτημα angeht oder die Bezeichnung der systemàtisch componirten Partien als cυcτηματικά (scil. ποιήματα), so findet er in den kolometrischen Resten nirgend Erwähnung. Nicht selten sprechen dagegen die jüngeren Scholien zu Aristophanes von cυcτήματα, freilich oft in der verkehrtesten Weise (vgl. die Scholien am Anf. der Wolken, und sonst); es ist nicht der Mühe werth, darauf weiter einzugehen.

Diejenigen Mere ("partes" bei Victor.), die der Hephästioneische Tractat περὶ ποιήματος als cυcτήματα bezeichnet, heissen in den Resten der Kolometrie durchweg περίοδοι. Im Nachstehenden wird dies durch die eigenen Worte des Metrikers durchweg bestätigt werden. Früher wies darauf schon hin W. Christ, die metrische Ueberl. der Pind. Od. S. 10, wo zugleich die Stelle des Dionysios de adm. vi dic. Demosth. c. 50 angeführt wird: εἴτε κατὰ cτίχον, εἴτε κατὰ περίοδον, ἣν καλοῦcιν οἱ μουcικοὶ cτροφήν, und Planudes in rhet. gr. ed. Walz V, 510: cτροφὴ καὶ ἀντίcτροφος καὶ ἐπῳδὸς cυcτήματα μέτρων ἐcτὶν ἐν λυρικοῖc ποιήμαcιν· ἡ μὲν οὖν cτροφή ἐcτιν ἡ πρώτη τιθεμένη περίοδος.

Die Composition κατὰ cυcτήματα zerfällt nach Hephästion p. 60 W. in folgende Classen: τὰ μὲν κατὰ cχέcιν, τὰ δὲ ἀπολελυμένα, τὰ δὲ ἐξ ὁμοίων, τὰ δὲ μετρικὰ ἄτακτα, τὰ δὲ μικτὰ (scil. cυcτηματικά), τὰ δὲ κοινά (scil. cυcτηματικά). Von diesen sechs Arten der systematischen Composition werden hier die drei letzten wenig in Betracht kommen: die μετρικὰ ἄτακτα sind streng genommen keine Unterart der systematischen Composition, die μικτὰ cυcτηματικά sind nur die Vereinigung mehrerer der drei zuerst genannten Classen der

cυcτηματικά, die κοινὰ cυcτηματικὰ existiren im Grunde nur für den "ἄπειροc" (des Näheren vergl. über diese Kategorien Westphal M. d. Gr. II S. 265 folg. 2. Aufl.).
So bleiben uns hier von den sechs Kategorien der Composition κατὰ cυcτήματα genau genommen nur die drei ersten: τὰ κατὰ cχέcιν, τὰ ἀπολελυμένα, τὰ ἐξ ὁμοίων. Aber auch diese drei Arten lassen sich, wie Westphal a. a. O. nachwies, wieder auf zwei vereinfachen, denn die ἐξ ὁμοίων sind nur eine Unterart der ἀπολελυμένα. — Die genannten Kategorien finden in den kolometrischen Resten keine Erwähnung, ein Fall, dem wir schon bei den metrischen Kategorien begegneten, wo wir die sich von selbst bietende, auch auf diesen Fall anwendbare Erklärung gaben.

Gedichte mit antistrophischer Responsion — τὰ κατὰ cχέcιν — zerfallen, abgesehen von ihrer bald anzuführenden näheren Classificirung, in der dramatischen Kunstform zunächst in zwei verschiedene Arten. Einmal wird in vielen dasselbe System oder dieselbe Perikope ununterbrochen mehrere Male wiederholt, ohne dass die einzelnen Systeme oder Perikopen durch stichische Partien des Dialogs von einander getrennt sind. In anderen dagegen ist die Antistrophe von der Strophe durch eine solche heterometrische Dialogpartie geschieden. In Bezug auf die letztere Classe sagt Hephästion περὶ cημείων p. 77 W.: εἰώθαcι τοίνυν αὐτοὶ οἱ δραματοποιοὶ μεταξὺ ἰαμβείων τινῶν γράφειν ἑτέρῳ μέτρῳ ὁποcαcοῦν cτροφάc· εἶτα πάλιν περάναντεc δι' ἰαμβείων τὸ προκείμενον κατὰ διέχειαν ἀνταποδιδόναι τὰc cτροφάc. Diese Bezeichnungsweise hat aber Hephästion nachweislich durch Heliodor überkommen. Schol. Fried. 939—955 überliefert: μέλοc, ὃ ὑπονοῶ μὲν ἔχειν τὸ ἀντίcτροφον ἐν διεχείᾳ κτέ. Für die zweite der genannten Classen gewinnen wir also den Terminus: τὰ κατὰ διέχειαν oder ἐν διεχείᾳ (scil. ἀνταποδιδόμενα), für die erstere werden wir dem entsprechend die Bezeichnung τὰ κατὰ cυνέχειαν ἀνταποδιδόμενα voraussetzen müssen. Für diese beiden Unterarten der antistrophischen Bildungen bedienten sich die Grammatiker in ihren ἐκδόϲειϲ naturgemäss einer verschiedenen Semeiose, auf die wir bereits oben des Näheren eingingen.

Sehen wir nun von dieser Eintheilung nach der unterbrochenen oder ununterbrochenen ἀνταπόδοϲιϲ ab, so führt Hephästion als erste Classe der antistrophisch respondirenden Gedichte die μονοϲτροφικά auf.

Hier beobachtet Heliodor folgende Terminologie. Die einzelnen ϲτροφαί werden nicht, wie wir es nach Hephästion voraussetzen müssten, ϲυϲτήματα, sondern περίοδοι genannt. Je nach der Zahl dieser περίοδοι wird das ganze Gedicht als μονοϲτροφικὴ δυάϲ, τριάϲ, τετράϲ u. s. w. bezeichnet, daneben wird die Zahl der in jeder περίοδοϲ enthaltenen κῶλα angegeben, also z. B. Schol. Ritt. 973—996 (ὑφ' οὓϲ διπλῆ καὶ) κορωνίϲ, ἐξίαϲι γὰρ (οἱ) ὑποκριταί, καὶ ἐν εἰϲθέϲει τοῦ χοροῦ ἑξὰϲ μονοϲτροφικὴ τετρακώλο(υ)ϲ (ἔχ)ουϲα*) τὰϲ περιόδουϲ κτἑ. Schol. Fried. 775—813 διπλῆ καὶ μεταβολὴ εἰϲ μονοϲτροφικὴν δυάδα ἐννεακαιδεκακώλουϲ (so Dindorf statt ἐννεακαίδεκα κῶλα) ἔχουϲαν τὰϲ περιόδουϲ κτἑ. Nicht immer wird die substantivische Bezeichnung δυὰϲ u. s. w. gewählt, vgl. Schol. Ritt. 1111—1150 διπλῆ καὶ εἴϲθεϲιϲ εἰϲ μέλοϲ (siehe oben S. 30) μονοϲτροφικὸν ἀμοιβαῖον περιόδων τεϲϲάρων ἐναλλὰξ τοῦ χοροῦ (καὶ τοῦ ὑποκριτοῦ) [ἐν ἐκθέϲει], δεκάκωλοι δέ εἰϲιν αἱ περίοδοι κτἑ. Die sinnlosen Worte ἐν ἐκθέϲει hat Thiemann richtig ausgeschieden. —

Hinsichtlich der μονοϲτροφικὰ κατὰ διέχειαν beobachtet der Metriker das Verfahren, bei dem ersten System d. h. der Strophe die metrische Analyse zu geben, bei der Antistrophe fügt er nur die Bemerkung über die antistrophische Responsion hinzu. Ritter 616—623 nennt er eine περίοδοϲ ὀκτάκωλοϲ: es ist die Strophe; zu der Antistrophe 683—690 bemerkt er (δύο) διπλαῖ**), ὅτι ἕπεται ἡ ἀντίϲτροφοϲ (scil. περίοδοϲ) τῆϲ προαποδεδομένηϲ. Ebenso heisst es zu Fried. 385—399 διπλαῖ β'· ἕπεται γὰρ ἡ ἀντιϲτρέφουϲα τῇ ἐκκαι-

---
*) So Thiemann gut statt τετράκωλοϲ οὖϲα.
**) (δύο) διπλαῖ statt des überlieferten διπλῆ Thiemann.

δεκακώλῳ, ἧς πρῶτος "μηδαμῶς ὦ δέςποθ' Ἑρμῆ," τέλος δὲ "(δέςποτ') ἀγαλοῦμεν ἡμεῖς (ἀεί)".

Schon diese Ausdrucksweise musste zeigen, dass in der lückenhaften Analyse der strophischen Periodos v. 346—360 nicht μέλος, wie Thiemann wollte, sondern περίοδος zu ergänzen war: διπλῆ καὶ (περίοδος) [τῶν ὁμοίων?] ἑκκαίδεκα κώλων κτέ. — Beide Bildungen — κατὰ ϲυνέχειαν und κατὰ διέχειαν — können auch in demselben Gedichte vertreten sein: Ach. 284—304 nennt der Metriker eine δυὰς μονοστροφικὴ ἀμοιβαία τὰς περιόδους ἔχουϲα δεκακώλους — also eine monostrophische Bildung κατὰ ϲυνέχειαν; dieser Dyas ententspricht aber v. 335—346 als zweite Dyas κατὰ διέχειαν: διπλαῖ [δὲ] δύο, [ἢ] ὅτι ἡ ἑτέρα ἕπεται δυάς, ἡ ἀντιϲτρέφουϲα τῇ ἀποδεδομένῃ κτέ.

Dieselbe Bezeichnungsweise der einzelnen Mere eines monostrophon als περίοδοι findet sich auch in der bereits von Thiemann angezogenen Stelle bei Mar. Victorinus p. 77 G. inter haec sunt quaedam carmina quae monostropha appellantur, quod duas (vel plures?) periodos et eas pares habeant, neque epodo ut alia concludantur. Die Worte des Victorinus gehen schliesslich auf Heliodor zurück. — Als zweite Hauptclasse der κατὰ ϲχέϲιν componirten Gedichte statuirt Hephästion die ἐπῳδικά. Eine in den ἐπῳδικὰ besonders geläufige Unterart hat hier der ganzen Classe den Namen gegeben. Hephästion rechnet die Epodika (im weiteren Sinne) zu den κατὰ ϲχέϲιν, insofern hier je eine Trias oder Tetras (letzteres bei den παλινῳδικὰ und περιῳδικὰ) einer andern gleichen Trias oder Tetras antistrophisch respondirt z. B. α α β α α β . . . .
Was wir hier Trias und Tetras genannt haben, d. h. die Zusammenfassung von drei und vier Systemen, nennen die Metriker περικοπή, und so gebraucht Hephästion περὶ ϲημείων p. 75 W. im Sinne der ἐπῳδικὰ auch die allgemeinere Bezeichnung ᾄϲματα κατὰ περικοπήν. Insofern Hephästion nun die ἐπῳδικὰ als κατὰ ϲχέϲιν bezeichnet, bestehen sie aus mehreren solchen einander gleichen Perikopen. — Aber in der dramatischen Poesie giebt es sehr zahlreiche melische Partien,

die lediglich aus einer einzigen derartigen Perikope oder epodischen Trias (α α β oder α β α u. s. w.) bestehen. Derartige ἐπῳδικά dürfen also nicht neben den μονοςτροφικά als eine Classe der antistrophischen Gedichte gelten, dennoch aber weist das aus einer einzigen Perikope bestehende ἐπῳδικόν ebenfalls eine antistrophische Bildung auf: ἐπῳδικά μὲν οὖν ἐςτίν, sagt Heph. p. 68 W., ἐν οἷς ςυςτήμαςιν ὁμοίοις ἀνόμοιόν τι ἐπιφέρεται, d. h. die Perikope eines ἐπῳδικόν enthält zwei gleiche Systeme, dazu kommt aber ein drittes isolirtes ςύςτημα ἀνόμοιον, dem unter den übrigen Systemen keins entspricht. In der epodischen Trias sind demnach beide Hauptgattungen der systematischen Composition vertreten: die beiden ὅμοια ςυςτήματα sind κατὰ ςχέςιν componirt, das ἀνόμοιον ist ein ἀπολελυμένον.

Wollen wir also solche aus einer einzelnen epodischen Trias bestehende metrische Partien der Dramatiker nach der Hephästioneischen Kategorientafel mit einem Gattungsnamen bezeichnen, so werden wir sie nur unter die μικτὰ κατὰ ςύςτημα rechnen dürfen. Diese epodischen Bildungen sind es nun, die in der Kolometrie vielfach ihre Erklärung gefunden haben, und zwar besonders die προῳδικά, und die μεςῳδικά; die παλινῳδικά und περιῳδικά finden in den uns erhaltenen Resten keine Erwähnung.

1. Die ἐπῳδικά im engeren Sinne, also die Bildungen nach dem Schema ααβ, sind zufälligerweise nicht erwähnt. Die Worte des Schol. zu Wolk. 1345 διπλῆ καὶ εἴςθεςις εἰς(!)ἐπῳδικὴν τριάδα ἢ τετράδα(!)κώλων ἓξ κτέ. waren nicht als Fragment der Kolometrie auszugeben, zumal sie auch in R und V fehlen. Sie rühren von einem Späteren her. Auch die Stelle in Schol. Fried. 856—864 ταῦτα δύναται εἶναι ςτροφὴ καὶ ἀντίςτροφος, τὰ δὲ ἑξῆς εἰς ἐπῳδόν sind nicht Heliodoreisch. Die Verbindungslosigkeit der Worte, welche auch an falscher Stelle stehen, das darin hervortretende Missverständniss — alles dies lässt sie als einen spätern Zusatz erkennen. In Bezug auf die in Rede stehenden ἐπῳδικά sind nun aber die Bemerkungen,

die wir darüber bei Marius Victorinus und mehr noch bei dem sogenannten Pseudo-Atilius finden, heranzuziehen. Letzterer sagt p. 353 G. haec igitur cantio lyrica, quae tres has partes habet (aut) periodos, appellatur[; eadem] trias[, si ex rebus his constet]. Solet enim abundantior et plenior cantio habere (strophen,) antistrophen, epodon*) etc. Damit vergleiche man Vict. p. 76 G. . . . epodos est tertia pars aut periodos lyricae odes . igitur quae post στροφὴν et ἀντιστροφὴν ἐπῆδον, dicebant epodon [quod est supercanere]**) . . . . . hoc quia e tribus subsistit, appellatur τριάς. Diese Bemerkungen gehen auf die gemeinschaftliche Quelle des Juba zurück, letzterer übertrug sie in sein Werk aus dem Capitel περὶ ποιήματος, das wir bei Heliodor voraussetzen müssen. Daher sehen wir denn auch die griechischen Ausdrücke vielfach bewahrt. Am Ende der erwähnten Stelle bei Pseudo-Atilius finden wir zum Ueberfluss noch eine schwer zu verkennende Hinweisung auf die Quelle, aus der diese Bemerkungen geflossen: sed quoniam haec accuratius Graeci poetae servaverunt, melius te Graeci magistri de exemplis Graecis docebunt. Unter den Graeci magistri ist ohne Zweifel besonders Heliodor zu verstehen. Zu den Graeci poetae, welche sich dieser Compositionsweise bedient haben, gehören nun aber nicht nur die Lyriker, auf welche sich zunächst die Erörterungen der lateinischen Metriker beziehen, sondern auch die dramatischen Dichter. Zufälliger Weise bot sich dem Metriker in den uns erhaltenen Partien der Kolometrie keine Gelegenheit zu einer solchen Erörterung.

2. Die μεσῳδικά. Ein Beispiel dieser Compositionsweise sieht der Metriker in Ach. v. 490—495. Das Scholion bemerkt:

---

*) Die trefflichen Correcturen des ersten Satzes rühren von C. Thiemann, die des zweiten von Bergk her. Wir haben somit wahrscheinlich die ursprüngliche Fassung bei Juba vor uns. Möglich, dass die Vulgate im ersten Satze den Text repräsentirt, wie ihn Pseudo-Atilius gewollt hat, wenigstens will H. Keil diesen Metrikern den Ausdruck periodos im Sinne von pericope vindiciren.

**) Dies die ohne Zweifel richtige Correctur H. Keil's, auf welche die Varianten bei Gaisford führen.

διπλῆ καὶ τριὰς μεcῳδική, ἧc αἱ μὲν ἑκατέρωθέν (scil. περίοδοι) εἰcι δίκωλοι διπλῶν δοχμίων, ἡ δὲ μέcη δίcτιχοc ἴαμβοc δίμετροc (so Thiemann statt ἰαμβικὴ δίμετροc) ἀκατάληκτοc. Die mesodische τριὰc zerfällt in drei περίοδοι — diesen Ausdruck hat man im Sinne zu suppliren, kaum aber mit Thiemann in den Text einzuführen —, von denen die am Anfang und Schluss antistrophisch respondirt, die mittlere quo libet metro, wie die lateinischen Metriker sagen, bildet die ἀνομοία περίοδοc. Man vergleiche auch hier Pseudo-Atilius a. a. O. Er erwähnt auch die mesodische Trias: Solet enim abundantior et plenior cantio habere (strophen,) antistrophen, epodon, aliquando et in medio, hoc est inter strophen et antistrophen mesodon.

3. Die προῳδικά. Heph. p. 68 W. erklärt: προῳδικὰ δέ ἐcτιν ἐν οἷc τὸ ἀνόμοιον προτέτακται τῶν ὁμοίων. Ein Beispiel dieser Bildung führt Heliodor an zu Ach. 1143—1173 (διπλῆ καὶ) κορωνίc(, ὅτι ἐξίαcιν οἱ ὑποκριταί,) καὶ [εἴcθεcιc εἰc] μέλοc τοῦ χοροῦ προῳδικὸν περιόδων τριῶν, ὧν ἐcτι πρώτη ἀναπαιcτικὴ [τριὰc] τριcκαιδεκάμετροc ἑπτάκωλοc(, ὅτι ἔχει μονόμετρον τὸ έ, ἧc ἡ μὲν ἀρχή "ἴτε δὴ χαίροντεc"), τέλοc δὲ αὐτῆc "ἀνατριβομένῳ τε τὸ δεῖνα" . . . . .
. . . . . Die Tilgung des Wortes τριάc, das wohl nur aus einer Dittographie vor τριcκαιδεκάμετροc entstand, sowie die Correctur des überlieferten ὀκτάκωλοc iu ἑπτάκωλοc rührt von Thiemann her, die übrigen Vorschläge Thiemann's sind unnöthig.*)

Das Melos besteht aus drei Perioden, die erste ist die eigentliche προῳδὸc (sc. περίοδοc) und vertritt das ἀνόμοιον, die beiden folgenden verhalten sich κατὰ cχέcιν, sie bilden unter sich eine monostrophische Dyas, deren weitere Analyse uns verloren gegangen. Es ist nicht uninteressant zu sehen, wie Heliodor die Composition dieses Stasimon durchaus richtig

---

*) Allerdings ist die Composition dieser Bildungen eine triadische, aber warum sollte sich der Metriker nicht auch des dem Sinne nach völlig gleichbedeutenden Ausdrucks — μέλοc τοῦ χοροῦ προῳδικὸν περιόδων τριῶν — bedienen können? Vgl. Schol. Ritt. 1111—1150; Ach. 204—323.

erkannt hat. Er würde sie missverstanden haben, wenn er die anapästische Periode v. 1143—1149 ἴτε δὴ χαίροντες κτέ. von der monostrophischen Dyas v. 1150 'Αντίμαχον τὸν Ψακάδος κτέ. losgetrennt und sie dem vorhergehenden Epeisodion zugewiesen hätte. Schon Westphal Proleg. zu Aesch. Tragoedien S. 52 vergleicht das vorhergehende Hypermetron zutreffend mit dem Kommation der Parabase. "Gerade wie ein parabasisches Kommation ruft auch diese Partie den die Bühne verlassenden Agonisten ein Abschiedswort zu. Und ebenso wie das Kommation der Parabase nicht von den folgenden Theilen der Parabase abgetrennt und etwa als Schluss des vorhergehenden Epeisodions aufgefasst werden kann ..... so darf auch das vorliegende Hypermetron der Acharner nicht von dem Chorikon: 'Αντίμαχον τὸν Ψακάδος .... abgetrennt und nicht dem vorausgehenden Epeisodion zugewiesen werden."

Noch eine weitere Bedeutung von ἐπῳδός und προῳδός ist hier zu erwähnen. Bei Mar. Vict. p. 75 G. lesen wir: haec etiam in carminibus quae mutuo adnexa ita ex se pendent, ut alterum sine altero audiri non possit, προῳδικὰ et (ἐπ)ῳδικὰ vocaverunt, id est, antecantativa et postcantativa, ut sit in hexametro]*) προῳδικὸν ipsum epos, et (ἐπ)ῳδικὸν versus pentameter, qui ei subiungitur in elegiis. Als weiteres Beispiel solcher epodischer Bildungen führt der Metriker die Epoden des Horaz an. Ibis Liburnis inter alta navium ist das προῳδικόν; Amice propugnacula bildet das ἐπῳδικόν. Weiter heisst es dann: et quaeque alia quo libet (so offenbar zu schreiben statt qualia et) metro scripta (si)**) sequentes clausulas quorum libet metrorum ad se trahunt, ita appellabuntur, quia proodicis versibus (epodi?) ἐπᾴδονται, id est, accinuntur. In

---

*) Tilgt H. Keil mit Recht als Glossem.
**) si will W. Studemund ergänzen. In der Correctur quo libet et. qualia et bin ich mit H. Keil zusammengetroffen; derselbe Kritiker will den ersten Satz mit Recht jetzt in folgender Gestalt lesen: et quae(cum)que alio quo libet metro scripta sequentes clausulas quorum libet metrorum ad se trahunt, ita appellabuntur etc.

diesem allgemeineren Sinne braucht natürlich auch Heliodor die Worte προῳδός und ἐπῳδός. Vgl. Fried. 337—345. — Nur dem Ausdrucke nach verschieden ist die Bezeichnungsweise Schol. Ach. 263—280 διπλῆ καὶ μέλος, οὗ ἡγεῖται περίοδος [ἡ περικοπὴ] κώλων ιζ' τοῦ ὑποκριτοῦ κτέ. Vers 263—279 fasst der Metriker als die ἡγουμένη περίοδος, Vers 280—283, deren Erklärung ausgefallen, ist dann die ἀκολουθητικὴ περίοδος, das Ganze ist eine dyadische Perikope. Hätte der Metriker den Ausdruck περικοπὴ hier angewandt, so könnte er sich nur auf den Complex beider περίοδοι, nicht aber lediglich auf die ἡγουμένη beziehen; ἡ περικοπὴ ist der Zusatz eines Späteren. Vgl. auch oben S. 98. — Eine ganz entsprechende Ausdrucksweise findet sich Schol. Ach. 971—999. Das Chorikon (die zweite Parabase) ist nach der Auffassung des Metrikers eine cuζυγία κατὰ περικοπὴν ἀνομοιομερής, eine Compositionsweise, auf die wir gleich näher eingehen. Jede Perikope enthält nach Heliodor eine προηγητικὴ und eine ἀκολουθητικὴ περίοδος. Statt der ersteren hätte er auch die Bezeichnung προῳδός, statt der letzteren auch ἐπῳδός wählen können. —

Wir gingen im Obigen von der ersten Kategorie der systematischen Bildungen aus, von den κατὰ cχέcιν componirten Gedichten. Als erste Klasse bezeichnete Hephästion die μονοστροφικά, als zweite die ἐπῳδικά im weiteren Sinne. Die letzteren, sahen wir, sind es in dem Falle, wenn sie aus mehreren einander gleichen Perikopen bestehen. Besteht jedoch ein Gedicht nur aus einer einzigen epodischen Perikope oder Trias, so mussten wir es der Klasse der μικτὰ cuστηματικά unterordnen. Als dritte Classe der antistrophischen Compositionen bezeichnet Hephästion p. 69 W. die κατὰ περικοπὴν ἀνομοιομερῆ, die wir kurz in Betracht zu ziehen haben. — Perikope nannte Hephästion den Complex der drei oder vier Systeme eines ἐπῳδικόν. Dabei ist zu bemerken, dass sich die Metriker dieses Terminus nur bei Gelegenheit der κατὰ cχέcιν componirten Gedichte bedienen, also z. B. ein Gedicht nach dem Schema ααβ ααβ enthält zwei antistrophisch respondirende Perikopen. Besteht ein Gedicht lediglich aus den Systemen ααβ, denen kein zweiter dem gleicher Complex respondirt, so nennen sie ein solches Gedicht eine τριὰc ἐπῳδική u. s. w. — In den κατὰ cχέcιν componirten ἐπῳδικὰ enthielt die Perikope mindestens zwei einander gleiche Systeme (Heph.) oder Perioden (Heliod.). Es giebt nun aber zahlreiche antistrophische Bildungen, deren respondirende Perikopen nur einander ungleiche Systeme umfasst. Diese Bildungen fasst Hephästion unter der Bezeichnung τὰ κατὰ περικοπὴν ἀνομοιομερῆ (scil. ποιήματα) zusammen. Man vergleiche Heph. p. 69 W., ὥcτε τὰ μὲν ἐν ἑκατέρᾳ ἢ ἑκάcτῃ περικοπῇ cυcτήματα ἀνόμοια εἶναι ἀλλήλοιc, τὰc δὲ περικοπὰc ἀμφοτέραc ἀλλήλαιc ὁμοίαc ἢ πάcαc. Die Perikope der ἐπῳδικὰ enthielt drei oder (wie die der παλινῳδικὰ und περιῳδικὰ) vier Systeme, aber es giebt auch Perikopen von zwei Systemen oder solchen, die mehr als vier Systeme aufweisen. Vgl. Hephästion (in der kürzeren Darstellung) p. 62 W. Je nachdem die Perikope zwei, drei, oder mehr Systeme enthält, heisst ein aus solchen Perikopen componirtes Gedicht ein δυαδικόν, τριαδικόν, τετραδικόν u. s. w. —

Wir beginnen mit einem δυαδικόν. Als Beispiel eines solchen kann der zweite Theil der Parabase gelten, sobald er regelmässig gebildet und in ihm alle Theile vertreten sind. Die Ode und das Epirrhema bilden zusammen die ungleichen Mere einer Perikope, welcher eine zweite Perikope (die Antode und das Antepirrhema) respondirt, das Ganze heisst cυζυγία ἐπιρρηματικὴ κατὰ περικοπὴν ἀνομοιομερήc (δυαδική). Diese Bezeichnung hat sich in den Resten der Kolometrie Schol. Ach. 971—999 erhalten. Freilich ist unsere Auffassung dieses Chorikon eine von der des Metrikers verschiedene.

Während wir gewöhnt sind die zweite Parabase der Acharner als das Epirrhema und Antepirrhema (971—987 = 988—999) anzusehen, also als eine monostrophische Dyas, deren Eigenthümlichkeit nur darin besteht, dass das Metrum des Epirrhema hier nicht wie in den meisten übrigen in trochäischen Tetrametern besteht, sondern vorzugsweise päonisch gebildet ist, bezeichnet der Metriker das ganze Gedicht als eine cuζυγία κατὰ περικοπὴν ἀνομοιομερής. Heliodor theilt also dies Chorikon analog einer wirklichen epirrhematischen Syzygie in zwei Perikopen, deren jede zwei ungleiche Periodoi enthält: (διπλῆ καὶ) κορωνὶς ὑποχωρησάντων τῶν ὑποκριτῶν, καὶ ἔςτι cuζυγία κατὰ περικοπὴν ἀνομοιομερής, φαντασίαν παρέχουca ἐπιρρήματος, ὅτι τὰς ςτιχικὰς περιόδους οὐκ ἔχει ἐκ τοῦ αὐτοῦ ςτίχου, ἀλλ' οὐδ' εἰcὶ παρειςβατικαὶ πρὸς τὸ θέατρον, (καὶ) αἱ μὲν προηγητικαὶ [καὶ] αὐτῶν (lib. αἱ μὲν προηγητικαί, καὶ αὐτοῖς; das zweite καὶ strich Thiemann) περίοδοί εἰςιν ἑπτάκωλοι παιωνικαὶ ἐκ μονομέτρου ⟨leg. μονορρύθμου⟩ καὶ τετραρρύθμων δύο κἀκ τεccάρων διρρύθμων (so Thiemann statt ἑπτά, κῶλα παιωνικὰ ἐκ μονομέτρου καὶ τετραμέτρου δίς, κἀκ τριῶν μέτρων), αἱ δὲ ἀκολουθητικαὶ περίοδοί εἰcι (so tacite Thiemann, περίοδοι εἰcὶ lib.) δεκάκωλοι ἐξ ἐννέα παιωνικῶν τετραρρύθμων (so Thiemann st. τετραμέτρων), καὶ ἑνὸς (ςτίχου) τετραμέτρου τροχαϊκοῦ καταληκτικοῦ.

Die die μελικὴ περίοδος vertretende προηγητικὴ ἑπτάκωλος der ersten Perikope reicht also bis v. 975, die der zweiten Perikope bis 989; die ἀκολουθητικὴ (oder ςτιχικὴ) περίοδος δεκάκωλος der ersten Perikope wird durch die Verse 976—987, die der zweiten Perikope durch V. 990—999 gebildet. So erscheint es also nur consequent, wenn der Metriker das ganze Chorikon als eine cuζυγία κατὰ περικοπὴν ἀνομοιομερὴς bezeichnet. Heliodor sagt cuζυγία — φαντασίαν παρέχουca ἐπιρρήματος, ὅτι τὰς ςτιχικὰς περιόδους οὐκ ἔχει ἐκ τοῦ αὐτοῦ ςτίχου, d. h. die ςτιχικαὶ περίοδοι lassen sich mit dem ἐπίρρημα und ἀντεπίρρημα nur vergleichen, weil ihnen eine bei den übrigen stets zutreffende Erscheinung fehlt, nämlich die Composition aus demselben fortlaufenden ςτίχος. Daher also die Bezeichnung als cuζυγία — φαντασίαν παρέχουca ἐπιρρήματος (ἐπιρρηματικῆς?)*). — Die Kolometrie

---

*) In ganz ähnlicher Weise bedient sich des Ausdrucks φαντασίαν παρέχειν Heph. p. 7 W. διὰ τὸ φαντασίαν τινὰ παρέχειν τοῦ ἀπηρτίςθαι τὴν λέξιν κτἑ.

des Heliodor fasst das in Rede stehende Chorikon als aus zwei dyadischen Perikopen bestehend auf, als ein δυαδικὸν κατὰ περικοπὴν ἀνομοιομερές, wir nehmen jede Perikope als einheitliche Strophe oder System und bezeichnen das Ganze als monostrophische Dyas. Gedichte, die eine solche zwiefache Auffassung der strophischen Composition zulassen, bezeichnet Heph. p. 69 W. als ποιήματα κατὰ cχέcιν κοινά.

Ein weiteres Beispiel des δυαδικὸν κατὰ περικοπὴν ἀνομοιομερὲc findet sich Schol. Fried. 459—472 und ebendas. 485—499 berührt. Dass der Metriker in V. 459—472 eine dyadische Perikope sah, zeigt die Erklärung der antistrophischen Verse 485—499: δύο διπλαῖ· ἕπεται γὰρ ἡ ἀντίcτροφοc τῇ προτέρᾳ περικοπῇ ἀμοιβαίᾳ ιδ' κώλων κτέ. Mit Recht hat bereits Thiemann den Ausdruck περικοπὴ auch Schol. 459—471 ergänzt. Die Zahl der Kola, in welche die Perioden der einzelnen Perikope zerfallen, hat der Metriker nicht angegeben, sondern hier nur die Zahl der Kola, welche jede ganze Perikope enthält. Aber offenbar hielt er die Perikopen für dyadische: die erste Periodos der ersten Perikope ist eine ὀκτάκωλοc 459—466, die zweite Periodos der ersten Perikope eine ἑξάκωλοc 467—472, und ebenso in der zweiten Perikope. Wir brauchen nicht zu sagen, dass diese διαίρεcιc in die Kola für uns keine praktische Bedeutung hat: vgl. Westph. M. d. Gr. II S. 440, 2. Aufl.

Wollen wir noch ein τριαδικὸν in Betracht ziehen, so zeigt die zweite Parabase des Friedens 1127—1190 die Eigenthümlichkeit, dass sich an die 16 trochäischen Tetrameter des Epirrhema und Antepirrhema noch eine kurze Periode von drei Dimetern anschliesst. Die Composition des Chorikon weist also folgendes Schema auf ΑΒγ:ΑΒγ. So erklärt denn der Metriker: (διπλῆ καὶ) κορωνίc, ἐξελθόντων (γὰρ) τῶν ὑποκριτῶν ὁ χορὸc μόνοc καταλιπεὶc διαπεραίνεται cυζυγίαν (ἐπιρρηματικὴν κατὰ περικοπὴν ἀν-)ομοιομερῆ τριαδικὴν οὐ πυκνῶc γενομένην, (ὅτι) αἱ πλεῖcται (so Thiemann st. πλεκταί) ἐπιρρηματικαὶ δυαδικαί εἰcιν, αὕτη (sic) δὲ ἔχει μελικὴν μὲν πρώτην (περίοδον) ιγ' κώλων, cτιχικὴν δὲ ιϲ´ cτίχων, ᾧ (so statt ὧ Dind. vol. III p. 412) μάλιcτα φιληδεῖ Ἀριcτοφάνηϲ, καὶ ὑcτέραν τρίκωλον (so Thiemann statt ὕcτεροc τρίκωλοc, derselbe ἐξελθόντων statt εἰcελθόντων, ἀνομοιομερῆ statt ὁμοιομερῆ, und περίοδον)*). Die von uns eingeführten Ergänzungen des lückenhaften Scholion bedürfen keiner weiteren Begründung, da die Entstehung der Lücke in die Augen fällt.

Wir haben bisher an den für uns in Betracht kommenden drei Classen der antistrophischen Composition aus den Resten der Kolometrie und zum Theil den lateinischen Metrikern die Uebereinstimmung des Heliodor und Hephästion, sowie die etwa obwaltenden Differenzen nachgewiesen. Wir könnten dies weiter verfolgen, und auch für die zweite Hauptclasse der systematischen oder periodischen Composition — für die ἀπολελυμένα das Verhältniss der beiden Metriker feststellen; aber schon von hier aus bietet sich ein Weg, der uns schneller und sicherer zum Ziele führen wird. —

Eins hat sich in den obigen Zeilen mit Sicherheit ergeben: die einzelnen Mere der μονοcτροφικά, ἐπῳδικά und κατὰ περικοπὴν nannte Heliodor περίοδοι, Hephaestion cυcτήματα, so wenigstens in der längeren Darstellung p. 69 W. Im hohen Grade auffallend ist nun, dass die kürzere Darstellung bei Heph. p. 62 W. dafür ebenfalls die Bezeichnung περίοδοι aufweist: τὰ δὲ κατὰ περικοπὴν ἀνομοιομερῆ τὰc περικοπὰc ὁμοίαc ἀλλήλαιc ἔχει, τὰc δὲ ἐν ταῖc περικοπαῖc περιόδουc ἀνομοίουc· καλεῖται δὲ τὰ μὲν δυαδικά, ὅcα δύο τὰc ἐν τῇ περικοπῇ περιόδουc ἔχει, τὰ δὲ τριαδικά, ὅcα τρεῖc, τὰ δὲ τετραδικά, ὅcα τέccαραc· καὶ ἐπὶ τῶν ἑξῆc κατὰ τὸν αὐτὸν λόγον. Ist es denkbar, dass sich die Darstellung des Hephästion einer so auffallenden Inconsequenz in der Terminologie schuldig machte? Die κατὰ περικοπὴν ἀνομοιομερῆ sind nach Hephästion die dritte Classe der κατὰ cχέcιν componirten Gedichte,

---

*) Westphal, Proleg. zu Aesch. Trag. S. 44 folg. weist nach, dass auch das Epirrhema und Antepirrhema melisch vorgetragen sind. Auch diesen wenn auch nur kurzen hypermetrischen Abschluss der Tetrameter kann man für diese Ansicht geltend machen.

letztere bilden die erste Classe der cυcτηματικά oder τὰ κατὰ cυcτήματα, folglich können die Mere der Perikope von Hephästion nur mit dem Namen cυcτήματα bezeichnet werden. Und so heissen sie völlig consequent in der grösseren Darstellung p. 69 W. Bei diesem Widerspruche bleibt nichts übrig als die Annahme, dass der Satz der kürzeren Darstellung bei Heph. p. 62 nicht dem Hephästion sondern dem Heliodor zuzuweisen ist. Nach den von Rossbach und Westphal Metr. d. Gr. II 2 S. 107 folg. vorgetragenen Ansichten über das Verhältniss der beiden Darstellungen περὶ ποιήματος wird diese Annahme zunächst Manchem bedenklich erscheinen. Aber gerade in diesem Puncte bedürfen die Ansichten jener beiden Gelehrten sehr wesentlicher Berichtigungen, und wird in Folgendem darauf näher eingegangen.

Ehe wir aber die weitere Frage, auf welchem Wege obiger Satz in das Encheiridion des Hephästion gelangt ist, beantworten können, müssen wir uns dazu den Weg bahnen durch die genauere Betrachtung der Abschnitte, welche jenem Satze vorhergehen und ihm folgen. Unmittelbar vorher geht die Bemerkung p. 61—62 W. τὰ δὲ . . . . ἐπῳδικὰ καλεῖται, ἐὰν δὲ ἐν τῇ πρώτῃ, προῳδικά, ἐὰν δὲ ἐν μέcῳ, μεcῳδικά. ταῦτα μὲν οὖν καὶ ἐν τριάcιν ὁρᾶται· ἐὰν δὲ ὑπερεξαγάτῃ τὴν τριάδα, γίνονται καὶ ἄλλαι ἰδέαι δύο. ἤτοι γὰρ περιῳδικά ἐcτιν, ὅταν αἱ μὲν ἑκατέρωθεν ἀνόμοιαι ὦcιν, (αἱ δὲ ἐν μέcῳ)*) ἀλλήλαιc μὲν ὅμοιαι, ταῖc δὲ περιεχούcαιc ἀνόμοιαι· ἢ παλινῳδικά, ὅταν αἱ ἑκατέρωθεν ἀλλήλαιc μελοποιίαι ὅμοιαι ὦcιν, καὶ αἱ ἐν μέcῳ ταῖc μὲν περιεχούcαιc ἀνόμοιαι (ἀλλήλαιc δὲ ὅμοιαι)*).

Zunächst ist uns der hier zweimal gebrauchte Ausdruck αἱ ἑκατέρωθεν (scil. περίοδοι) bereits durch die Kolometrie bekannt: Schol. Ach. 490—495 διπλῆ καὶ τριὰc μεcῳδική, ἧc αἱ μὲν ἑκατέρωθέν εἰcι δίκωλοι διπλῶν δοχμίων, ἡ δὲ μέcη δίcτιχοc ἴαμβοc τρίμετροc ἀκατάληκτοc. Schon dieser Terminus weist uns also auf Heliodor hin. Weiterhin ist nun im hohen Grade be-

---

*) von Westphal ergänzt.

fremdend die Bezeichnung ἢ παλινῳδικά, ὅταν αἱ ἑκατέρωθεν ἀλλήλαιϲ με[λοποιίαι(!)ὅμοιαι ὦϲιν κτέ. Die einzelnen Mere der palinodischen Perikope (αββα) werden hier μελοποιίαι genannt. Wie völlig verkehrt eine solche Bezeichnung ist, konnte Westphal um so weniger entgehen, als das Wort von Hephästion selbst p. 40 W. in der angemessensten Weise gebraucht ist; er vermuthete daher μετροποιίαι, aber auch dieser Ausdruck für das Meros einer Perikope ist bei keinem Metriker erhört. Wie gleich noch deutlicher werden wird, ist das Wort μελοποιίαι nur die ungeschickte Ergänzung eines Späteren, und weisen wir hier nur darauf hin, dass das Wort auch eine unrichtige Stellung hat — ὅταν αἱ ἑκατέρωθεν ἀλλήλαιϲ μελοποιίαι ὅμοιαι ὦϲιν. Am allerwenigsten hätte Westphal den verkehrten Ausdruck auch noch zu den Worten ἤτοι γὰρ περιῳδικά ἐϲτιν, ὅταν αἱ μὲν ἑκατέρωθεν (μελοποιίαι Westphal) ἀνόμοιαι ὦϲιν κτέ. ergänzen sollen, doch zeigt er gleich dadurch, wie wenig es ihm mit der Correctur μετροποιίαι Ernst war. Geben wir einen Augenblick die Möglichkeit des Ausdrucks μελοποιία für das Meros einer Perikope zu, so geräth Westphal durch diese Annahme ausserdem noch mit sich selbst in Widerspruch. Den lückenhaften Anfang der ausgehobenen Stelle ergänzt nämlich dieser Gelehrte folgendermassen: τὰ δὲ (ἐπῳδικά ἐϲτιν ἐν οἷϲ ϲυϲτήμαϲιν ὁμοίοιϲ ἀνόμοιόν τι προϲτέτακται. Ἐὰν μὲν οὖν τὸ ἀνόμοιον τεταγμένον ἔχῃ ἐν τῇ τελευταίᾳ χώρᾳ, ὁμονύμωϲ ⟨vielmehr ὁμωνύμωϲ⟩ τῷ γένει) ἐπῳδικὰ καλεῖται κτέ. So glaubt also Westphal, dass der Verfasser dieses Paragraphen das Meros der Perikope am Anfang ϲύϲτημα, wenige Zeilen später μελοποιία und dann im folgenden Satze περίοδοϲ genannt hätte? Was hilft uns aus allen diesen Schwierigkeiten? Wie die femininischen Formen zeigen (αἱ μὲν ἑκατέρωθεν ἀνόμοιαι κτέ.), kann man an die Ergänzung von ϲύϲτημα nicht denken, der Ausdruck μελοποιία ist an sich absurd, so bleibt nur die Nothwendigkeit, in der Lücke am Anfang gerade den Heliodoreischen Terminus περίοδοϲ vorauszusetzen. Die Stelle ist folgendermassen herzustellen: τὰ δὲ (ἐπῳδικά ἐςτιν, ἐν οἷϲ περίοδοιϲ ὁμοίαιϲ ἀνομοία τιϲ προϲτέτακται. Ἐὰν μὲν οὖν τὴν ἀνομοίαν τεταγμένην ἔχῃ ἐν τῇ τελευταίᾳ χώρᾳ, ὁμωνύμωϲ τῷ γένει) ἐπῳδικὰ καλεῖται· ἐὰν δὲ ἐν τῇ πρώτῃ, προῳδικά, ἐὰν δὲ ἐν μέϲῳ, μεϲῳδικά. Ταῦτα μὲν οὖν καὶ ἐν τριάϲιν ὁρᾶται· ἐὰν δὲ ὑπερεξαγάγῃ τὴν τριάδα, γίνονται καὶ ἄλλαι ἰδέαι δύο· ἤτοι γὰρ περιῳδικά ἐϲτιν, ὅταν αἱ μὲν ἑκατέρωθεν ἀνόμοιαι ὦϲιν, (αἱ δὲ ἐν μέϲῳ) ἀλλήλαιϲ μὲν ὅμοιαι, ταῖϲ δὲ περιεχούϲαιϲ ἀνόμοιαι· ἢ παλινῳδικά, ὅταν αἱ ἑκατέρωθεν ἀλλήλαιϲ [μελοποιίαι] ὅμοιαι ὦϲιν, καὶ αἱ ἐν μέϲῳ ταῖϲ μὲν περιεχούϲαιϲ ἀνόμοιαι (ἀλλήλαιϲ δὲ ὅμοιαι). So herrscht also auch in diesem Stücke genau dieselbe, dem Hephästion fremde Terminologie, wie in dem gleich darauf folgenden Satze über die κατὰ περικοπὴν ἀνομοιομερῆ, und es bleibt kein Zweifel, dass der ganze Abschnitt nicht dem Hephästion, sondern dem Heliodor zuzuweisen ist. Ueber den weiteren Schluss des Capitels können wir uns kürzer fassen. Die ἐπῳδικὰ und κατὰ περικοπὴν ἀνομοιομερῆ sind zwei Classen der κατὰ ϲχέϲιν componirten Gedichte; als weitere Classen werden gegen den Schluss definirt die ἀντιθετικά, die μικτὰ κατὰ ϲχέϲιν und die κοινὰ κατὰ ϲχέϲιν. Nach dem obigen Resultate liegt nun von vornherein die Annahme sehr nahe, dass auch diese Sätze und somit der ganze Schluss des bisher als Hephästioneisch geltenden Capitels dem Heliodor angehörig ist. Und in der That dürfen wir an der Richtigkeit dieser Ansicht nicht mehr zweifeln, da sich auch in diesen Sätzen kein specifisch Hephästioneischer Terminus vorfindet. Von den κοινὰ κατὰ ϲχέϲιν heisst es: κοινὰ δέ ἐϲτι κατὰ ϲχέϲιν, ὅϲα καθ' ἑτέραν μὲν ἰδέαν τῶν κατὰ ϲχέϲιν γέγραπται, δύναται δὲ καθ' ἑτέραν γεγράφθαι δοκεῖν, οἷον εἰ μονοϲτροφικῶϲ γραφὲν δύναται τοῦτο καὶ ἐπῳδικῶϲ γεγράφθαι δοκεῖν. Hiermit ist die Definition des Hephästion p. 69—70 W. zu vergleichen. Sogleich tritt wieder der Unterschied hervor, dass in der letzteren der Terminus ϲύϲτημα gebraucht ist, nicht so in der Heliodoreischen. Nicht weniger zu beachten ist, dass die Species der antistrophischen Compositionen in dem als Heliodoreisch erkannten Tractate durchweg ἰδέαι genannt werden, bei Hephästion dagegen in den entsprechenden Abschnitten p. 69 εἴδη. Ueber die Bedeutung von εἶδος vergleiche man W. Christ, die metr. Ueberl. d. Pind. Oden S. 10 folg., J. Caesar, emend. Heph. pars alt. p. XVII. So bleibt denn von den Unterarten der κατὰ cχέcιν componirten Gedichte nur noch eine übrig, die μονοcτροφικά, sowie die Classification als Ueberschrift. Es ist klar, dass auch diese Sätze p. 61 von demselben Verfasser herrühren.

Aber auch hierbei ist noch nicht stehen zu bleiben. Dieser Eintheilung der κατὰ cχέcιν componirten Gedichte gehen noch zwei Sätze vorher, die, wie wir gleich sehen werden, ebenfalls dem Heliodor angehören. Sie lauten:

Μικτὰ δέ, ὅcα μέροc μέν τι ἔχει κατὰ cχέcιν, μέροc δέ τι ἀπολελυμένον ἢ ἐξ ὁμοίων.

Κοινὰ δέ, ὅcα καθ' ἑτέραν μὲν ἰδέαν γέγραπται τοῦ cυcτήματοc, δύναται δὲ καθ' ἑτέραν γεγράφθαι δοκεῖν· οἷον, φέρ' εἰπεῖν, ἐξ ὁμοίων ὄντα κατὰ cχέcιν δοκεῖν γεγράφθαι. Τοcαῦτα μὲν δὴ ταῦτα.

Hephästion würde diese beiden Classen μικτὰ cυcτηματικά oder μικτὰ κατὰ cυcτήματα, ebenso κοινὰ cυcτηματικά oder κοινὰ κατὰ cυcτήματα genannt haben. Und so werden sie in der That genannt in der längeren Darstellung p. 67 W. Heliodor müsste diese beiden Classen der periodischen Composition μικτὰ (und κοινὰ) κατὰ περιόδουc oder μικτὰ (und κοινὰ) περιοδικά genannt haben. In den beiden obigen Sätzen findet sich nun weder die eine noch die andere Bezeichnung, weder μικτὰ (κοινὰ) περιοδικὰ noch μικτὰ (κοινὰ) cυcτηματικά: daraus geht zunächst so viel hervor, dass nach dieser Hinsicht die Sätze ebensowohl dem Heliodor als dem Hephästion angehören können. Der Metriker, dem diese Sätze angehören, hat die nähere Bestimmung, als aus dem Zusammenhange klar, nicht weiter hinzugefügt. Dass nun dieser Metriker in der That Heliodor ist, oder mit andern Worten, dass wir nicht cυcτηματικὰ sondern περιοδικὰ im Gedanken zu suppliren haben, das lässt sich mit Sicherheit nachweisen.

Zunächst heisst es in der Definition der κοινά: ὅcα καθ' ἑτέραν μὲν ἰδέαν γέγραπται — also wieder derselbe Ausdruck ἰδέα für die Species, statt dessen Hephästion εἶδος sagt. Dazu findet sich aber der Zusatz τοῦ cυcτήματος. Dieser Zusatz ist so verkehrt wie möglich und kann nur von einem späteren Redactor herrühren. Es ist klar, dass allein folgender Zusatz denkbar war: κοινὰ δέ, ὅcα καθ' ἑτέραν μὲν ἰδέαν γέγραπται (τῶν περιοδικῶν Heliod. oder τῶν cυcτηματικῶν Heph.). Dagegen ist τοῦ cυcτήματος völlig sinnlos. Ueberhaupt ist aber jeder Zusatz überflüssig, wie die Hephästioneische Definition der κοινὰ cυcτηματικά in der längeren Darstellung p. 67 W. zeigt: κοινὰ δέ ἐcτι cυcτηματικὰ τὰ δύο εἶδεcιv ὑποπεπτωκότα κτέ. Wir haben also die Worte τοῦ cυcτήματος in jedem Falle auszuscheiden. Dass die Definition der κοινὰ (scil. περιόδικά) Heliodoreisch ist, zeigt endlich mit völliger Evidenz die Vergleichung dieser Definition mit der bereits oben als Heliodoreisch erkannten Definition der κοινὰ κατὰ cχέcιν. Beide Definitionen stimmen Wort für Wort überein

κοινὰ δέ (scil. περιοδικά), ὅcα καθ' ἑτέραν μὲν ἰδέαν γέγραπται [τοῦ cυcτήματος], δύναται δὲ καὶ καθ' ἑτέραν γεγράφθαι δοδοκεῖν οἷον κτέ.

κοινὰ δέ ἐcτι κατὰ cχέcιν, ὅcα καθ' ἑτέραν μὲν ἰδέαν τῶν κατὰ cχέcιν γέγραπται, δύναται δὲ καὶ καθ' ἑτέραν γεγράφθαι δοκεῖν οἷον κτέ.

Ebenso ist die Definition der μικτά (scil. περιοδικά) ein Eigenthum des Heliodor, man vergleiche auch damit die Definition der μικτὰ κατὰ cχέcιν desselben Metrikers. — Das Resultat der eben geführten Untersuchung ist also kurz folgendes: Die in unseren Hephästioneischen Handschriften cursirende grössere Schlusshälfte der kürzeren Darstellung περὶ ποιήματος gehört nicht dem Hephästion sondern dem Heliodor an. Wir geben hier den Heliodoreischen Tractat im Zusammenhange mit den nöthigen Emendationen:

Μικτὰ δέ, ὅcα μέρος μέν τι ἔχει κατὰ cχέcιν, μέρος δέ τι ἀπολελυμένον ἢ ἐξ ὁμοίων.

Κοινὰ δέ, ὅcα καθ' ἑτέραν μὲν ἰδέαν γέγραπται [τοῦ

cυcτήματοc], δύναται δὲ καθ' ἑτέραν γεγράφθαι δοκεῖν· οἷον φέρ' εἰπεῖν, ἐξ ὁμοίων ὄντα κατὰ cχέcιν δοκεῖν γεγράφθαι.
Τοcαῦτα μὲν δὴ ταῦτα.
Πάλιν δὲ ἕκαcτον (τῶν τριῶν πρώτων) τῶν προειρημένων ὑποδιαιρετέον. Τῶν γὰρ κατὰ cχέcιν τὰ μέν ἐcτι μονοcτροφικά, τὰ δὲ ἐπῳδικά, τὰ δὲ κατὰ περικοπὴν ἀνομοιομερῆ, τὰ δὲ ἀντιθετικά, τὰ δὲ μικτὰ κατὰ cχέcιν, τὰ δὲ κοινὰ κατὰ cχέcιν.
Τὰ μὲν οὖν μονοcτροφικά ἐcτιν, ὁπόcα ὑπὸ μιᾶc cτροφῆc καταμετρεῖται.
Τὰ δὲ (ἐπῳδικά ἐcτιν ἐν οἷc περιόδοιc ὁμοίαιc ἀνομοία τιc προcτέτακται. Ἐὰν μὲν οὖν τὴν ἀνομοίαν ἔχῃ ἐν τῇ τελευταίᾳ χώρᾳ, ὁμωνύμωc τῷ γένει) ἐπῳδικὰ καλεῖται, ἐὰν δὲ ἐν τῇ πρώτῃ, προῳδικά, ἐὰν δὲ ἐν μέcῳ, μεcῳδικά. Καὶ ταῦτα μὲν οὖν (lib. ταῦτα μὲν οὖν καὶ) ἐν τριάcιν ὁρᾶται· ἐὰν δὲ ὑπερεξαγάγῃ τὴν τριάδα, γίνονται καὶ ἄλλαι ἰδέαι δύο· ἤτοι γὰρ περιῳδικά ἐcτιν, ὅταν αἱ μὲν ἑκατέρωθεν ἀνόμοιαι ὦcιν, (αἱ δὲ ἐν μέcῳ) ἀλλήλαιc μὲν ὅμοιαι, ταῖc δὲ περιεχούcαιc ἀνόμοιαι· ἢ παλινῳδικά, ὅταν αἱ ἑκατέρωθεν ἀλλήλαιc [μελοποιίαι] ὅμοιαι ὦcιν, καὶ αἱ ἐν μέcῳ ταῖc μὲν περιεχούcαιc ἀνόμοιαι(, ἀλλήλαιc δὲ ὅμοιαι).
Τὰ δὲ κατὰ περικοπὴν ἀνομοιομερῆ τὰc περικοπὰc ὁμοίαc ἀλλήλαιc ἔχει, τὰc δὲ ἐν ταῖc περικοπαῖc περιόδουc ἀνομοίαc (lib. ἀνομοίουc)· καλεῖται δὲ τὰ μὲν δυαδικά, ὅcα δύο τὰc ἐν τῇ περικοπῇ περιόδουc ἔχει, τὰ δὲ τριαδικά, ὅcα τρεῖc, τὰ δὲ τετραδικά, ὅcα τέccαραc· καὶ ἐπὶ τῶν ἑξῆc κατὰ τὸν αὐτὸν λόγον.
Ἀντιθετικὰ δέ, ὅcα κατὰ cχέcιν μὲν γέγραπται, οὐ μέντοι κατὰ τὴν αὐτὴν τάξιν παραβάλλεται ἀλλήλοιc τὰ ἀντιcτρέφοντα· ἀλλὰ τὸ πρῶτον ἀπὸ τοῦ τέλουc τῷ πρώτῳ παραβάλλεται τῷ ἀπὸ τῆc ἀρχῆc· καὶ τὸ δεύτερον ἀπὸ τέλουc τῷ δευτέρῳ τῷ ἀπ' ἀρχῆc· τὸ δὲ τρίτον ἀπὸ τέλουc τῷ τρίτῳ· καὶ ἐπὶ τῶν λοιπῶν οὕτω. Ταύτηc δὲ τῆc ἰδέαc ἐcτὶ τὸ Ὠὸν τὸ Cιμμίου καὶ ἄλλα παίγνια.
Μικτὰ δὲ κατὰ cχέcιν εἰcίν, ὅcα ἐκ μερῶν*) ἐcτιν, ἁπάν-

---

*) so Westphal statt des überlieferten μέτρων.

τῶν μὲν κατὰ cχέcιν, (ἀν)ομοίων*) δὲ ἀλλήλοιc κατὰ τὴν ἰδέαν, ἔκ τε ἐπῳδικῶν καὶ μονοcτροφικῶν, ἢ κατὰ περικοπὴν (ἀνομοιομερῶν)**).

Κοινὰ δέ ἐcτι κατὰ cχέcιν, ὅcα καθ' ἑτέραν μὲν ἰδέαν τῶν κατὰ cχέcιν γέγραπται, δύναται δὲ καθ' ἑτέραν γεγράφθαι δοκεῖν, οἷον, εἰ μονοcτροφικῶc τραφὲν δύναται τοῦτο καὶ ἐπῳδικῶc γεγράφθαι δοκεῖν.

Bevor wir das neu gewonnene Heliodoreische Fragment für die weitere Untersuchung verwertheu, haben wir auf die Frage einzugehen, wie der Tractat an den Schluss des Hephästioneischen Encheiridion gelangt ist.

Das Hephästiòneische Capitel περὶ πολυcχηματίcτων schliesst (p. 59 W.) mit den Worten: τοcαῦτα περὶ τῶν μέτρων· περὶ δὲ ποιήματοc ἑξῆc ῥητέον. Das Versprechen, welches die letzteren Worte enthalten, erfüllen nun unsere Handschriften in doppelter Weise. Zuerst folgt die kürzere, am Schluss unvollständige Darstellung, deren zweiten Theil wir eben als dem Heliodor zugehörig erwiesen haben. Daran schliesst sich eine längere Darstellung p. 64—77. Den kürzeren Tractat giebt der cod. Saibantianus unter der Ueberschrift τοῦ αὐτοῦ μετρικῆc εἰcαγωγῆc (εἰcαγωγὴ lib.) περὶ ποιήματοc, in Bezug auf den längeren bemerkt dieselbe Handschrift: τοῦ αὐτοῦ περὶ ποιημάτων, d. h. wie Westphal ganz richtig interpretirte: die kürzere Darstellung ist nach dem handschriftlichen Titel ein Theil von Hephaestion's μετρικὴ εἰcαγωγὴ oder ἐπιτομή, d. i. des vorliegenden Encheiridion, die ausführlichere wird bloss im Allgemeinen als ein Werk des Hephästion, nicht als ein Theil unserer ἐπιτομὴ bezeichnet. Gestützt auf diese Ueberlieferung sprachen Rossbach und Westphal die Vermuthung aus, dass wir in der längeren Darstellung ein Capitel aus einer der ausführlicheren Schriften des Hephästion, etwa aus der Pragmateia in 11 Büchern oder der Epitome in 3 Büchern vor uns hätten. Dieses Capitel sei von einem

---
*) Die Correctur von Westphal; ἁπάντων st. d. überl. ἐκ πάντων J. Caesar emend. Heph. pars alt. p. XIV.
**) von Westphal ergänzt.

späteren Grammatiker dem von ihm herausgegebenen Encheiridion hinzugefügt.

Diese Ansicht findet ihre gute Stütze in der ganzen Haltung der Darstellung. Man erkennt, sagt Westphal, dass das hier Vorgetragene (man denke nur an die Mittheilung aber die cημεῖα in den alten ἐκδόcειc des Alkaios u. s. w.) viel ausführlicher und specieller ist, als dass es zu der ganzen Haltung des Encheiridion passen könnte.

Aber bevor wir die Westphal'sche Ansicht zur unsrigen machen — wie kam jener Herausgeber dazu, dem Encheiridion dieses Excerpt aus einer der ausführlichen Schriften hinzuzufügen? Die Antwort, die Westphal auf diese Frage giebt, nämlich die Darstellung περὶ ποιήματος des Hephästioneischen Encheiridion sei jenem anonymen Editor zu kurz erschienen, kann bei näherer Betrachtung nicht genügen. Man fragt sich mit Recht, traf nicht andere Partieen des Hephästioneischen Encheiridion (man erinnere sich etwa der ersten Capitel oder der Darstellung der Asynarteten) in noch höherem Grade der Vorwurf allzugrosser Kürze, und mussten diese nicht gleich sehr zu einer Vervollständigung auffordern? Wir werden also nach einer andern Auskunft suchen müssen. Verbinden wir nun mit der obigen Frage die zweite, von der wir ausgingen, nämlich wie der als Heliodoreisch erkannte Abschnitt in die kürzere Darstellung gerieth, so wird die Antwort mit Nothwendigkeit in der Annahme bestehen müssen, dass die echte Darstellung περὶ ποιήματος im Hephästioneischen Encheiridion schon früh durch eine Unbill der handschriftlichen Ueberlieferung bis auf wenige Sätze verloren gegangen war, und somit verschiedene Ergänzungen herausforderte. Das bis auf ein Paar Sätze, die wir noch kennen lernen werden, verloren gegangene Capitel περὶ ποιήματος hat zwei Ergänzungen erfahren: der eine Editor, vielleicht derselbe, der die Schrift des Hephästion auch vielfach durch Heliodoreische Stellen commentirte, suchte das Verlorene zum Theil aus einer Heliodoreischen Schrift (wahrscheinlich dem Encheiridion) zu ergänzen, der andere griff zu einer der ausführlichen Schriften des Hephästion und gab daraus ein Excerpt des betreffenden Abschnittes. — Aber noch ein anderes Aktenstück ist nicht zu übersehen. Schol. Longin. p. 89 W. heisst es: γνήϲιον δέ ἐϲτι τὸ παρὸν ϲύγγραμμα Ἡφαιϲτίωνοϲ, πρῶτον μὲν ἐκ τῆϲ κοινῆϲ μαρτυρίαϲ τῶν ὑπομνήματα ποιηϲάντων εἰϲ αὐτόν (αὐτό?), εἶτα δὲ καὶ ἐκ τοῦ μεμνῆϲθαι αὐτὸν τούτου καὶ ἐν τοῖϲ ἑτέροιϲ αὐτοῦ ποιήμαϲι· ποιεῖ γὰρ βιβλίον περὶ ποιήματοϲ, ὅπερ καὶ ἀεὶ ϲυνευρίϲκεται τούτῳ τῷ περὶ μέτρων βιβλίῳ. Daraus folgert Westphal mit Recht zunächst zweierlei: einmal galt zur Zeit der Abfassung dieses Scholions die längere Darstellung περὶ ποιήματοϲ als eine besondere Schrift des Hephästion, zweitens aber wurde in diesem βιβλίον des Encheiridion als einer früheren Schrift des Hephästion Erwähnung gethan. Leider ist nun gerade diese Erwähnung verloren gegangen, Westphal vermuthet mit Recht im Anfange der Abhandlung. Diese Erwähnung des Encheiridion als eines früher geschriebenen Buches, die sich nach dem Zeugnisse jenes Scholions in der längeren Darstellung περὶ ποιήματοϲ fand, scheint nun auf den ersten Blick in geradem Widerspruche zu stehen mit der obigen Annahme, dass wir in dieser längeren Darstellung ein Excerpt aus einem der ausführlichern Werke des Hephästion vor uns haben. Denn, wie bekannt, ist das Encheiridion später verfasst als die grösseren Werke des Hephästion, erst ganz zuletzt verkürzte der Metriker seine aus drei Büchern bestehende Epitome in das uns vorliegende Encheiridion. Von dem Metriker selbst konnte also des Encheiridion nicht Erwähnung geschehen, wenn anders der in Rede stehende Tractat wirklich aus einem seiner ausführlicheren Werke geflossen ist. So bleibt denn nur die Annahme übrig, dass jener Editor selbst, der jene ergänzende Partie aus einem der ausführlicheren Werke des Hephästion anfügte, in einem von ihm herrührenden Eingangsworte das Encheiridion erwähnt hatte. Mit dieser Annahme stimmt gut die Thatsache, dass sich auch sonst in der längeren Darstellung vielfache Spuren dieses Ueberarbeiters zeigen.

Der Grammatiker hat seine Quelle vielfach missverstanden und hie und da eigne bisweilen recht verkehrte Bemerkungen eingestreut. Zu den Irrthümern, die Westphal bereits früher nachwies, fügte er noch einiges hinzu Metr. d. Gr. II S. 267 2. Aufl. Auch diese Nachweisungen lassen sich noch vermehren. So heisst es z. B. p. 69 W. von dem κοινὸν κατὰ cχέciν — τὸ δύο .cυcτήμαciν ὑποπεπτωκός, καθάπερ κτέ. Der Sinn verlangt τὸ δύο εἴδεciν ὑποπεπτωκός, und so hat offenbar das Original geboten, der Epitomator hat seine Quelle ohne rechtes Verständniss excerpirt. Nimmt man aber solche Stellen aus, so wird man Westphal zugeben, dass wir in diesem längeren Tractate auch meist die eignen Worte Hephästions vor uns haben. —

Während also der eine jener Editoren bei der Ergänzung des bis auf ein Weniges früh verloren gegangenen Capitels περὶ ποιήματος eine der ausführlicheren Schriften des Hephästion zu Grunde legte, griff ein Anderer noch höher hinauf und excerpirte zum Theil den betreffenden Abschnitt des Heliodoreischen Encheiridion. Aber auch dieser Grammatiker sparte nicht seine eigenen Bemerkungen. So heisst es p. 60 κατὰ cχέciν μέν ἐcτι, ὅcα μετρεῖται ὑπὸ cυcτήματος. Westphal ergänzt ὑπὸ (τοῦ αὐτοῦ) cυcτήματος. Aber man sieht leicht, dass die Definition auch in dieser Form zu eng gefasst ist. Sie passt genau genommen nur auf die μονοcτροφικά. Völlig fehlerlos sagt dagegen die längere Darstellung p. 66 κατὰ cχέciν μὲν οὖν ἐcτι, ἃ βουλεύοντα ἀνταποδόcει καὶ ἀνακυκλήcει ὁ ποιητὴc γράφει. Schwerlich richtig ist auch, was p. 60 über die Classe der ἐξ ὁμοίων bemerkt wird, worauf wir hier nicht näher eingehen. Während wir also in der längeren Darstellung περὶ ποιήματος nur zwei Bestandtheile zu sondern haben, einmal die Excerpte aus einem der ausführlicheren Werke des Hephästion, zweitens die eigenen Zusätze des Redactors, so haben wir in der kürzeren Darstellung deren drei zu unterscheiden: 1) echte Ueberbleibsel der ursprünglichen Darstellung περὶ ποιήματος, die Hephästion's

Hand an das Capitel περὶ πολυςχηματίςτων anschloss; 2) eigene Zusätze des Redactors; 3) das Excerpt aus dem Encheiridion des Heliodor.

Mit diesem Urtheil werden wir das Rechte getroffen haben, dennoch dürfen wir ein weiteres bisher unerwogenes Moment hier nicht unberührt lassen. Schol. Longin. p. 89 W. giebt den Inhalt des Encheiridion an: διαιρεῖται δὲ εἰc δύο· καὶ ἐν μὲν τῷ πρώτῳ διαλαμβάνει περὶ cυλλαβῶν..... καὶ περὶ cυνεκφωνήcεωc, ἥτιc λέγεται καὶ cυνίζηcιc, εἶτα περὶ ποδῶν καὶ περὶ διαφόρων μέτρων, ὅ ἐcτιν ἰαμβικὸν τροχαϊκὸν δακτυλικόν Ἰωνικὸν καί τινα τοιαῦτα. Ἐν δὲ τῷ δευτέρῳ περὶ τῶν ἀντιπαθούντων ὅτι οὗτοc ποὺc τῷδε ἀντιπαθεῖ, οἷον ὁ τροχαῖοc τῷ ἰάμβῳ ἀντίκειται καὶ ὁ cπονδεῖοc τῷ πυρριχίῳ, ὁ δάκτυλοc τῷ ἀναπαίcτῳ καί τινα τοιαῦτα. Εἶτα καὶ περὶ ἀcυναρτήτων, ὅτι ἀcύcτατον καὶ ἀcυνάρτητόν ἐcτι τόδε παρὰ τὸ εἰρημένον καὶ δῆλον ὅτι περιφέρει ἑκάcτου τὰ παραδείγματα ἐξετάζων· εἶτα ζητεῖ καὶ περὶ πολυcχηματίcτων καὶ οὕτω πληροῖ. Aus den letzten Worten dieses Scholion geht soviel mit Sicherheit hervor, dass der Verfasser desselben das Encheiridion mit dem Capitel περὶ πολυcχηματίcτων für abgeschlossen hielt. Wir haben keinen Grund zu zweifeln, dass der Verfasser des unter Longins Namen überlieferten Scholions identisch ist mit dem Verfasser des ihm unmittelbar vorhergehenden bereits besprochenen Scholion (Schol. Longin. p. 89 W. γνήcιον δέ ἐcτι κτέ)*). In der ihm vorliegenden Ekdosis des Encheiridion schloss sich an das Capitel περὶ πολυcχηματίcτων die längere Abhandlung περὶ ποιήματοc an, die er für ein besonderes βιβλίον περὶ ποιήματοc ansah und daher nicht zu dem eigentlichen Encheiridion rechnete. Aus diesem Factum liegt es nun auf den ersten Blick nahe, die Consequenz zu ziehen, dass vielleicht Hephästion selbst dem uns erhaltenen Encheiridion überhaupt kein Capitel περὶ ποιήματοc angefügt hat, dass also beide uns erhaltene Darstellungen lediglich dem

---

*) Dass das letztere Scholion nicht von Longin selbst herrührt, darauf wies schon Westphal hin M. d. Gr. II 2 S. 111.

Bedürfniss späterer Grammatiker ihre Entstehung zu danken hätten. Einer solchen Anschauung muss aber abgesehen von Anderem mit Entschiedenheit die schon erwähnte Aeusserung des Hephästion selbst am Schlusse des Capitels περὶ πολυςχηματίςτων entgegengehalten werden: τοςαῦτα περὶ τῶν μέτρων, περὶ δὲ ποιήματος ἑξῆς ῥητέον. Sollte man aber diese Worte etwa einem späteren Redactor zuzuschieben geneigt sein, so vergisst man ein wichtiges Moment. Es ist nämlich durchaus unwahrscheinlich, dass Hephästion durch den Verzicht auf eine wenn auch nur gedrängte Darstellung περὶ ποιήματος der Brauchbarkeit seines Encheiridion selbst Eintrag gethan hätte; man sieht keinen Grund, weshalb sich Hephästion gerade in diesem Puncte von seinem Vorgänger Heliodor hätte entfernen sollen, denn dass die von uns als Heliodoreisch nachgewiesene Partie aus dem Encheiridion dieses Metrikers stammt, ist kaum einem Zweifel unterworfen. So bleibt denn das wahrscheinlichste, dass in der dem Verfasser jenes Scholions vorliegenden Ekdosis auch die Reste der dem Encheiridion des Hephästion ursprünglich eigenen Darstellung περὶ ποιήματος bei Seite gelassen waren, und sich an das Capitel περὶ πολυςχηματίςτων hier sofort jenes Excerpt aus einem der ausführlicheren Werke des Hephästion anschloss d. h. die uns erhaltene längere Darstellung περὶ ποιήματος. So kann der Verfasser jenes Scholions meinen, dass das Encheiridion als solches mit dem Capitel über die Polyschematisten abgeschlossen sei. — Anders hatte sich das Verhältniss in einer andern Ekdosis gestaltet. Hier hatte ein Grammatiker, wie oben bemerkt ist, an einige dort erhaltene Reste der dem Encheiridion ursprünglich eigenen Darstellung περὶ ποιήματος angeknüpft und sie theils durch eigene Bemerkungen, besonders aber durch ein Excerpt aus dem Encheiridion des Heliodor zu vervollständigen gesucht. Jene Reste der ursprünglichen Darstellung des Hephästioneischen Encheiridion, an die die Ergänzung anknüpfte, bilden jetzt den Anfang der kleineren Darstellung p. 114 G., theilweise p. 115 G. (p. 59 und 60 W.) bis zur Eintheilung der cυcτηματικά Darauf mussten die εἴδη der cυcτηματικά im Einzelnen definirt werden; hier hatten sich aber, wie es scheint, von dem ursprünglichen Tractat des Hephästion nur die Definition der μετρικὰ ἄτακτα erhalten. Die Erklärung der κατὰ cχέcιν und der ἐξ ὁμοίων ergänzte daher der Redactor so gut es ging aus eigenen Kräften. Die ἀπολελυμένα überging er ganz. Von den μικτὰ und κοινὰ an excerpirte er das Encheiridion des Heliodor.

Die mancherlei Dunkelheiten, die bisher über die Entstehung der beiden uns vorliegenden Darstellungen verbreitet waren, lichteten sich, wie wir sahen, am besten durch die Annahme zweier Ergänzungsversuche in zwei verschiedenen Ekdoseis. Diese beiden Ergänzungen gingen nun aber später zugleich in eine gemeinsame Handschrift über, d. h. in das Archetypum der uns erhaltenen Handschriften.

Aber auch an diesem Archetypum ging die Zeit nicht schonender vorüber. Die kürzere Darstellung περὶ ποιήματοc bricht etwa in der Mitte ab, über die εἴδη oder, wie wir hier sagen müssen, über die ἰδέαι der ἀπολελυμένα und der ἐξ ὁμοίων u. s. w. erfahren wir nichts. Die Annahme, dass jener redigirende Grammatiker, der die Ergänzung übernommen hatte, etwa des Excerpirens müde geworden, und also hier selbst abgebrochen hätte, verbietet der schon erwähnte Umstand, dass auch der Anfang der gleich darauf folgenden längeren Darstellung verloren gegangen ist. Es sind hier einige Blätter der Handschrift ausgefallen und mit ihnen ein weiteres Stück des Heliodoreischen Encheiridion.

Schliesslich noch ein kurzes Wort über das bereits oben besprochene Scholion Long. p. 89. Man hat darüber hinweggesehen, dass der Scholiast die Echtheit des παρὸν cύγγραμμα d. h. des vorliegenden Encheiridion besonders erhärten zu müssen glaubt. Sollte die sorgfältige Angabe der Gründe für die Echtheit der Schrift nicht wenigstens indirect Chorizonten voraussetzen, die das cύγγραμμα wenn auch nur in einzelnen Partien dem Hephästion absprachen? Worauf sich jene Athetesen bezogen, darüber bleiben wir freilich im Dunkel. —

Nach dieser längeren, aber unumgänglichen Abschweifung kehren wir zu unserem Thema zurück. Es leuchtet von selbst ein, dass der nachgewiesene längere Abschnitt aus dem Encheiridion des Heliodor für die Beurtheilung sowohl des Capitels περὶ ποιήματος dieses Metrikers als auch seines ganzen Systemes für uns von Wichtigkeit ist.

Wie Heliodor dasjenige Meros eines ποίημα, was bei Hephästion cύcτημα heisst, mit dem Namen περίοδος bezeichnet, dem analog wird er nun auch die periodischen Compositionen consequenter Weise περιοδικά oder τὰ κατὰ περιόδους genannt haben. Von den Arten der periodischen Composition giebt der Heliodoreische Tractat zunächst die beiden letzten an, die μικτὰ (περιοδικά) und die κοινὰ (περιοδικά). Aus der Definition der μικτὰ περιοδικά erfahren wir zugleich die übrigen Unterarten der περιοδικά: 1) die κατὰ cχέcιν, deren weitere Eintheilung der übrige Abschnitt bietet, 2) die ἀπολελυμένα 3) die ἐξ ὁμοίων. Sowohl in der kürzeren als der längeren Darstellung περὶ ποιήματος lesen wir noch von einer vierten Kategorie, den μετρικὰ ἄτακτα. Beide Definitionen rühren in ihrer jetzigen Fassung von Hephästion her, aber auch diese Kategorie hat der jüngere Metriker von dem Aelteren herübergenommen.

Ja es lässt sich noch nachweisen, dass Heliodor auch gerade die nämlichen Beispiele für diese Classe, nämlich den Margites und jenes Epigramm des Simonides ("Ἴcθμια δίc, Νεμέᾳ δίc, κτέ.) angeführt hatte. Der Scholiast p. 217 W. folg. bemerkt zu der Definition des Hephästion: οἷον τὸ Ϲιμωνίδου ἐπίγραμμα, "Ἴcθμια δίc, Νεμέᾳ (man lese Νεμέᾳ) δίc. Δακτυλικὸν γὰρ ἐξάμετρον καὶ ἐλεγεῖα καὶ ἴαμβος κτέ. Wie die Form ἴαμβος nahe legt, ist diese Erklärung wieder aus Heliodor geflossen. Ebenso hatte sich Heliodor des Margites als Beispiels bedient. Der Scholiast sagt p. 218 μετὰ γὰρ δέκα cτίχους (scil. ἐπικοὺς) ἐπιφέρει ἴαμβον, καὶ πάλιν μετὰ πέντε καὶ ὀκτώ — also auch diese Bemerkung geht auf die betreffende Stelle bei Heliodor zurück. Hephästion nahm hier (wie auch bei der Classe der ἀντιθετικά) sogar die bei Heliodor angeführten Beispiele ohne Bedenken in seine eigene Schrift auf.

Die periodische Composition zerfällt also nach Heliodor in die κατὰ cχέcιν, die ἀπολελυμένα, die ἐξ ὁμοίων, die μετρικὰ ἄτακτα, die μικτὰ περιοδικὰ und κοινὰ περιοδικά. Danach führt der Heliodoreische Tractat fort: πάλιν δὲ ἕκαcτον τῶν προειρημένων ὑποδιαιρετέον. Von dieser ὑποδιαίρεcιc ist uns bei Heliodor nur die der κατὰ cχέcιν erhalten, deren Eintheilung uns schon oben entgegentrat. Auch diese Eintheilung hat Hephästion der Reihe nach aufgenommen. Nehmen wir dazu, was wir sonst über das Abhängigkeitsverhältniss des Hephästion von seinem Vorgänger wissen, so ist der Schluss nicht nur gestattet, sondern geradezu geboten, dass auch die εἴδη der ἀπολελυμένα und ἐξ ὁμοίων den Heliodoreischen ἰδέαι genau entsprachen. Auch hier wird Heliodor dem Hephästion vorangegangen sein. Nach Heliodor also so gut wie nach Hephästion zerfielen die ἀπολελυμένα weiterhin in die drei Classen der ἄcτροφα, ἀνομοιόcτροφα und ἄτμητα. Die Classe der ἐξ ὁμοίων gliederte sich in die ἀπεριόριcτα und die κατὰ περιοριcμοὺc ἀνίcουc. Der Tractat des Heliodor brauchte oben den Ausdruck πάλιν δὲ ἕκαcτον τῶν προειρημένων ὑποδιαιρετέον. Dies könnte zu der Ansicht führen, als habe Heliodor nicht nur die Hypodiairesis der κατὰ cχέcιν, der ἀπολελυμένα und der ἐξ ὁμοίων gegeben, sondern auch noch jede der drei übrigen Classen der περιοδικά, also die μετρικὰ ἄτακτα, die μικτὰ περιοδικὰ und die κοινὰ περιοδικά des Näheren classificirt. Aber es ist unersichtlich, wie die drei letztgenannten Classen weiterhin einer Hypodiairesis fähig waren, und so wenig wie Hephästion, so wird auch Heliodor eine solche nicht geboten haben. Es blieb nichts übrig als in dem vielfach flüchtig excerpirten Tractate auch hier eine kleine Lücke zu statuiren. Wir schrieben: πάλιν δὲ ἕκαcτον (τῶν τριῶν πρώτων) τῶν προειρημένων ὑποδιαιρετέον.

Ueber die Stellung der μετρικὰ ἄτακτα urtheilte bereits Westphal durchaus richtig. Diese Compositionen müssten eigentlich neben der stichischen und systematischen Composition eine dritte Classe bilden oder einen Gegensatz zu jenen beiden Hauptclassen: "denn dort in den stichischen und systematischen Compositionen herrscht eine bestimmte τάξις der metrischen Bildung, hier aber fehlt die τάξις, — es sind eben μετρικὰ ἄτακτα." Auch darin wird man Westphal vollkommen beistimmen, dass das von den Metrikern als Beispiel angeführte Simonideische Epigramm nicht gerade glücklich gewählt ist. — Μικτὰ (scil. περιοδικά), nennt der Heliodoreische Tractat solche Bildungen, ὅσα μέρος μέν τι ἔχει κατὰ σχέσιν, μέρος δέ τι ἀπολελυμένον ἢ ἐξ ὁμοίων. Beispiele derartiger Bildungen haben wir bereits oben angeführt. Es gehören hierher jene epodischen Bildungen, in denen die Strophe und Antistrophe respondiren, zu denen sich dann noch ein zweites Element als ἀπολελυμένον oder ἐξ ὁμοίων gesellt. Man hat sich hier z. B. der Erklärung zu erinnern, die der Metriker von dem Stasimon Acharner 1143—1173 giebt. Voran geht eine περίοδος ἀναπαιστική, d. h. ein ἐξ ὁμοίων, daran schliesst sich unmittelbar eine monostrophische Dyas, das ganze Stasimon ist also ein μικτόν (περιοδικόν). Beispiele aus den Tragikern bringt Westphal bei, Metr. d. Gr. II S. 266, 2. Aufl.

Κοινὰ περιοδικὰ sind solche Gedichte, sagt die Heliodoreische Definition — ὅσα καθ' ἑτέραν μὲν ἰδέαν γέγραπται, δύναται δὲ καὶ καθ' ἑτέραν γεγράφθαι δοκεῖν κτέ. Zwischen dem γέγραπται und dem δύναται καὶ καθ' ἑτέραν γεγράφθαι δοκεῖν waltet derselbe Gegensatz, den Hephästion p. 67 durch die Gegenüberstellung der Auffassungen des ἔμπειρος und ἄπειρος statuirt. Nur eine Auffassung ist die richtige, eine zweite ist nur scheinbar. Einem solchen κοινὸν (περιοδικὸν) begegnen wir auch in der Kolometrie Schol. Fried. 939—955: διπλῆ· ἕπεται γὰρ μέλος, ὃ ὑπονοῶ μὲν ἔχειν τὸ ἀντίστροφον, φέρεται δὲ ὡς διάφορον, διόπερ πρότερον παραθήσομαι, ὡς φέρεται· καὶ ἔοικεν ἐνταῦθα τὸ "κατορθοῖ" περιττεύειν κτέ. Der Metriker vermuthet also, dass er hier ein μέλος κατὰ σχέσιν (ἐν διεχείᾳ) vor sich habe. Wer sich auf die (corrupte) handschriftliche Ueberlieferung beruft, könnte es auch zu den ἀπολελυμένα rechnen. Der letztere wäre in diesem Falle der ἄπειρος, der erstere der ἔμπειρος.

Die drei ersten Classen der περιοδικά — die κατὰ cχέcιv, die ἀπολελυμένα und die ἐξ ὁμοίων werden einer weiteren Hypodiairesis unterworfen. Von den ersteren ἰδέαι der κατὰ cχέcιv, nämlich von den μονοcτροφικά, den ἐπῳδικά und den κατὰ περικοπὴν ἀνομοιομερῆ ist bereits oben ausführlich gesprochen. Die vierte ἰδέα kommt in der dramatischen Poesie nicht in Betracht. Heliodor, und nach ihm Hephästion, führt für diese Classe als Beispiel das Oon des Simmias von Rhodos und andere Paignia an. Nur dem Streben nach Vollständigkeit verdankt diese späte Spielart ihren Platz unter den κατὰ cχέcιv, es fehlt ihr jede praktische Bedeutung. Durch die Antithesis, d. h. durch das Respondiren des ersten Metron mit dem letzten, des zweiten mit dem vorletzten u. s. w. erhielten diese Dichtungsarten unter den κατὰ cχέcιv ein (für unsere Auffassung nicht vollgültiges) Bürgerrecht, durch die Eisthesis und Ekthesis gab man ihnen die Gestalt, von der sie ihren unterscheidenden Namen erhielten (Oon, Pelekys, Ara u. a.)

Die fünfte ἰδέα der κατὰ cχέcιv bilden die μικτὰ κατὰ cχέcιv. Die Heliodoreische Definition hat Westphal von den handschriftlichen Fehlern gereinigt. Ein μικτόν ist vollständig antistrophisch componirt, aber es sind hier zwei oder mehrere der antistrophischen ἰδέαι vereinigt — ἔκ τε ἐπῳδικῶν καὶ μονοcτροφικῶν ἢ κατὰ περικοπὴν (ἀνομοιομερῶν). — Von der sechsten ἰδέα der κατὰ cχέcιv d. h. von den κοινὰ κατὰ cχέcιv haben wir ebenfalls bereits im Obigen ein Beispiel aus der Kolometrie berührt — die zweite Parabase der Acharner. Auch hier ist natürlich immer nur eine Auffassung die richtige.

Wie für die ἰδέαι der κατὰ cχέcιv, so liessen sich weiter nun auch für die ἰδέαι der zweiten Hauptclasse der periodischen Composition, für die ἀπολελυμένα Beispiele aus der Kolometrie des Metrikers beibringen. Nicht minder für die dritte Classe — die ἐξ ὁμοίων. Nur der Vollständigkeit wegen geben wir einige beliebige Beispiele.

Die ἀπολελυμένα zerfallen zunächst in die Unterarten der

ἀνομοιόϲτροφα und ἄτμητα, wobei wir nicht wiederholen, was Westphal a. a. O. S. 261 darüber beibringt. Weiterhin ist das ἀνομοιόϲτροφον ein ἑτερόϲτροφον, wenn es aus zwei verschiedenen Perioden besteht, ein ἀλλοιόϲτροφον, wenn aus mehr als zwei Perioden. Was zunächst das ἑτερόϲτροφον angeht, so begegnet uns ein solches in der Kolometrie z. B. in dem angeführten Schol. Fried. 337—345 διπλῆ, ἕπεται γὰρ μέλος, οὗ ἡ μὲν προῳδός (scil. περίοδος) ἐϲτιν ἐκ διϲτίχου ὁμοίωϲ ἐκκειμένου καὶ ἐν εἰϲθέϲει (περίοδος) κώλων ζ΄ τροχαϊκῶν κτέ. Die beiden vorangehenden Tetrameter bilden eine proodische Periode, die epodische besteht abgesehen von dem monometrischen Parateleuton aus Dimetern des gleichen Metrum, das ganze μέλος ist ein ἀπολελυμένον und zwar ein ἑτερόϲτροφον. Zu der letzteren Classe gehört auch Wolk. 457—477, Ach. 263—283, wo man die Scholien vergleiche. Als Beispiel eines ἀνομοιόϲτροφον liessen sich z. B. die drei ersten Theile einer vollständigen Parabase bezeichnen. Sehen wir hier von der dritten Classe der ἀπολελυμένα — den ἄτμητα ab, so bleiben nur noch die ἄϲτροφα. Richtig erklärt Westphal a. a. O. S. 262: "Wir haben hierunter die ganz kurzen, nur eine oder zwei Zeilen langen Einschaltungen melischer Metra zu verstehen, welche sich hin und wieder in den dialogischen Partien des Dramas vorfinden." Es bedarf dafür keines besonderen Beispiels.

Auch den Bemerkungen Westphal's über die Classe der ἐξ ὁμοίων haben wir Nichts hinzuzufügen. Gerade für diese Classe der periodischen Composition finden sich natürlich in der Kolometrie sehr zahlreiche Beispiele. Bekanntlich gehören die in der Komödie so häufigen anapästischen Perioden hierher. Die erste Unterart, die κατὰ περιοριϲμοὺϲ ἀνίϲουϲ findet sich also z. B. Schol. Fried. 974—1015 vertreten; die zweite Unterart, die ἀπεριόριϲτα Schol. Fried. 82 — 101, 154—172 und sonst. Besondere Beachtung verdient noch die Bemerkung Westphal's über das Verhältniss der ἐξ ὁμοίων zu den ἀπολελυμένα, dass nämlich die erste, genau genommen, nur eine specielle Unterart der letzteren ist, während bei Hephästion, und, wie wir hinzusetzen müssen, bei Heliodor, beide als selbständige Gattungen der periodischen oder systematischen Composition gelten.

Die Lehre des Heliodor über die Composition der Metra fassen wir schliesslich auf folgender Tafel zusammen:

A. κατὰ cτίχον
  1. ἄμικτα
  2. μικτά
B. κατὰ περίοδον, περιοδικά
  I κατὰ cχέcιν
    1. μονοcτροφικά
    2. ἐπῳδικά
      a. ἐπῳδικά
      b. προῳδικά
      c. μεcῳδικά
      d. περιῳδικά
      e. παλινῳδικά
    3. κατὰ περικοπὴν ἀνομοιομερῆ
    4. ἀντιθετικά
    5. μικτὰ κατὰ cχέcιν
    6. κοινὰ κατὰ cχέcιν
  II ἀπολελυμένα
    1. ἄcτροφα
    2. ἀνομοιόcτροφα
      a. ἑτερόcτροφα
      b. ἀλλοιόcτροφα
    3. ἄτμητα
  III ἐξ ὁμοίων
    1. ἀπεριόριcτα
    2. κατὰ περιοριcμοὺc ἀνίcουc
  IV μετρικὰ ἄτακτα
  V μικτὰ περιοδικά
  VI κοινὰ περιοδικά
C. μικτὰ γενικά
D. κοινὰ γενικά.

An die längere Hephästioneische Darstellung περὶ ποιήματος schliessen sich bekanntlich noch zwei Capitel an, von denen das eine περὶ παραβάcεως, das andere περὶ cημείων handelt. Möglich, ja wahrscheinlich, dass auch das Encheiridion des Heliodor derartige Capitel aufwies, jedenfalls ist es von Wichtigkeit, auch in diesen Puncten das Verhältniss beider Metriker zu einander ins Licht zu stellen.

Hinsichtlich der Semeiotik verweisen wir auf die oben gegebenen Erörterungen. Natürlich kann bei den uns zu Gebote stehenden Mitteln von einer Vergleichung der beiden Metriker nur hinsichtlich der "ἐν τοῖc δράμαcιν" angewandten Semeia die Rede sein. Wir haben in obiger Erörterung darauf hingewiesen, wie der spätere Metriker mit dem früheren in der Anwendung der Koronis in einigen Fällen übereinstimmte, aber schon hier zeigte sich insofern eine Differenz, als sich in der Heliodoreischen Kolometrie von der bei Hephästion p. 76 W. erwähnten Anwendungsweise — ὅταν μετάβαcιc ἀπὸ τόπου εἰc τόπον γίνεcθαι δοκῇ τῆc cκηνῆc — noch keine Spur fand. Dies ist nun aber das einzige Semeion, in dessen Gebrauche die beiden Metriker einigermassen übereinstimmen, in allen übrigen Zeichen, also bei der παράγραφοc ἁπλῆ, διπλῆ, δύο διπλαῖ ist die Anwendungsweise beider fast überall eine ausserordentlich verschiedene. Man findet die tiefgehenden Unterschiede bereits meist richtig verzeichnet in der Gegenüberstellung bei Thiemann a. a. O. p. 128 sq.

Auch über die für die Bezeichnung der Theile der Parabase übliche Terminologie können wir uns hier kurz fassen, da wir die Heliodoreische Ausdrucksweise schon im Obigen berührten. Auch hier stellen sich zwischen den beiden Metrikern einige wichtige Differenzen heraus. Wir geben hier zunächst den Tractat des Hephästion, zumal derselbe noch einiger Verbesserungen bedarf:

ἔcτι δέ τιc ἐν ταῖc κωμῳδίαιc καὶ ἡ καλουμένη παράβαcιc, ἥτιc ἐὰν τελεία γράφηται, ἐcτὶν αὐτῆc μέρη ἑπτά. Καλεῖται

δὲ παράβαcιc, ἐπειδὴ εἰcελθόντεc εἰc τὸ θέατρον καὶ ἀντιπρόcωποι ἀλλήλοιc cτάντεc οἱ χορευταὶ παρέβαινον καὶ εἰc τὸ θέατρον ἀποβλέποντεc ἔλεγόν τινα. Τὰ δὲ μέρη τῆc παραβάcεώc ἐcτι ταῦτα· (καὶ πρῶτον μὲν τὸ)*) κομμάτιον, ὃ καὶ παρὰ τοῖc παλαιοῖc ποιηταῖc οὕτωc ὠνομάcθη· φηcὶ γὰρ Εὔπολιc
Εἰωθὸc τὸ κομμάτιον τοῦτο·
δεύτερον δὲ ἡ ὁμωνύμωc τῷ γένει καλουμένη παράβαcιc· καὶ τρίτον τὸ μακρὸν προcαγορευόμενον, ὃ καὶ φαμὲν εἶναι ἐπιμηκέcτερον· οὐ μὴν ἀλλὰ καὶ διὰ τὸ ἀπνευcτὶ λέγεcθαι ἐδόκει εἶναι μακρότερον.

Ταῦτα μὲν οὖν ἐcτιν ἀπολελυμένα. Ἕτερα δέ ἐcτι τὰ κατὰ cχέcιν γεγραμμένα, τό τε μέλοc καὶ τὸ ἐπίρρημα, ὅπερ ὡc ἐπὶ τὸ πλεῖcτον ἑκκαίδεκα ἦν cτίχων, καὶ τὸ τῷ μέλει ἀντίcτροφον· καὶ τὸ καλούμενον ἀντεπίρρημα [, ὅπερ ἦν τῶν ἴcων κώλων τῷ ἐπιρρήματι?]. Damit stimmt genau überein die andere Stelle p. 76 W., wo über die in der Parabase angewandten Semeia gehandelt wird. Zunächst wird die alle sieben Mere enthaltende vollständige Parabase als τελεία von der οὐ τελεία unterschieden. Die drei ersten nicht antistrophisch gegliederten Theile unterscheidet Hephästion als ἀπολελυμένα von dem zweiten antistrophisch componirten Haupttheile, den κατὰ cχέcιν γεγραμμένα. In dem letzteren nennt er μέλοc, was in anderen Quellen auch wohl ᾠδὴ genannt wird, daran schliesst sich das ἐπίρρημα; dem μέλοc entspricht ein ἀντίcτροφον, dem ἐπίρρημα ein ἀντεπίρρημα; die beiden letzteren bilden also die antistrophische Responsion, es sind mit einem gemeinsamen Namen die ἀνακυκλούμενα oder ἀνταποδιδόμενα.

Dem gegenüber zeigen sich nun bei Heliodor vielfach die Spuren einer älteren Doctrin. Neben μακρὸν findet sich in der Kolometrie der auch sonst bekannte Ausdruck πνῖγοc: Schol. Ach. 659: διπλῆ καὶ εἴcθεcιc εἰc τὸ καλούμενον πνῖγοc

---

*) Fehlt in den Handschriften.

καὶ τὸ μακρὸν καὶ αὐτὸ ἀναπαιϲτικόν, κτέ., wo die Worte καὶ τὸ μακρὸν von einem Späteren zugefügt scheinen. Den dritten Theil der Parabase nennt Heliodor αὐτὴ ἡ παράβαϲιϲ, wie wir bereits früher sahen. Das wichtigste aber ist, dass Heliodor den zweiten antistrophisch componirten Theil unter dem öfters erwähnten Ausdrucke ἐπιρρηματικὴ ϲυζυγία zusammenfasst, und weiterhin die Ode und Antode als μελικαὶ περίοδοι, das Epirrhema und Antepirrhema als ϲτιχικαὶ περίοδοι.

8.

Wir gaben beim Beginne unserer Schrift ein kurzes Referat der heutigen Ansicht über das Zeitalter des Heliodor. H. Keil und R. Westphal machten mit guten Gründen wenigstens das wahrscheinlich, dass die ursprüngliche Vermuthung, die Zeit unseres Metrikers falle mit der des Augustus zusammen, eine irrige ist. Steht es auch keineswegs fest, dass das schon oben erwähnte Citat des Seleukos Priscian (p. 415 K.) erst aus Heliodor geschöpft hat*), und konnte desshalb diese Stelle nicht als Stützpunct für die Zeitbestimmung verwerthet werden, so sprachen doch gewichtige innere Gründe dafür, dass Heliodor nicht nur nach Seleukos sondern auch erst nach dem Zeitalter des Augustus zu setzen sei. Keil meinte, schon der Umstand, dass Heliodor gerade ein Encheiridion geschrieben, weiterhin aber die bei Priscian überlieferte Auffassung der hipponakteischen Verse und anderer Metra durch

---

*) Hätte Priscian die ganze Stelle ohne Unterbrechung aus Heliodor entlehnt, ohne die Bemerkungen Anderer wie z. B. des Seleukos, oder auch seine eigenen wie z. B. die Worte "itaque puto Horatium — lege solutis" hinzufügen, wozu bedurfte es dann der so oftmaligen Wiederholung von teste Heliodoro und ähnlichen Wendungen? Denn der Umstand, dass er noch eine Stelle des Hephästion zu excerpiren im Sinn hatte, konnte dies Verfahren kaum veranlassen, da er ja die aus Hephästion geschöpfte Bemerkung erst an den Schluss seiner Abhandlung gestellt hat.

Heliodor weise darauf hin, dass wir es hier viel eher mit einem Späteren als mit einem dem Aristarch nahestehenden Grammatiker zu thun hätten. Man könnte vielleicht geneigt sein, auf letzteres Moment weniger Gewicht zu legen. Denn allerdings wird man leicht inne, dass sich die Grammatiker schon sehr früh durch falsche Vertheilungen und handschriftliche Corruptelen täuschen liessen. Um hier an ein verwandtes Gebiet zu erinnern, so höre man z. B. W. Christ, die metr. Ueberlief. der Pindarischen Oden S. 6: "Wer die Geschichte der metrischen Tradition näher verfolgt, der wird sich überzeugen, dass bereits in der alexandrinischen Epoche das Verständniss der kunstvollen lyrischen Formen abhanden gekommen war, und dass schon Callimachus Verse dichtete, welche ein Verkennen der ersten Sätze der Periodenbildung durchblicken lassen." Vergl. auch W. Christ, die Verskunst des Horaz S. 28.

Ungleich wichtiger war nun aber die von Westphal zuerst hervorgehobene Thatsache, dass Heliodor bereits als Vertreter der antispastischen Messung gelten muss gegenüber einem älteren Systeme, dessen Vertreter M. Terentius Varro, und, wie Westphal wahrscheinlich macht, der zur Zeit des Nero lebende Caesius Bassius sind. So musste in der That die Unwahrscheinlichkeit der Annahme in die Augen fallen, dass der Metriker bereits in der Augusteischen Zeit gelebt habe. Dazu kam nun weiter die, wie es schien, fast völlige Uebereinstimmung der metrischen Systeme des Heliodor und Hephästion, so dass Westphal seine Ansicht mit Keil dahin näher bestimmte: Heliodorum non ita multo antiquiorem fuisse quam Hephaestionem. So die bisherige Ansicht, die Westphal auch in der zweiten Auflage seines Werkes Metr. d. Gr. I S. 223 unverändert wiederholt hat.

Welches Licht wirft nun der von uns im Obigen neu hinzugebrachte Stoff auf diese Ansicht?

Wir würden keinen Augenblick Bedenken tragen, den obigen Ansatz zu adoptiren, wenn in der That die Uebereinstimmung der beiderseitigen Systeme eine derartige wäre, wie sie früherhin erscheinen musste. Allerdings ist schon Heliodor der Vertreter des durch den Antispasten charakterisirten Systemes, und überhaupt trat das Abhängigkeitsverhältniss des Hephästion von seinem Vorgänger in nicht geringem Grade hervor — ein Umstand, der in der That schwerwiegend genug war, den Heliodor dem Augustischen Zeitalter zu entrücken.*) Auf der anderen Seite haben wir nun aber auch eine nicht geringe Anzahl zum Theil durchgreifender Unterschiede kennen gelernt. Man erinnere sich hier kurz der obigen Nachweisungen. Wollen wir auch darauf kein sonderliches Gewicht legen, dass sich bei Hephästion von der Lehre der antistrophischen Responsion dialogischer Partien in den scenischen Dichtern keine Spur mehr findet, da man diesen Umstand vielleicht auf Rechnung der nur fragmentarischen Ueberlieferung zu zu setzen geneigt sein könnte, so bleibt uns doch auch so noch eine Reihe zum Theil sehr wichtiger Momente. Die Verschiedenheit des metrischen Systemes zeigte sich am durchgreifendsten darin, dass Heliodor "excepto rhythmo paeonico" nur acht Prototypa anerkannte, Hephästion aber die Päonen als neuntes Prototypon behandelte. Dadurch bedingt wurde der nicht minder wichtige Unterschied in der Lehre von den Asynarteten. Der Ausdruck ἐπίτριτος τέταρτος fand sich nicht bei Heliodor, sondern dafür die Bezeichnung δεύτερος τροχαῖος. Auch sonst zeigten sich bei Heliodor vielfache

---

*) Wäre Heliodor ein Zeitgenosse des Horaz oder gar mit dem bekannten Reisebegleiter des Dichters identisch, so würden wir wohl einen gewissen Einfluss dieses "Graecorum longo doctissimus" auf die metrische Anschauungsweise des Dichters erwarten dürfen. Dass aber Horaz weit entfernt ist, etwa beispielsweise den Asclepiadeus nach Heliodoreisch-Hephästioneischer Theorie als ἀντισπαστικὸν τρίμετρον ἀκατάληκτον (⌣ _ _ ⌣ | ⌣ _ _ ⌣ | ⌣ _ ⌣ _) aufzufassen, zeigte W. Christ, die Verskunst des Horaz S. 17. Dasselbe gilt natürlich auch von dem Σαπφικὸν ἑκκαιδεκασύλλαβον (Heph. p. 35 W.), worüber ebenfalls W. Christ a. a. O. S. 24 zu vergleichen; endlich deutet Christ S. 20 folg. die analoge Stellung des Horaz gegenüber der Lehre von den μικτὰ κατ' ἀντιπάθειαν an, denen Heliodor wie Hephästion den hendecasyllabus der Sappho und des Alkaios unterordneten.

Spuren einer älteren Doctrin. Die mannigfachen Verschiedenheiten in der metrischen Auffassung documentirten sich äusserlich in der Terminologie, die bei Heliodor durchweg ein älteres Gepräge zeigte. Besonderes Gewicht möchten wir noch auf die grosse Verschiedenheit in der Anwendung der Semein "ἐν τοῖc δράμαcιν" bei beiden Metrikern legen, wodurch die Differenz ihres Zeitalters einen auch äusserlich unzweideutigen Ausdruck erhält. Wäre Hephästion wirklich nur um ein Weniges jünger als Heliodor, so würden die hier hervortretenden Differenzen schwer zu erklären sein. Wie die von Heliodor besorgten Ausgaben — τὰ Ἡλιοδώρου — lange Zeit ihr Ansehen behaupteten, so dürfen wir dies gewiss auch von der Anwendungsweise der Semeia voraussetzen. So viel ist gewiss: träfe der obige Ansatz Keil's und Westphal's das Richtige, so wäre es im hohen Grade auffallend, wie Hephästion seine von Heliodor durchaus abweichende Zeichentheorie mit den Worten beginnen konnte: τούτοιc τοῖc cημείοιc τοῖc προειρημένοιc, πλὴν τοῦ ἀcτερίcκου, καὶ ἑτέροιc τιcὶ περὶ ὧν λέξομεν, ἐν τοῖc δράμαcι χρώμεθα· κτέ. Er würde um so eher auf die so verschiedene Theorie des Heliodor eingegangen sein, als sich sein Capitel περὶ cημείων, das ja aller Wahrscheinlichkeit nach aus einer der umfangreicheren Schriften excerpirt ist, überhaupt durch eine gewisse Vollständigkeit auszeichnet.

Aus den genannten Gründen wird eine Modification der heutigen Ansicht von dem Zeitalter des Metrikers gerechtfertigt erscheinen. Hatte man anfangs zu hoch hinaufgegriffen, wenn man den Metriker bereits in das Augustische Zeitalter verlegen zu dürfen glaubte, so wird man jetzt wiederum seine Zeit zu tief hinabgerückt haben. Die Wahrheit mag auch hier in der Mitte liegen, und wir werden wenig fehl greifen, wenn wir die Blüthe des Heliodor in der Mitte des ersten christlichen Jahrhunderts suchen.

Die Frage nach der Schriftstellerei des Metrikers haben wir ebenfalls im Eingange unserer Abhandlung kurz berührt. Abgesehen von dem Encheiridion und der Kolometrie lässt uns die Ueberlieferung selbst über die Titel der übrigen Werke des Metrikers im Stich. Dass wir eine umfangreiche Literatur gerade für Heliodor voraussetzen müssen, dafür spricht einmal das Zeitalter, dem er nach der obigen Darstellung zuzuweisen ist, besonders aber die ausserordentliche Auszeichnung, mit der er in den uns erhaltenen Zeugnissen erwähnt wird. Es klingt mindestens unwahrscheinlich, dass ein Mann, der nach der bekannten Stelle des Priscian zu den "nominatissimi Graeciae auctores" zählte und bei Victorinus als "huiusce artis antistes aut primus aut solus" bezeichnet wird, seinen Ruf wie man wohl früher behauptete besonders dem Umstande zu danken hatte, die metrische Doctrin seinen Zeitgenossen durch ein Encheiridion fasslich gemacht zu haben. Mag dies offenbar für Vorlesungen bestimmte Handbuch auch seinerseits dazu beigetragen haben, den Namen des Metrikers weiter zu tragen, so werden wir doch den Grund jener hohen Anerkennung noch in Etwas anderem zu suchen haben.

Mehr Gewicht möchten wir in dieser Hinsicht auf die kolometrisch-kritischen Ausgaben und die sich daran anschliessenden Commentare legen. Hier erläuterte Heliodor sein metrisches System durch concrete Fälle und gab ihm eine praktische Verwerthung. Wie verbreitet in dieser Hinsicht der Einfluss der Heliodoreischen Schule war, kann der schon erwähnte, von W. Studemund nachgewiesene Umstand zeigen, dass die Technik des kolometrischen Verfahrens auch in Recensionen römischer Sceniker Platz griff.

Von vornherein liegt die Anahme nahe, dass sich die kolometrische Thätigkeit des Heliodor nicht auf Aristophanes beschränkt hat*), und mag der Metriker vor allem auch die

---
*) Wenn Boeckh Schol. Pind. praef. p. XXXII an die bekannte Stelle bei Priscian p. 427 K. die Bemerkung anknüpft: "etsi is Heliodorus non de Pindari metris speciatim scripserat", so ist dies lediglich uns dem Schweigen der Ueberlieferung gefolgert. Auf der anderen Seite freilich sind die Heliodoreischen Anklänge, denen wir in den uns erhaltenen Scholien zu Pindar begegnen, zu geringfügig, um das Gegentheil beweisen zu können.

Texte der Tragiker jener Technik unterworfen haben. Dass Eugenios im Anfange der byzantinischen Kaiserzeit seine Kolometrie von funfzehn Dramen des Aischylos, Sophokles und Euripides (über die Zahl vergl. W. Dindorf, Schol. Soph. vol. II p. 389) ohne Vorlagen unternommen habe, ist wenig glaublich. Bei der Frage nach jenen Vorarbeiten wird man an Hephästion kaum denken. Die "τραγικαὶ λύcειc" dieses Metrikers wie auch seine "κωμικῶν ἀπορημάτων λύcειc" waren gewiss am wenigsten fortlaufende metrische Commentare, eine Annahme, die schon der Titel dieser Schriften ausschliesst. Längst ist auch bemerkt worden, dass sich in dem Encheiridion des Hephästion Beispiele aus den Metren der Tragiker so gut wie gar nicht finden*). So drängt sich die Vermuthung auf, dass dem Eugenios bei seiner Arbeit etwa ähnliche Heliodoreische Excerpte vorlagen, wie wir sie den Phaeinos veranstalten sahen.

Empfiehlt sich eine solche Vermuthung in der That durch innere Gründe, so wird man sie doch mit den jetzt vorliegenden Mitteln nicht mehr zu völliger Gewissheit erheben können. In den bisher bekannten metrischen Scholien zu den Tragikern sucht man vergeblich nach äusseren Stützpuncten.

Sehen wir von einigen völlig vereinzelten Bruchstücken älterer metrischer Tradition in den Schol. zu Aisch. ab (vgl. z. B. Schol. zu Sieb. v. 103, 128), so geht die dort herrschende Semeiotik und metrische Anschauung nirgend über Hephästion hinaus. Während auch in den jüngeren Scholien zum Aristophanes hie und da noch eine ältere Vorlage durchblickte, so dass sich die Kolometrie bisweilen auch aus den Scholien der jüngeren Handschriften bereichern liess, dürfen die byzantinischen Fabrikate zu den Tragikern kaum auch nur als Verwässerungen älterer Vorarbeiten betrachtet werden.

Durch ein oft bis zur Ermüdung wiederholtes Ausschrei-

---

*) Bei Heliodor muss dies, nach den jetzt vorliegenden Fragmenten zu schliessen, anders gewesen sein.

ben des Hephästioneischen Encheiridion suchen sie die gänzliche Armuth und Leere ihres Inhalts zu verdecken. Indem die metrischen Scholien zu Soph. und Eur. den Namen des Demetrios Triklinios führen, lag es nahe mit W. Dindorf auch die zu vier Stücken des Aischylos in ähnlichem Stile gehaltenen Scholien diesem schreibseligen Byzantiner zuzuweisen (W. Dindorf Schol. Aesch. p. 513). Dennoch wird Osann anecd. Rom. p. 99 Recht behalten, der dagegen einmal die so viel kürzere Ausdrucksweise dieser Scholien und weiterhin einige Differenzen der Semeiotik einwendet. Letztere findet nicht selten in den jüngeren Aristophanes-Scholien ihre Analogien.

Berichtigungen.

S. 9 Z. 9 v. u. lies Heliodori.
S. 42 Z. 11 v. u. tilge κορωνίc.
S. 52 Z. 7 v. u. lies ὅτι ἐcτι τινά (so H. Keil).
S. 84 Z. 12 v. o. genügt die Lesart τὸ μὲν κομμάτιόν ἐcτι cτίχων δύο, ἀναπαίcτων τετραμέτρων καταληκτικῶν κτέ.
S. 89 Z. 2 v. u. lies 'ιὼ βροτοὶ βροτοὶ κτέ.
S. 93 Z. 16 v. o. lies θέλῃ τε st. θέλητε.
S. 96 Z. 12 v. u. ἑπτάκωλοc st. πεντάκωλοc.
S. 102 Z. 9 v. o. streiche man die Worte "gegen das Ende?"
S. 110 Z. 7 v. u. lies 94 st. 84.
S. 117 Z. 17 v. o. δυο(και)τριακοντάcημον (so H. Keil).
S. 137 Z. 21 v. o. lies [in hexametro].

BIBLIOTHECA GRAECA
VIRORUM DOCTORUM OPERA
RECOGNITA ET COMMENTARIIS INSTRUCTA
CURANTIBUS
FR. JACOBS ET VAL. CHR. FR. ROST.

LIPSIAE IN AEDIBUS B. G. TEUBNERI.

Bedeutend ermässigte Preise.

Erschienen sind bis jetzt:

Aeschinis oratio in Ctesiphontem, notis instr. *I. H. Bremi.* 8. mai. 1826 — 7½
Aeschyli Choephorae, illustr. *R. H. Klausen.* 8. mai. 1835 .... — 22½
——— Agamemno, illustr. *R.H.Klausen.* Ed.II. ed. *R. Enger.* 8. mai. 1863 1 7½
Anacreontis carmina, Sappho et Erinnae fragmenta, annotatt.
  illustr. *E. A. Moebius.* 8. mai. 1826............ — 6
Aristophanis Nubes. Ed. illustr. praef. est *W.S. Teuffel.* Ed.II.8.mai.1863 — 12
Delectus epigrammatum Graecorum, novo ordine conc. et comment.
  instr. *Fr. Jacobs.* 8. mai. 1826 .... — 18
Demosthenis conciones, rec. et explic. *H. Sauppe.* Sect. I. (cont.
  Philipp. I. et Olynthiacae I—III.) Ed. II. 8. mai. 1845 ... — 10
Euripidis tragoediae, ed. *Pflugk* et *Klotz.* Vol. I, II et III. Sect.I—III. 4 27
  Einzeln:
  — Medea. Ed. III .... — 15
  — Hecuba. Ed. II .... — 12
  — Andromacha. Ed. II .... — 12
  — Heraclidae. Ed. II .... — 12
  — Helena. Ed. II .... — 12
  — Alcestis. Ed. II .... — 12
  — Hercules furens .... — 18
  — Phoenissae .... — 18
  — Orestes .... — 12
  — Iphigenia Taurica .... — 12
  — Iphigenia quae est Aulide .... — 12
Hesiodi carmina, recens. et illustr. *C. Goettling.* Ed. II. 8. mai. 1843 1 —
  Einzeln:
  — Theogonia .... — 7½
  — Scutum Herculis .... — 6
  — Opera et dies .... — 10
  — Homeri certamen, fragmenta et vita Hesiodi .... — 15
Homeri Ilias, varietat. lect. adi. *Spitzner.* Sect.I—IV. 8. mai. 1832—36 1 15
  Einzeln:
  — Sect. I. lib. 1—6 .... — 9
  — Sect. II. lib. 7—12 .... — 9
  — Sect. III. lib. 13—18 .... — 13½
  — Sect. IV. lib. 19—24 .... — 13½
      Die einzige Ausgabe der Ilias, welche den kritischen Apparat vollständig enthält.
Lysiae et Aeschinis orationes selectae, ed. *I.H.Bremi.* 8. mai. 1826 — 15
Lysiae orationes selectae, ed. *I. H. Bremi.* 8. mai. 1826 .... — 9
Pindari carmina cum deperditarum fragm., variet. lect. adi. et comment. illustr. *L. Dissen.* Ed. II. cur. *Schneidewin.* Vol. I. 1843 1 9
  — Vol. II. Sect. I. II. (Comment. in Olymp. et Pyth.) 1846. 47.
    (à 15 Ngr.) .... 1 —
Platonis opera omnia, recensuit, prolegomenis et commentariis in-
  struxit *G. Stallbaum.* X voll. (21 Sectiones). 8. mai. 1836—61.
  compl. 21 15
  Einzeln:
  — Apologia Socratis et Crito. Ed. IV. 1858 ..... — 24

Platonis opera omnia ed. *G. Stallbaum.* ₰ ₰
— — Phaedo. Ed. IIII. cur. *Wohlrab.* 1866 . . . . — 27
— — Symposium c. ind. Ed. III. 1852 . . . . — 22½
— — Gorgias. Ed. III. 1861 . . . . — 24
— — Protagoras c. ind. Ed. III. ed. *Kroschel.* 1865 . . . . . — 18
— — Politia sive de republica libri decem. 2 voll. Ed. II . . . 2 15
    Einzeln:
— — —— Vol. I. lib. I—V. 1858 . . . . 1 12
— — ——- Vol. II. lib. VI—X. 1859 . . . . 1 3
— — Phaedrus. Ed. II. 1857 . . . . — 24
— — Menexenus, Lysis, Hippias uterque, Io. Ed. II. 1857 . . . — 27
— — Laches, Charmides, Alcibiades I. II. Ed. II. 1857 . . . . — 27
— — Cratylus cum. ind. 1835 . . . . — 27
— — Euthydemus. 1836 . . . . — 21
— — Meno et Euthyphro itemque incerti scriptoris Theages, Erastae,
   Hipparchus. 1836 . . . . 1 12
— — Timaeus et Critias. 1838 . . . . 1 24
— — Theaetetus. Ed. II. rec. *Wohlrab.* 1869 . . . . 1 —
— — Sophista. 1840 . . . . — 27
— — Politicus et incerti auctoris Minos. 1841 . . . . — 27
— — Philebus. 1842 . . . . — 27
— — Leges. Vol. I. lib. I—IV. 1858 . . . . 1 6
— — —— Vol. II. lib. V—VIII. 1859 . . . . 1 6
— — —— Vol. III. lib. IX—XII. et Epinomis. 1860 . . . . . 1 6
Sophoclis tragoediae, rec. et explan. *E. Wunderus.* 2 voll. 8. mai.
  1847—1857 . . . . 3 —
    Einzeln:
— — Philoctetes. Ed. III . . . . — 12
— — Oedipus tyrannus. Ed. IV . . . . — 12
— — Oedipus Coloneus. Ed. III . . . . — 18
— — Antigona. Ed. IV . . . . — 12
— — Electra. Ed. III . . . . — 12
— — Aiax. Ed. III . . . . — 12
— — Trachiniae. Ed. II . . . . — 12
Thucydidis de bello Peloponnesiaco libri VIII, explan. *E. F. Poppo.*
  4 voll. 8. mai. 1843—1866 . . . . 4 —
    Einzeln:
— — Lib. I. Ed. II. . . . . 1 —
— — Lib. II. Ed. II. . . . . — 22½
— — Lib. III. . . . . — 18
— — Lib. IV. . . . . — 15
— — Lib. V. . . . . — 15
— — Lib. VI. . . . . — 18
— — Lib. VII. . . . . — 15
— — Lib. VIII. . . . . — 15
— — Indices et de historia Thucydidea commentatio . . . . . — 20
Xenophontis Cyropaedia, comment. instr. *F. A. Bornemann.* 8. mai. 1838 — 15
— — Memorabilia (Commentarii), illustr. *R. Kühner.* 8. mai. 1858.
  Ed. II . . . . — 27
— — Anabasis (expeditio Cyri min.), illustr. *R. Kühner.* 1852 . . 1 6
    Einzeln à 18 ₰:
  Sect. I. lib. I—IV.
  Sect. II. lib. V—VIII.
— — Oeconomicus, rec. et explan. *L. Breitenbach.* 8. mai. 1841 — 15
— — Agesilaus ex ead. recens. 8. mai. 1843 . . . . — 12
— — Hiero ex ead. rec. 8. mai. 1844 . . . . — 7
— — Hellenica, Sect. I. (lib. I. II.), ex ead. rec. 8. mai. 1853 . . — 12
— — —— Sect. II. (lib. III—VII.), ex ead. rec. 8. mai. 1863 1 18

Unter der Presse befindet sich:

Pindari carmina edd. *L. Dissen* et *F. W. Schneidewin.* Sect. II. Fasc. III.:
  Commentarius in Carmina Nemea et Isthmia nec non in fragmenta ab
  F. de Leutsch confectus.

www.ingramcontent.com/pod-product-compliance
Lightning Source LLC
Chambersburg PA
CBHW020246170426
43202CB00008B/242